THE CATHOLIC UNIVERSITY OF AMERICA
CANON LAW STUDIES
No. 213

DE INQUISITIONE SPECIALI

AUCTORE

R. D. IOANNE WHELAN IOSEPHO DOUGHERTY, A.B., S.T.L., I.C.L.

Sacerdote Archidioecesis Philadelphiensis

DISSERTATIO

Iudicio Facultatis Iuris Canonici
Universitatis Catholicae Americae Septentrionalis
Submissa
Tamquam Scriptum Publici Periculi Experimentum

AD

LAUREAM

IN

IURE CANONICO

ASSEQUENDAM

UNIVERSITAS CATHOLICA AMERICAE
WASHINGTONII, D. C.
1945

NIHIL OBSTAT:

LUDOVICUS MOTRY, S.T.D., J.C.D.
Censor Deputatus

Washingtonii, D. C., die 16 Maii, 1945.

IMPRIMATUR:

✠ D. CARD. DOUGHERTY,
Archiepiscopus Philadelphensis

Philadelphiae, die 18 Maii, 1945.

PRINTED IN THE UNITED STATES OF AMERICA
BY THE WATKINS PRINTING CO., BALTIMORE

MATERTERAE ANNAE

CUI

MULTUM DEBET

AUCTOR

HOC OPUSCULUM

GRATO

DEDICAT

CORDE.

INDEX RERUM

CAPUT PRIMA
SPECIALIS INQUISTIO IN IURE VETERI

PARS II
COMMENTARIUM CANONICUM

CAPUT II

CAPUT III

CAPUT IV

CAPUT V

CAPUT VI

PROOEMIUM

Etymologice considerata vox '*inquisitio*' (*in* + *quaero*) quamlibet investigationem seu indagationem significat. Quod verbum, tamen, canonice sumptum multo minus patet quatenus in iure canonico semper adhibitum est in sensu restrictivo ad designandam investigationem delictorum.[1]

Commentatores ante Codicem scribentes duplicem talem inquisitionem distinxerunt, (1) inquisitionem *extra-iudicialem* seu paternam et (2) inquisitionem *iudicialem*. Cuius distinctionis criterium desumebatur ex altero fine quem prosequebatur altera inquisitio. Cum, enim, delicta eo fine inquirerentur ut obtineretur delinquentis emendatio, eius ab officio exclusio ob allegatam indignitatem delictualem, vel aliquid aliud hisce simile quin tamen intenderetur iudicium criminale sententiave iudicialis, inquisitio ad hoc usurpata dicebatur extra-iudicialis seu paterna. Cum, e contra, inquisitio adhiberetur ut constaret an delicti imputatio alicui facta sufficeret ad iudicium criminale contra eumdem imputatum instituendum, inquisitio ad hoc inserviens vocabatur iudicialis.[2]

Inquisitio iudicialis sua vice dupliciter intelligebatur. Stricto sensu sumpta nil aliud erat nisi ipsum iudicium criminale de quo fit mentio in libro Decretalium quinto.[3] Lato sensu considerata inquisitio iudicialis erat quaedam praeliminaris seu praevia investigatio ipsi iudicio per inquisitionem praemittenda ut ea comperiretur an omnia iuris requisita ad huius formae iudicii criminalis usum necessaria de hoc particulari delicto verificarentur. De

[1] Bouix, *Tractatus de Iudiciis Ecclesiasticis* (2 voll. in 1, Parisiis, 1855), II, 60 (dehinc citabitur: *De Iudiciis Ecclesiasticis*); Noval, *Commentarium Codicis Iuris Canonici* (*Liber IV, De Processibus, Pars I, De Iudiciis,* Augustae Taurinorum—Romae, 1920), n. 770 (dehinc citabitur: *De Iudiciis*).

[2] Pirhing, *Ius Canonicum in Quinque Libris Decretalium* (5 voll. in 4, Dilingae, 1667), lib. V, tit. I, sec. II, n. 64 (dehinc citabitur: *Ius Canonicum*); Reiffenstuel, *Ius Canonicum* (5 voll. in 4, Venetiis, 1735), lib. V., tit. I, n. 153 (dehinc citabitur: *Ius Canonicum*).

[3] *De accusationibus, inquisitionibus et denuntiationibus.*

inquisitione hoc ultimo sensu intellecta fit sermo in hoc opusculo, nec institutum iudicii per inquisitionem sub scopo praesentis dissertationis cadit nisi quatenus nostri conatus explicandi *inquisitionem iudicialem praeviam*—quam modo vidimus suum finem necnon originem ex ipso iudicio per inquisitionem traxisse—exigunt ut aliquid de hoc proferatur. Sane quidem, est impossibile de una inquisitione loqui quin quicquam de altera simul efferatur, et hoc ob nexum eis intercedentem.

Innocentius enim III (1198-1216) inquisitionis iudicium ad usum tribunalium ordinarium introducens, nullum non movit lapidem ut procul dubio intelligeretur huius novi iudicii per inquisitionem validitatem a probatione infamiae imputati ita pendere, ut si inquireretur contra non infamatum, iudicium esset nullius omnino valoris. Haec conditio infamiae delictualis ad iudicii per accusationem nec validitatem nec liceitatem requisita evasit quid undequaque essentiale in iudicio per inquisitionem; in eaque reponebatur specificia differentia inter processus Accusationis et Inquisitionis.

Quo facilius haec omnia intelligantur, iuvat heic animadvertere solum discrimen inter varios procedendi modos iure veteri recognitos situm esse in modo delicta ad tribunal introducendi. Cum delictum, enim, ad iudicium iam delatum esset, modus procedendi erat substantialiter idem sive inquisitorie sive accusatorie procedebat iudex. Quapropter, si iudex malebat, aut ob causae circustantias cogebatur uti inquisitione, determinatio infamiae delictualis fiebat quid summi momenti, factum nempe iuridicum a quo ipsius subsequentis iudicii validitas pendere poterat.

Cum de illo infamiae facto constare deberet antequam ad imputati citationem procedi posset; cumque ab eodem infamiae facto oriretur iudicis competentia, institutum aliquod canonicum, ipsis Legis fontibus tantummodo *implicite* contentum, evolutum est a Glossatoribus cuius finis erat hanc infamiam ante iudicium probare, seu informationes pro Curia sumere de existentia infamiae delictualis. Quod institutum, utpote *investigatio delicti*, dicebatur *inquisitio;* utpote, tamen, inquisitio ab inquisitionis iudicio distincta, usuvenit ut in contradistinctione ad hanc quae dicebatur *inquisitio veritatis,* vocaretur *inquisitio infamiae praevia.*[4]

E fine quem prosequebatur constat inquisitionem infamiae non fuisse *iudicialem* nisi in sensu lato. Non enim erat iudicium, sed tantummodo medium ad hoc instituendum. En vix mirandum inquisitionem vocatam esse et iudicialem et extra-iudicialem—*iudicialem* nempe quia rationem essendi trahebat e iudicio inquisitorio; *extra-iudicialem* quatenus locum habebat ante seu *extra* iudicium stricte dictum.

In Legis fontibus triplex inquisitionis praeliminaris (sc. iudicio) forma discernitur, (1) *generalis,* (2) *mixta,* et (3) *specialis.* Verba: *generalis specialis* et *specialissima* quoque inveniuntur ad significandam hanc triplicem inquisitionem iuxta ordinem modo datum.[5]

Specialis inquisitio extra-iudicialis constituit proprium huius dissertationis obiectum. De generali et mixta erit sermo in alio loco sub aspectu modorum perveniendi ad inquisitionem specialem.

Iure veteri vigebat principium vi cuius nemo poterat ad iudicium criminale adduci nisi esset de certo et determinato delicto accusatus.[6] Huic iuris principio ordinarie satisfiebat, uti fusius infra videbitur, per accusationem a tertia persona tum a iudice quum ab accusato distincta. In processu autem per inquisitionem deficientis huiuscemodi accusatoris locum tenebat publica imputati infamia. Inquisitio specialis et extra-iudicialis huic praecise fini inserviebat ut haec infamia iure stabiliretur seu probaretur, sicque iudici conferretur ius causam iudicialiter cognoscendi.

Ex hactenus dictis patet specialem inquisitionem differre non tantum a iudicio per inquisitionem in genere, sed in specie a iudicio haeresis per inquisitionem. Inquisitio sic dicta *Hispanica*

[4] Durandus [Durantis], *Speculum Iuris* (Venetiis, 1577), lib. III, p. 31 (dehinc citabitur: *Speculum*).

[5] Lega, *Praelectiones in Textum Iuris Canonici,* Lib. II, vol. IV, *De Iudiciis Ecclesiasticis Criminalibus* (Romae: Typis Vaticanis, 1901), in calce ad n. 131 (dehinc citabitur: *De Iudiciis Ecclesiasticis*).

[6] Reiffenstuel, *Ius Canonicum Universum,* lib. V, tit. I, n. 170.

ordinarie se menti suggerit quando auditur vox *inquisito*. Imo apud plebem videtur esse sola significatio huic verbo data. Quapropter harum paginarum scriptor omnino utile necessariumque censet lectores in ipso limine tractatus monere se nullo modo intendere de hac Inquisitione Hispanica tractare. Indagationes historicae et commentarium canonicum coarctabuntur ad praeliminarem specialem inquisitionem nec quicquam aliud hoc in opusculo considerabitur nisi quatenus ad obiectum dissertationis pertinet. Quo sub aspectu ad rem videtur discussio et iudicii per inquisitionem in genere et factorum illorum historicorum quae iudicium per inquisitionem et, eo mediante, inquisitionem extraiudicialem necessaria reddiderunt.

Dissertatio duas generales partitiones sortietur, quarum altera considerabit finem inquisitionis specialis, et altera ipsam in inquisitione speciali proceduram tractabit. Pars dissertationis historica minime separabitur a commentario canonico nisi quoad primum caput in quo scriptori utile videtur describere inquisitionem specialem prouti iure veteri vigebat. In omnibus aliis casibus notiones historicae, si quae erunt, ibi inserentur ubi ad dubia iure novo creata solvenda magis aptae videbuntur.

Iucundissimum superest scriptori officium gratias persolvendi tum Dionysio Cardinali Dougherty, Archiepiscopo Philadelphiensi, pro privilegio altiora studia in Catholica Universitate Washingtonensi prosequendi quum reliquis omnibus et singulis qui huic opusculo conficiendo exarandove auxiliatricem apposuere manum.

Caput I

SPECIALIS INQUISITIO IN IURE VETERI

Articulus I: Iudicium per Accusationem

A: *Ordinarius modus procedendi in causis criminalibus in tempore prae-Innocentiniano.*

A fere omnibus iuris veteris hac in re commentatoribus admittitur iudicium per accusationem fuisse unicum ordinarium modum procedendi in causis criminalibus ante tempus Innocentii III (1198-1216).[1] Verbo *ordinario* heic intelligitur ille modus qui saepius adhibebatur, nam uti infra demonstrabitur, methodum *pure inquisitoriam,* etsi rarius usurpatam, iudices prae manibus habebant. Denuntiatio de qua in primo titulo libri quinti Decretalium non constituebat formam specificam iudicii ab aliis ibidem nominatis distinctam. Unicus effectus denuntiationum erat viam sternere ad inquisitionem specialem iudicio per inquisitionem praeviam.[2]

Proceduram per inquisitionem non fuisse ordinarium procedendi modum usque ad Innocentii tempus[3] elucet e silentio fon-

[1] Bouix (*De Iudiciis Ecclesiasticis,* II, 128): "Innocentio, tamen, III ipsiusque responsis et decisionibus tribuendum quod inquisitorius processus suam plene formam determinatam induerit, atque inter ordinarios procedendi modos locum definitive sumpserit"; Lega (*De Iudiciis Ecclesiasticis,* IV, n. 108, p. 152): "Verum processus inquisitivus plenam applicationem nactus est dumtaxat opera Innocentii III et Bonifatii III"; Noval, *De Iudiciis,* n. 746; Glynn, *The Promoter of Justice,* The Catholic University of America Canon Law Studies, n. 101 (Washington, D. C.: The Catholic University of America, 1936), p. 8.

[2] Bouix (*De Iudiciis Ecclesiasticis,* II, p. 43): "Denuntiatio nempe non est proprie specialis aliquis processus sed occasio dumtaxat, qua posita, iudex potest inquisitorium processum inchoare"; Lega, *De Iudiciis Ecclesiasticis,* IV, n. 111; Schmalzgrueber, *Ius Ecclesiasticum Universum* (5 voll. in 12, Romae 1843-1845), lib. V, tit. I, n. 151.

[3] Bouix, *De Iudiciis Ecclesiasticis,* II, 128; Lega, *De Iudiciis Ecclesiasticis,* IV, n. 108, p. 152; Noval, *De Iudiciis,* n. 746; Glynn, *Promoter of Justice,* pp. 8, 18.

tium et auctorum relate ad inquisitionem tamquam iudicium ordinarium ea forma praeditum quam tempore Innocentii III certissime habebat. Bouix (1808-1870) [4] declaravit sibi huius veritatis validissimam, imo et peremptoriam, probationem in eo esse quod, si processus inquisitorius antea exstitisset, abundantia textuum e quibus deduceretur exclusivus procedurae accusatoriae usus foret inexplicabilis; nam si daretur relative facilis processus inquisitorius, minime sane expectaretur valde onerosum iudicium per accusationem tam saepe adhiberi. Schmalzgrueber (1663-1735)[5] iudicium per inquisitionem eo fine introductum affirmavit ne multa delicta cum boni communis detrimento impunita manerent. Quod idem tandem aliquando saltem innuitur in Constitutione qua Innocentius III inquisitionem ad gradum ordinarii processus criminalis evexit,[6] uti infra describetur.

B: *Principia processualia adhibita durante periodo accusatoria.*

Quo melius intelligatur processus accusatorius, curque ad delicta punienda insufficiens evaserit, aliquas de iurisprudentia criminali notiones, prout tempore prae-Innocentiniano vigebat, oportet prae oculis habere.

Promotoris iustitiae officium nondum existebat. Huius officialis, cuius iure hodierno est delicta accusare et prosequi pro bono communi,[7] nullum sive in Decretalibus sive in Decretalium commentariis quit reperiri vestigium.[8] Quod silentium, teste Glynn, non est mirandum, cum iuxta eum Ecclesia olim stricte adhaeserit procedurae accusationis, in qua vero nemo expresse tenebatur onere investigandi et prosequendi *ex officio* delicta, multoque minus assistendi in causis privatis. Origo, igitur, officii promotoris iusti-

[4] *De Iudiciis Ecclesiasticis,* II, 123.

[5] *Ius Ecclesiasticum Universum,* lib. III, tit. I, n. 173.

[6] C. 24, X, *de accusationibus, inquisitionibus et denuntiationibus,* V. I.

[7] Canones 1586, 1587.

[8] Wernz, *Ius Decretalium* (2. ed., 6 voll. Romae et Prati, 1906-1913), lib. I, 54 ss.; Leurenius, *Forum Ecclesiasticum in quo Ius Canonicum Universum Explanatur* (5 voll. in 3, Venetiis, 1729), II, quaes. 890, n. 7 (dehinc citabitur: *Forum Ecclesiasticum*); Lega, *De Iudiciis Ecclesiasticis,* IV, n. 171 ss.; Bouix, *De Iudiciis Ecclesiasticis,* I, 470; Glynn, *Promoter of Justice,* p. 7.

tiae repetenda est e periodo processui per accusationem posteriori.[9] Ecclesia, igitur, sat habuit munus deferendi delicta ad scrutinium iudiciale zelo et conscientiae privatorum fidelium commisisse. En iudicium per accusationem erat *systema privatae seu popularis iustitiae*.[10]

Quilibet enim fidelium, qui non esset specialiter prohibitus, poterat cuiuslibet alius delictum in iudicium sua deferre accusatione, modo esset paratus ad illud probandum. Requirebatur tamen omnino ut accusans esset physice distinctus tum ab accusato tum a iudice. Saltem tres physice distinctae personae, accusator nempe, reus et iudex in omni causa criminali accusatorie iudicanda prorsus exigebantur.[11]

Accusator sibi assumpsit onus probandi allegata,[12] debuitque libello accusationis subscribere. Haec inscriptio eum reddidit obnoxium poenae talionis; quam debebat dare si accusatum de delicto reum probare nequiverat. Poena talionis erat eadem prorsus poena quam accusatus pati debuisset si contra eum essent probatae allegationes.[13]

[9] Glynn, *ibid.*, p. 8.

[10] Bouix, *De Iudiciis Ecclesiasticis,* II, 113; Lega, *De Iudiciis Ecclesiasticis,* IV, nn. 106-107, pp. 148-151; Noval, *De Iudiciis,* n. 745.

[11] C. 18, C. II, q. 1: "Quis enim sibi utrumque audeat assumere ut cuipiam sit accusator et iudex"; c. 9, C. III, q. 9: "Quisquis a quolibet criminatur, non antea accusatus supplicio dedicetur quam accusator praesentetur atque legum et canonum sententia exprimatur"; c. 1, C. IV, q. 4: " . . . quoniam in omni iudicio quattuor personas necesse est semper adesse, idest iudices electos, defensores congruos, atque testes legitimos"; cf. quoque c. 5, C. III, q. 9; c. 4, C. II, q. 1; c. 4, C. III, q. 9; c. 6, C. III, q. 9; c. 8, C. IV, q. 4; Bouix, *De Iudiciis Ecclesiasticis,* II, 114-123; Lega, *De Iudiciis Ecclesiasticis,* IV, n. 108, p. 153; Noval, *De Iudiciis,* n. 746.

[12] Lessius, *De Iustitia et Iure Ceterisque Virtutibus Cardinalibus Libri Quattuor* (4 ed., Antverpiae, 1679), lib. II, cap. XXIX, dub. 12, n. 103: "Hoc enim differunt accusator et simplex denuntiator, quod accusatori incumbit onus probandi, denuntiatori minime." (Hoc opus dehinc citabitur: *De Iustitia et Iure*).

[13] C. 4, C. II, q. 8: "Qui crimen obiicit scribat se probaturum et qui non probaverit quod obiicit, poenam quam intulerit ipse patiatur"; c. 1, C. V, q. 6; *Glossa Ordinaria* (Bernardus Parmensis), c. 16, X, *de accu-*

C: *Delicta publica et occulta relate ad iudicium per accusationem.*

Inter Decretistas et Decretalistas vigebat axioma—"Ecclesia non iudicat de occultis." [14] Videndum nunc quonam sensu hoc axioma intellectum fuerit tempore quo iudicium per accusationem erat ordinarius modus procedendi in causis criminalibus. Axioma, enim, adeo saepe apparuit in scriptis Decretistarum ut constet eo expressum fuisse aliquod principium processus criminalis.[15] Erraret tamen qui vocem *occultum,* prout invenitur in illo axiomate, interpretaretur eodem sensu quem in praesenti Codice habet.[16] Decretistis, enim delictum erat publicum si poterat in foro externo probari. Divulgatio sive actualis sive imminens, aliter atque in iure hodierno, non erat criterium quo delicta publica ab occultis discernebantur. Nam, etsi nullibi in iure veteri expresse declaratum sit id fuisse publicum quod posset in foro externo probari, ea tamen conclusio facile et patenter deducitur e modo quo illud delictum *quod Ecclesia non iudicabat* tractabatur tum in Decreto Gratiani tum in eiusdem Decreti commentariis.[17] Eorum, enim,

sationibus, inquisitionibus et denuntiationibus, V, I. s. v. *"oporteat inscribi":* "inscribere est obligare se ad eamdem poenam si non probaverit"; Pius V, const. *"Cum primum,"* 1 apr. 1566: "Si aliqui ex calumnia denuntiasse comperti fuerint eos ad poenam talionis teneri volumus et mandamus."—*Bullarum Diplomatum et Priveligiorum Sanctorum Romanorum Pontificum Taurensis Editio* (25 voll. Augustae Taurinorum, 1857-1872), VII, p. 437. (Hoc opus dehinc citabitur: *Bull. Rom. Taur.*).

[14] Kuttner, "'Ecclesia non iudicat de occultis' apud decretistas et decretalistas,"—*Jus Pontificium,* XVII (1937). 13-28.

[15] C. II, D. XXXII: "De manifestis quidem loquor; secretorum autem cognitor Deus et iudex est"; *Gl. Ord.,* c. II, D. XXXII, s. v. *"secretorum":* " . . . ex hoc patet quod ecclesia non iudicat de occultis"; c. 20, C. II, q. 5: ". . . occulta vero et incognita illi sunt relinquenda qui solus novit corda filiorum hominum"; *Gl. Ord.,* c. 23, C. XXXII, q. 5, s. v. *"conquiescit":* "Ecclesia enim non iudicat de occultis."

[16] Canon 2197, 1°: "Publicum, si iam divulgatum est aut talibus contigit seu versatur in adiunctis ut prudenter iudicari possit et debeat facile divulgatum iri"; 4°: "Occultum quod non est publicum; occultum materialiter, si lateat delictum ipsum; occultum formaliter, si eiusdem imputabilitas."

[17] C. 27, C. VI, q. 1: s. *casu:* " . . . quidam aemuli accusabant praelatos de *occultis* criminibus *quae nullo modo probare poterant*"; *Gl. Ord.,*

locutiones nequeunt intelligi nisi admittimus apud eos id consideratum esse publicum cuius in foro externo praesto esset iuridica probatio.[18]

Articulus II: Iudicium per Inquisitionem

A: *Processus pure inquisitorius.*

Asserere Innocentium III fuisse pontificem qui primus ad usum tribunalium adduxerit iudicium per inquisitionem, non esset undequaque verum. Lega (1860-1935)[19] censuit futurum fuisse intellectu prorsus impossibile quod processus inquisitorius, cuius initia desumenda sunt ab ipsa Iuris Romani periodo classica, tam sero in Ecclesiae historia evasisset processus iudicialis in curiis ecclesiasticis. Bouix quoque opinatus est non posse satisfactorie probari meritum processus inquisitorii esse ingenio huius pontificis tribuendum.[20]

Privata, enim, indoles iudicii per accusationem minime eximebat Ordinarios locorum ab obligatione ipsi eorum officio inhaerente inquirendi et prosequendi ea delicta quae, nisi reprimerentur vel saltem ad scrutinium iudicale ducerentur, damnum nedum ipsi soli delinquenti imo et toti societati ecclesiasticae afferre possent. Aliquando, enim, iudex tenebatur *ex officio* procedere ad iudicium criminale, etsi nemo se praebuisset accusatorem, onera

c. 27, C. VI, q. 1, s. v. "*de his*": " . . . qui accusant praelatos *de crimine quod non possunt probare*"; c. 2, C. II, q. 8: "Sciant cuncti accusatores eam se rem deferre debere in publicam notitiam *quae munita sit idoneis testibus vel instructa apertissimis documentis vel indiciis ad probationem indubitatis et luce clarioribus expedita*"; *ibid.*, s. *casu*: " . . . dicitur in hac lege quod accusatores accusationem suam debent deferre in publicam notionem *quam possint testibus et aliis probationibus demonstrare*"; c. 4, C. II, q. 4: "Qui crimen obiicit scribat *se probaturum* et *qui non probaverit* quod obiicit poenam quam intulerit ipse patiatur."

[18] Kuttner ("'Ecclesia non iudicat de occultis' apud decretistas et decretalistas,"—*Jus Pontificium*, XVII [1937], 14): "Criterium principale ambarum specierum occulti eis (decretistis et decretalistis) in eo videbatur consistere, quod neutra in foro externo Ecclesiae probari poterat."

[19] *De Iudiciis Ecclesiasticis*, IV, n. 108, p. 152.

[20] *De Iudiciis Ecclesiasticis*, II, 125-127.

et pericula iudicii per accusationem in se suscepturus. Quod praesertim de delictis haeresis et apostasiae verum erat.[21]

Inquisitorius processus pro talibus delictis adhibitus dicebatur processus *pure inquisitorius* in contradistinctione ad mixtum processum Innocentii III. Praecipuum discrimen inter utramque inquisitionem in hoc consistebat quod, pro *inquisitione pura,* nulla publica imputati infamia requirebatur. Quatenus pro neutra inquisitione accusator necessarius erat, nomen "inquisitionis" utrique competebat, utpote ab accusatione distinctae. Inquisitio, tamen, Innocentii III duplici constabat, uti iam innuimus, inquisitione; alterā nempe, infamiae, alterā veritatis seu ipso iudicio. En dicebatur mixta, quippe quia duobus elementis mixta seu constans.

In inquisitione pura, e contra, cum, perspecta delicti investigandi natura, non insisteretur in necessitate infamiae, habebatur sola inquisitio veritatis seu pura inquisitio. Quam puram inquisitionem Innocentius III adeo determinavit et mutavit ut deinceps omni delictorum generi extenderetur, sicque evaderet forma iudicii criminalis ordinaria cum fere totali exclusione iudicii per accusationem, uti infra videbitur. Etiam postquam mutationes modo descriptas Innocentius III effecisset, nonnumquam in fontibus detegi poterat evidentia usus huius purae inquisitionis; imo cursu annorum videmus hanc formam iudicii criminalis ad alia praeter delicta haeresis et apostasiae fuisse extensam.[22]

Pirhing animadvertit necessitatem infamiae oriri non e iure sive divino sive naturali sed e iure positivo; unde fieri posse ut hoc

[21] C. 46, C. II, q. 7; c. 6, C. II, q. 5; c. 7, C. II, q. 5; c. 20, C. II, q. 1; Lessius (*De Iustitia et Iure,* lib. I, cap. LXXXXIV, n. 19): "Quartus est in crimine haeresis et apostasiae; in his enim sine accusatore, etiam sine infamia inquiri potest—Ratio est quia haec crimina sunt maxime reipublicae noxia; ab his enim semper impendet aliis periculum eversionis"; Del Bene, *De Officio S. Inquisitionis circa Haeresim* (2 voll., Lugduni, sumptibus Ioannis Antonii Huguetan, 1666), I, dubitatio CLXXXIV, petitio 3, n. 15 (dehinc citabitur: *De Officio S. Inquisitionis*); Scaccia, *Tractatus de Iudiciis* (2 voll., Coloniae Agrippinae, sumptibus Viduae Wilh. Metternich et Filii, 1737), I, cap. LXXXIV, n. 19 (dehinc citabitur: *De Iudiciis*); Lega, *op. cit.,* n. 107, p. 151; Bouix, *De Iudiciis Ecclesiasticis,* II, 127.

[22] Scaccia, *De Iudiciis,* I, cap. LXXXIV, n. 35.

iuris requisitum consuetudine contraria, legitimo superiore gnaro et tacente, obrogari posset. Quod praesertim valebat de delictis communi bono graviter nocivis.[32]

B: *Iudicium per inquisitionem uti processus ordinarius.*

1: Constitutio *Qualiter et quando*

Innocentio III tribuendum est quod inquisitorius processus suam plene formam determinatam induerit, atque inter ordinarios procedendi modos locum definitive sumpserit. Hoc factum est praesertim vi illius constitutionis *Qualiter et quando.*[24] Qua cum in constitutione (qui erat octavus canon IV Concilii Lateranensis [1215])[25] ea omnia quae essentialiter pertinebant ad iudicium per inquisitionem necnon principia procedurae quibus Glossatores in exaranda speciali extra-iudiciali inquisitione regebantur, continerentur, scriptor minime alienum a scopo huius dissertationis censet heic tradere praecipuas eiusdem constitutionis partes.

> "Qualiter et quando debeat praelatus procedere ad inquirendum et puniendum subditorum excessus ex auctoritatibus veteris et novi testamenti colligitur evidenter, ex quibus postea processerunt canonicae sanctiones, sicut olim aperte distinximus, et nunc sacri approbatione concilii confirmamus. Legitur enim in Evangelio quod villicus ille, qui diffamatus erat apud dominum, quasi dissipasset bona ipsius, audivit ab illo: "Quid hoc audio de te, redde rationem villicationis tuae, iam enim non poteris amplius villicare." Et in Genesi Dominus ait; "Descendam et videbo utrum clamorem qui venerit ad me opere compleverint." Ex quibus auctoritatibus manifeste probatur, quod non solum quum subditus, verum etiam quum praelatus excedit, si per clamorem et famam ad aures superioris pervenerit, non quidem a malevolis et maledicis, sed a providis et honestis, nec

[23] *Ius Canonicum,* lib. V, tit. 1, sec. II, n. 64.

[24] C. 24, X, *de accusationibus, inquisitionibus et denuntiationibus,* V, I; Mansi, *Sacrorum Conciliorum Nova et Amplissima Collectio* (53 voll. in 60, Paris-Arnhem-Leipsic, 1901-1927), XXII, 994-996 (dehinc citabitur: Mansi).

[25] Mansi, XXII, 994-996.

semel tantum, sed saepe, quod clamor innuit et diffamatio manifestat, debet coram Ecclesiae senioribus veritatem diligentius perscrutari, ut, si rei poposcerit qualitas, canonica districtio culpam feriat delinquentis, non tamquam idem sit accusator et iudex, sed quasi denunciante fama vel deferente clamore officii sui debitum exsequatur. . . . Et ideo sancti Patres provide statuerunt, ut accusatio praelatorum non facile admittatur, . . . nisi diligens adhibeatur cautela, per quam non solum falsae, sed etiam malignae criminationi ianua praecludatur. Verum ita voluerunt providere praelatis, ne criminarentur iniuste, ut tamen caverent, ne delinquerent insolenter, contra morbum utrumque invenientes medicinam congruam, videlicet ut criminalis accusatio . . . nisi legitima praecedat inquisitio, nullatenus admittatur. Sed cum super excessibus suis quisquam fuerit infamatus, ita ut iam clamor ascendat, qui diutius sine scandalo dissimulari non possit vel sine periculo tolerari; absque dubitationis scrupulo ad inquirendum et puniendum eius excessus, non ex odii fomite, sed caritatis procedatur affectu. . . . Debet igitur esse praesens is, contra quem facienda est inquisitio, nisi se per contumaciam absentaverit, et exponenda sunt ei illa capitula, de quibus fuerit inquirendum, ut facultatem habeat defendendi seipsum. . . ."

Constat in documento modo citato Pontificem prae oculis habuisse modum processus criminalis a iudicio per accusationem distincti. Accusator formalis, tam essentialis ad processum per accusationem, deest; et loco eius invenimus virtualem illam accusationem quae bene fundatae publicaeque notitiae aliquam determinatam personam aeque definitum delictum commisisse inest. Non iam requiritur ut accusator sit persona physice distincta a iudice et reo. Infamia nunc sibi vindicat locum accusatoris, imo et dicitur *quasi accusator.*[26]

Uti iam supra notatum est, Innocentius III non creavit institutionem iudicii per inquisitionem, sed processum *mere inquisitorium,*

[26] C. 24, X, *de accusationibus, inquisitionibus et denuntiationibus,* V, I: "Si per clamorem et famam ad aures superioris pervenerit, non quidem a malevolis et maledicis, sed a providis et honestis, nec semel tantum, sed saepe . . . non tamquam idem sit accusator et iudex, sed quasi denunciante fama vel deferente clamore officii sui debitum exsequatur."

illactenus ad speciales casus restrictum, ad principia processuum ecclesiasticorum criminalium adaptavit, sicque mutavit iudicium per inquisitionem ab *extraordinario in ordinarium* iudicium criminale. Ad intelligendum quomodo haec omnia effecta sint, curque illa mutatio necessaria fuerit, debemus in mentem revocare nonnulla principia iurisprudentiae criminalis tunc vigentis.

Sic vidimus ecclesiasticum iudicale systema fuisse in prosecutione delictorum quid privatum seu populare. Aliis verbis, vindicatio delictorum relinquebatur privatis personis, quatenus inflictio poenarum pendebat ab eorum zelo necnon assiduitate delicta in tribunal per privatam accusationem deferendi.

Praeterea oportet recolere quantopere Mater Ecclesia semper curaverit ne bonum liberorum nomen in discrimen iniuste vocaretur. Delicta enim et infamia erant probanda, non praesumenda.[27] Quae sollicitudo Matris Ecclesiae elucescit in constitutione *Qualiter et quando*.[28] E cauto, enim, loquendi modo quo usus est Innocentius III apparet pontificem in constitutione citata conatum esse reperire *"medium aureum"* inter duo extrema quae satagebat evitare. Ex una parte omnino necessarium erat efficaciter consulere prosecutioni delictorum, dum ex altera parte cavendum erat ab iniusta criminatione.[29]

In iudicio per accusationem *"poena talionis"* et obligatio probandi allegata non erant nisi media eo fine instituta, ut periculum calumniae arceretur ab huiusmodi processu. Malo tamen fato, ipsa media ad hunc finem adoptata multos impediverunt quominus accusationes ad iudicem deferrent.

[27] C. 21, X, *de accusationibus, inquisitionibus et denuntiationibus*, V, I: "Qui [iudex] propter dicta paucorum eum [accusatum] reputare infamatum non debet, cuius apud bonos et graves laesa opinio non existit." Ad quae verba Glossator addidit: " . . . praestantius est privilegium bonae quam malae famae."

[28] "Diligens adhibeatur cautela per quam non solum falsae, sed etiam malignae criminationi ianua praecludatur."

[29] C. 24, X, *de accusationibus, inquisitionibus et denuntiationibus*, V, I: "Verum ita voluerunt providere ne criminarentur iniuste, ut tamen caverent ne delinquerent insolenter."

In iudicio per inquisitionem, in quo infamia locum tenebat accusatoris, Innocentius volebat possibilitatem falsarum accusationum evitare per sedulam insistentiam ut ipsius iudicii validitas penderet a probata publica infamia.[30] Tunc tantum quando bene fundata publica notitia de culpa alicuius delictuali adeo fortis evaserat ut a prosecutione delicti abstinere esset scandalo et periculo contra bonum commune quatenus crearet in mentibus fidelium, qui secus huiusmodi delicta viderent impunita, persuasionem leges poenales ecclesiasticas posse impune violari, permittebatur iudicium per inquisitionem.

2: Insufficientia Iudicii per Accusationem

Etsi id explicitis verbis minime declaretur in constitutione *Qualiter et quando,* facile tamen inde deducitur iudicium per inquisitionem eo fuisse necessarium quod iudicium per accusationem omnino evaserit inefficax ad *multa* delicta in tribunal criminale deducenda.[31] Id plane constat e tenore verborum Pontificis. Nam anxietas Innocentii III ut publica delicta manerent impunita, in illa constitutione adeo apparens, vix intelligi potuisset, si pleraque delicta ad scrutinium iudiciale per media tunc usitata efficaciter traherentur. Necessitas, igitur, hanc novam procedendi formam excogitandi omne amovet dubium quin iudicium per accusationem non fuerit medium adaequatum consulendi coactivae Ecclesiae potestati.

Obligatio, enim, probandi asserta, periculum poenae talionis necnon inimicitarum e privatis accusationibus oriri solitarum

[30] C. 24, X, *de accusationibus, inquisitionibus et denuntiationibus,* V, I: ". . . non a malevolis, sed a providis et honestis, nec semel tantum, sed saepe . . . sed cum super excessibus suis quisquam fuerit infamatus ita ut iam clamor ascendat, qui diutius sine scandalo dissimulari non possit vel sine periculo tolerari: absque dubitationis scrupulo ad inquirendum et puniendum eius excessus procedatur."

[31] Schmalzgrueber (*Ius Ecclesiasticum Universum,* lib. III, tit. I, n. 173): "Ratio inquisitionem introducendi ne deficientibus qui reos deferrent ad iudices, delicta maximo reipublicae damno manerent impunita."

iudicium per accusationem prorsus ineptum reddiderunt ad debitam delictorum punitionem.[32]

Quapropter consulto ad eliminandum grave illud periculum ut delicta plerumque punirentur, condicionem cuilibet societati omnino nocivam, Innocentius III iudicium per inquisitionem iudicibus praebuit. Formali accusationi tertiae personae a iudice et reo distinctae, absolute necessariae ad validum usum iudicii per accusationem, substituitur nunc deinceps illa virtualis accusatio quae continetur in publica notitia seu persuasione aliquod crimen a certo aliquo esse patratum. Scandalum publicum inde consequens iudici nullam relinquit optionem nisi sic publice infamatum iudicandi. Mala fama e reputato delicto surgens, quando facta est publica, digito accusatorio, si fas est ita figurative loqui, secernit imputatum a ceteris hominibus tanquam reum in cuius vitam et mores est diligens investigatio facienda. Iudex datis hisce adiunctis adigitur *ex officio* infamatum citare et iudicare.[33]

Sic publicitas seu infamia delictualis loco physicae accusationis substituta potuit multa delicta ad tribunal deferre quae secus impunita mansissent, si unica methodus ordinaria puniendi delicta mansisset iudicium per accusationem, et iudicium per *puram* inquisitionem mansisset solus modus extra-ordinarius delicta ad tribunal ducendi.

Hoc enim modo Innocentius III difficultatem quam obviam sibi vix in pontificatum ingresso invenit, solvit non introducendo novum institutum *promotoris iustitiae,* sed potius dilatando necnon extendendo scopum iudicii *pure* inquisitorii ad complectendum omne genus delictorum praeter illa pauca quibus haec forma iudicii antea erat restricta. Innocentius III acute monstravit non proinde tamen actum esse de traditionali requisito iudiciali tertiae personae intervenientis iudicio uti accusatoris. Huiusmodi obiec-

[32] Boulx, *De Iudiciis Ecclesiasticis,* II, 129-130; Lega, *De Iudiciis Ecclesiasticis,* IV, n. 108, p. 151.

[33] C. 24, X, *de accusationibus, inquisitionibus et denuntiationibus,* V, I: " . . . Non tamquam idem sit accusator et iudex, sed quasi denunciante fama vel deferente clamore officii sui debitum exsequatur."

tioni apte respondit introducendo in iurisprudentiam illud saepe notatum discrimen inter formalem et virtualem accusationem.[34]

C: *Extra-Iudicialis infamiae inquisitio in lege prae-tridentina.*

1: Finis generalis extra-iudicialis inquisitionis

Cum, nonnisi mediante supra descripta distinctione inter formalem et virtualem accusationem, iudicium per inquisitionem principiis procedurae criminalis reconciliari potuerit, sequitur probationem infamiae, virtualis accusatoris, esse antea requisitam quam causa ad tribunal inquisitorium deferri potuerit. En necessitas conducendi aliquem praeliminaris, extra-iudicialis inquisitionis processum quo constaret de hoc tanti momenti facto.

Ex hac necessitate, ipsi iudicio per inquisitionem nativa, consequitur ut inquisitio, prouti describitur ab Innocentio III, fuerit iam a suo exordio processus mixtus. Constabat nempe tum *inquisitione infamiae* quum *inquisitione veritatis,* seu ipso formali iudicio quod tunc tantum locum habere poterat quando infamia imputati fuerit probata.[35] Inquisitio haec *"infamiae"* describitur uti processus informativus,[36] cuius finis est iudicem certiorem

[34] Lega (*De Iudiciis Ecclesiasticis,* IV, n. 138, p. 196): "Nihilominus ordo iudiciorum, quo melius respondeat suae functioni, expostulat personas iudicis et actoris distinctas esse non tantum *morali* modo sed *physice.* Sane ipse Pontifex (Innocentius III), recognoscens in iudicio inquisitivo fieri exceptionem regulae ordinariae, advertit, ipsum iudicem quasi fieri ministrum *publicae famae,* quae aliquem uti reum accuset, proindeque ipsam famam munere fungi *accusatoris.*"

[35] *Gl. Ord.,* c. 2, X, *de accusationibus, inquisitionibus et denuntiationibus,* V, I,—s. *casu:* "Ille inquisitor debet facere duos processus. Primum super infamia an ille sit infamatus et si post inquisitionem reperiat eum non diffamatum, non procedit ad inquirendum de veritate criminis. Si vero reperiat eum diffamatum tunc procedat ipse ad inquirendum"; Panormitanus (Nicolaus de Tudeschis) (*Commentaria in Quinque Decretalium Libros* [Dehinc citabitur: *Commentaria*], 8 voll., Venetiis, 1588), lib. V, tit. I, *de accusationibus, inquisitionibus et denuntiationibus,* c. 19, n. 9: "Debet fieri inquisitio super infamia priusquam super veritate . . . Si . . . constat de infamia post investigationem extra-iudicialiter factam, quantumque pars contradicat potest procedere super veritate."

[36] *Gl. Ord.,* c. I, *de accusationibus, inquisitionibus et denuntiationibus,* V, I, s. *casu,* s. v. *"postquam":* "Et hodie communiter, priusquam aliquis

facere de praesentia infamiae delictualis ad subsequentis iudicii seu inquisitionis veritatis validitatem omnino necessariae.[37]

2: Publica et occulta delicta relate ad iudicium per inquisitionem

Infamia ad validum inquisitionis usum requisita in hoc consistebat quod alicui tamquam auctori imputabatur patratio delicti publice noti. Ad quam publicitatem constituendam minime sufficiebat ut delictum probari posset per documenta publica vel per testes, sed postulabatur ut maior pars alicuius communitatis seu loci in quo delictum commissum esset, haberet imputatum tamquam reum illius delicti cuius mala laborabat fama. Nonnisi delictum adeo publice divulgatum constituebat obiectum iudicii per inquisitionem.

Quousque enim publicitas delicti deberet spargi clare indicabatur a Glossatoribus quorum, deficiente norma iure statuta, erat regulas practicas, quibus iudices in conficienda inquisitione regerentur, proponere. Bernardus Parmensis (†1266) asseruit famam debere extendi ad totam villam, vel saltem ad maiorem

citatur ex officio super crimine, fit inquisitio et examinatio sive *informatio secreta*, et *factis informationibus*, si constat iudici quod talis sit diffamatus super illo crimine, iudex praecipit ut citetur ad comparendum personaliter . . .. praeambulum requisitum ad inquisitionem, ut videlicet primo discutiatur super infamia."

[37] Panormitanus (*Commentaria*, lib. V, tit. I, c. 19, n. 7): "Et tunc semper delegatus debet prius inquirere de fama, quia videtur hoc commissum tamquam praeambulum"; Durandus (*Speculum*, lib. III, p. 34): "Quid si inquisitor permixtim inquirit de infamia et de criminibus? Respondeo—non servatur ordo iuris, nam infamiae inquisitio praecedere debet veritatis cognitionem, nec debet processus tali permixtione confundi"; Hostiensis (Henricus de Segusia) (*Commentaria in Quinque Libros Decretalium* [dehinc citabitur: *Commentaria*], 5 voll. in 3, Venetiis 1581), lib. V, tit. I, *de accusationibus, inquisitionibus et denuntiationibus*, c. 18 s. v. "*Qualiter et quando*," n. 4): "Vult igitur haec constitutio quod si iste ordo servatus non sit, sed contra non infamatum inquisitum est, supersedeatur processui et de novo fit inquisitio in qua primum quaeratur de fama, qua probata, de veritate quaeratur."

partem loci in quo delictum esset patratum.[38] Panormitanus (1386-1453)[39] has traddidit regulas. Si de delicto graviore agebatur, deque persona maioris momenti, infamia necesse erat esset ad totam villam vel maiorem eiusdem partem extensa. Quando autem notitia delicti, sive attenta natura ipsius delicti sive attentis quibus commissum fuerit adiunctis, ad quosdam coarctabatur—puta delictum episcopi coram solis canonicis commissum—sufficiebat ut maiori eorum parti innotesceret. Si tamen erat quaestio de delicto minus graviore deque persona minoris momenti nil requirebatur nisi ut delictum patefactum esset maiori viciniae parti, mulieribus necnon pueris exclusis, ut quis exinde censeretur infamatus.

Rumores seu clamores infamiae debebant saepe repeti.[40] Hostiensis (1271), etsi ipse crederet sufficere bis factam allegationem, rem tamen prudentiae iudicis reliquit.[41] Ad probandam infamiam duo testes bonae famae inducebantur. Hi debebant testari accusatum esse publice consideratum auctorem delicti eidem imputati. Debebant quoque testimionium dare de extensione infamiae ut constaret iudici an requisitis supranotatis satisfaceret. Iudex eos interrogabat a quibusnam haec fama ortum habuisset. Nam non qualiscumque infamia sufficiebat, sed illa dumtaxat quae originem ducebat a providis et honestis.[42] A testibus iudici erat insuper revelandum quoties audivissent allegationes contra reum prolatas.[43] Si tamen testes ob aliquam causam nequibant nominari eos a quibus publica notitia delicti orta erat, eorum solo testiminio iudex poterat esse contentus, modo mala fama accusati esset publice divulgata.[44] Inimici arcendi erant a testimonio contra reum de-

[38] *Gl. Ord.*, c. 21, X, *de accusationibus, inquisitionibus et denuntiationibus*, V, I, s. v. *"dicta paucorum"*: "Fama debet esse per villam sive parochiam ad hoc ut fiat inquisitio. Sed quot appellabis paucos, ut non dicatur infamatus? . . . Credo quod maior pars viciniae requiratur, quia fama loci requiritur, non fama aliquorum."

[39] *Commentaria*, lib. V, tit. I, c. 19, n. 6.

[40] C. 24, X, *de accusationibus, inquisitionibus et denuntiationibus*, V, I.

[41] *Commentaria*, lib. V, tit. I, c. 17.

[42] C. 24, X, *de accusationibus, inquisitionibus et denuntiationibus*, V, I.

[43] C. 24, X, *de accusationibus, inquisitionibus et denuntiationibus*, V, I: " . . . non semel tantum sed saepe."

[44] Durandus, *Speculum*, lib. III, p. 34.

ferendo in inquisitione infamiae.[45]

Quibus omnibus consideratis, patet publicitatem delictualem relate ad iudicium per inquisitionem toto coelo diversam fuisse a publicitate illa quae sufficeret ad iudicium per accusationem. Heic id censebatur publicum quod poterat probari in foro externo; dum, e contra, in inquisitione postulabatur publica notitia seu divulgatio. Inquisitoris utique intererat utrum necne delictum probari posset in foro iudiciali at secundarie. Praeprimis inquirebat an esset divulgatum; si enim carebat divulgatione, non erat publicum in gradu sufficienti ad permittendum usum iudicii per inquisitionem, non erat aptum iudicii inquisitorii obiectum. Praecipuus finis inquisitionis praeviae erat probare infamiam. Audiatur Innocentius III hoc verbis haud ambigendis declarans:

> "Tertiae dubitationis articulus continebat, utrum, quum duo vel plures iurati affirmant aliquem crimen aliquod *eisdem videntibus* commisisse, de quo aliqua infamia non laborat, aliquam illi poenam infligere debeatis? . . . ad hoc respondemus, nullum esse pro crimine, super quo aliqua non laborat infamia, seu clamosa insinuatio non praecesserit, propter dicta huiusmodi puniendum; quinimo super hoc depositiones contra eum recipi non debere, quum inquisitio fieri debeat solummodo super illis, de quibus clamores aliqui praecesserunt." [46]

Aliis verbis, Pontifex in illo loco docuit solam possibilitatem delictum probandi in foro externo—quae utique aderat in casu dato—non eo ipso conferre iudici ius iudicialiter inquirendi, nisi

[45] C. 24, X, *de accusationibus, inquisitionibus et denuntiationibus*, V, 1: " . . . non quidem a malevolis et maledicis, sed a providis et honestis."

[46] C. 21, X, *de accusationibus, inquisitionibus et denuntiationibus*, V, 1 (Potthast, *Regesta Pontificum Romanorum*, 2 voll. Berolini, 1874-1875, n. 4628 [dehinc citabitur: Potthast]; Cf. quoque *Gl. Ord.*, ad c. 1, *de accusationibus, inquisitionibus et denuntiationibus*, V, 1 in VI°, s. v. *"postquam":* "Ita quod si iudex procedit per viam inquisitions contra aliquem non diffamatum, potest ille contra quem proceditur dicere—Domine, iudex, non potestis procedere contra me per viam inquisitionis, quia non commisi tale crimen, et posito, sed non concesso, quod tale crimen commisissem, adhuc non potestis procedere contra me, quia de tali delicto non sum diffamatus."

praeter commissi delicti testes, haberentur simul alii testes infamiae e delicto certe commisso et probationis capace exortae.

3: Iudicium per inquisitionem uti procedura ordinaria.

Innocentium III minime intendisse abrogare ceteras processuum criminalium formas, cum introduxerit iudicium per inquisitionem, liquet e primo titulo libri Decretalium quinti.[47]

Imo cum infamia delictualis contra aliquem ad iudicis aures pervenisset, liberum ei erat aut terminum volentibus accusare praefigere et, si quis accusator se praesentasset, causam accusatorie iudicare; aut statim inquisitorie procedere.[48] Tunc tantum si nemo accusator apparuisset, cogebatur inquisitione uti. Ordinarie tamen accidit ut iudicium per inquisitionem in fere omnibus causis adhiberetur, cum perpauci vellent se periculis iudicio per accusationem involutis subiicere.[49]

Unde factum est ut mox omnia fere delicta inquisitorie iudicarentur. Iudicium per accusationem in desuetudinem non usu et contraria consuetudine abiit. Scaccia suo advertit tempore (in priore parte saeculi XVII)[50] consuetudinem contrariam invaluisse, vi cuius iam fere nullus accusatorie iudicaretur.[51] Alia practica

[47] *De accusationibus, inquisitionibus et denuntiationibus.*

[48] *Gl. Ord.*, c. 24, X, *de accusationibus, inquisitionibus et denuntiationibus,* V, I, s. v. *"ad inquirendum"*: "Item et illud potest facere praelatus cum infamia contra aliquem ad ipsum pervenerit ut praefigat terminum volentibus accusare illum et procedat legitime in accusationem."

[49] "Si autem non apparuerit, tunc potest procedere ad inquirendum . . . sed melius est quod inquirat, quia periculosum est accusare, quia de facili nullus accusaret."—*Gl. Ord., loc. cit.*

[50] *De Iudiciis* (I, cap. LXXXIV, n. 8): "Unde moveor ea ratione quod de consuetudine iudex non solum non cessat ab inquisitione si supervenerit accusator, sed inquirit, etiamsi accusatio praecesserit et non desistit, quamvis desisteret accusator."

[51] *De Iudiciis* (I, cap. LXXXV, n. 10): "Quia modus procedendi per accusationem recessit ab aula"; Schmalzgrueber (*Ius Ecclesiasticum Universum,* lib. V, tit. I, n. 172): "Hodie processu accusatorio inquisitorius multo frequentior est, et adeo invaluit ut qui olim erat remedium extraordinarium, iam transierit in ordinarium"; Bouix (*De Iudiciis,* II, 60):

huius consuetudinis consequentia haec erat quod, cum sola forma inquisitoria ordinarie adhiberetur, tantummodo delicta actu divulgata seu "*famosa,*" qualia; nempe, constituebant unicum obiectum iudicii per inquisitionem, in tribunal deferebantur; seu, aliis verbis, delictum publicum non iam censebatur illud quod poterat in foro externo probari, sed illud solum de cuius auctore bene fundata publica infamia existebat.

D: *A Concilio Tridentino usque ad Codicem.*

1: Infamia et probatio eiusdem in periodo post-Tridentina

Concilium Tridentinum (1545-1563) reaffirmavit Constitutionem Innocentinianam *Qualiter et quando.*[52] Eadem doctrina de necessitate infamiae ad validum inquisitionis usum, quae inveniebatur in periodo Innocentiniana, etiam post Concilium habitum perseverabat in scriptis commentatorum.[53] Non multo tamen postea mutationes poterant detegi. Non iam requirebatur ut "*testes infamiae*" declararent se audivisse infamiam imputati a maiori parte civitatis vel loci, sed sufficiebat ut possent testari ita passim dici de infamato.[54]

2: Virtualis infamia seu indicia.

Innocentius III, uti saepe iam vidimus, se senserat coactum ad introducendum iudicium per inquisitionem, cum esset unicum medium practicum multa delicta, quae usque tunc impunita mane-

"Imo dici potest adeo invaluisse inquisitoriam formam ut accusatoria proprie dicta . . . in foro ecclesiastico in desuetudinem fere abierit."

[52] Sess. XXIV, *de ref.*, c. 5: ". . . et constitutionem sub Innocentio III in Concilio generali quae incipit Qualiter et quando Sancta Synodus in praesenti innovat."

[53] Scaccia, *De Iudiciis,* I, cap. LXXXIV, n. 1.

[54] Scaccia (*op. cit.,* I, cap. LXXXIV, nn. 32, 33): Publica quaedam vox quae de aliquo publice et passim circumfertur": Del Bene (*De Officio S. Inquisitionis,* I, dub. CLXXXIV, petit. 5, n. 5): ". . . duo testes qui, quicquid dixerit glossa, non debent testari se audivisse a maiore parte oppidi vel viciniae, cum vix sit qui cum maiore parte oppidi vel viciniae locutus fuerit, sed satis est quod testentur ita passim dici, vel ita se publice audivisse."

rent, ad iudicium deferendi. Hoc erat eatenus possibile quatenus virtualis accusatio seu infamia publica locum formalis accusationis tertiae personae, a iudice et a reo distinctae, tenebat. In constitutione *Qualiter et quando* sola infamia, prout eam supra descripsimus, recognoscebatur ut iusta causa inquisitionis adhibendae. Innocentius enim III, nolens nimis recedere a principiis procedurae criminalis traditione sancitis, verbis aliquatenus timidis et cautis permisit usum novae inquisitionis tantummodo e capite *probatae infamiae.* Haec infamia erat *quasi actor* vices physici actoris, usque tunc in processibus criminalibus requisiti, tenens. Per eam Innocentius III conabatur processum inquisitorium et principiis legalibus reconciliare et aditum accusationibus calumniosis praecludere. Ipse, igitur, et omnes commentatores prae-Tridentini mordicus adhaeserunt absolutae necessitati infamiae ad validitatem inquisitionis.

Nonnulli tamen auctores post-Tridentini putaverunt hanc Innocentii III cautionem esse nimis rigidam. Animadverterunt illam *arcte modificatam infamiam* raro omnino verificari. Perpauca enim delicta illum gradum publicitatis necessariae ad infamiam ab Innocentio III postulatam constituendam umquam consecuta sunt.[55]

Remedium, quod necessarium aestimabant, inductum mox est per contrariam consuetudinem, vi cuius quodlibet probabile vel legitimum culpabilitatis *"indicium"* censebatur sufficiens ad permittendum usum iudicii per inquisitionem. Haec *"indicia"* ponebantur in pari gradu cum infamia relate ad processum inquisitorium. Sicut, enim, olim infamia seu virtualis accusatio successerat formali accusationi, ita nunc deinceps virtualis infamia seu *"indicia"* succedebant loco virtualis accusationis seu infamiae.[56]

[55] Del Bene (*De Officio S. Inquisitionis,* I, dub. CLXXXIV, petit. 5, n. 5): " . . . cum vix sit qui cum maiore parte oppidi vel viciniae locutus fuerit."

[56] Scaccia (*De Iudiciis,* I, cap. LXXXIV, n. 35) : "Respondeo: Clarum esse intelligendum ut loquatur de consuetudine generali omnium locorum . . . et sic excludit illam infamationem formalem de qua loquitur textus in dicto capite, qualiter et quando, et admittit esse necessariam eam quae

Haec mutatio legis effecta est non positiva legislatione sed consuetudine *"contra legem."* [57] Mutationem sic effectam Pius V (1566-1572) implicite recognovit in instructione iudicibus data, qua monebantur de officio exsequendi illas sententias condemnatorias quas tulerunt, modo hae legitimis indiciis ad inquirendum promulgatae fuissent.[58]

Ecce conspectam habemus plenam evolutionem legislationis qua Ecclesia per saecula ante editionem Codicem delicta ad iudicium inquisitorium trahenda curavit. E praescriptis legis positivae Constitutione Innocentiniana contentis virtualis accusatio seu infamia locum formalis accusationis ad iudicium per accusationem necessariae arripuerat; dein lege consuetudinaria, infamia virtualis seu *"indicia"* sortita est eamdem vim ac formalis accusatio in delictis ad scrutinium iudiciale introducendis. Maioris adhuc est facienda illa alia consuetudo qua *"indicia"* nedum aequivalerent infamiae, imo et hanc prorsus excluderent a functione delicta ad iudicium introducendi. Quae consuetudo adeo invaluit ut mox nullae causae propter infamiam inquirerentur, sed unice ob "indicia" institueretur inquisitio.[59]

resultat ex indiciis prout communiter tradunt omnes doctores"; Pirhing (*Ius Canonicum*, lib. V, tit. I, sec. II, n. 47): "Nam verum est quod semper requiratur ut interveniat accusator formaliter vel virtualiter per aliquid quod vices accusatoris supplet, cuiusmodi est vel simplex denuntiatio, vel si procedatur per inquisitionem, publica infamia vel indicia criminis quae locum accusationis supplent."

[57] Scaccia (*op. cit.*, I, cap. LXXXIV, n. 21): "Ii [qui asserunt sufficere *"indicia"* ad inquisitionem] vel loquuntur secundum communem practicam et bene loquuntur, vel loquuntur de iure et tunc male, quia loquuntur sine lege, imo divinative et contra textus apertos": *ibid.* (n. 2): ". . . loquendo de iure sola diffamatio aperit viam ad inquisitionem specialem; indicia de consuetudine et non de iure"; Pirhing (*Ius Canonicum*, lib. V, tit. I, sec. II, n. 61): ". . . Indicia locum infamationis tenent, imo fortiora sunt ea"; Reiffenstuel, *Ius Canonicum Universum*, lb. V, tit. I, n. 179; Schmalzgrueber, *Ius Ecclesiasticum Universum*, lb. V, tit. I, n. 202.

[58] Pius V. motu proprio, *"Dudum postquam,"* 13 sept. 1571,—*Bull. Rom. Taur.*, VII, p. 941.

[59] Scaccia (*De Iudiciis*, I, cap. LXXXIV, n. 35): "Diffamatio non est necessaria ad formandam inquisitionem, quia iste modus procedendi ex diffamatione ad inquisitionem specialem recessit ab aula . . . respondeo:

3: Natura indiciorum

Del Bene (1623-1673) indicia in quinque divisit categorias.[60]

1) Indicia primi gradus—erant levia probabilia indicia, quae probabilem suspicionem de auctore delicti creaverunt;

2) Indicia secundi gradus—probabiliora seu illa, quae causaverunt praesumptionem, scilicet suspicionem valde probabilem de auctore;

3) Indicia tertii gradus—gravia, quae dicebantur quoque "legitima indicia" et "indicia iuris";

4) Indicia quarti gradus—semiplena probatio, i.e. aliquid amplius quam indicium legitimum;

5) Indicia quinti gradus—indicia gravissima, seu indubitata.

In specie indicia primi et secundi gradus erant:

a) gravis inimicitia inter personam laesam et suspectum;

b) assertio socii in crimine, vel personae e vulnere morientis, quod se accepisse declarat ab alio quem nominat.

In genere eo graviora oportebat esse indicia, sive quo dignior erat inquirendus, sive quo gravius scelus. Plerumque indicia quae seorsim sumpta non permittebant usum inquisitionis, conjunctim sumpta, ad hoc sufficiebant.[61]

Scaccia,[62] praenotata necessitate prae oculis semper tenendi

Clarum esse intelligendum, ut loquatur de consuetudine generali omnium locorum et bene eum loqui, quia ait indicia succedere loco diffamationis formalis de qua loquitur textus in dicto capite, Qualiter et quando, et admittit necessariam esse eam quae resultat ex indiciis prout communiter tradunt omnes doctores . . ."; Pirhing (*Ius Canonicum,* lib. V, tit. I, sec. II, n. 47): "Nam verum est quod semper requiritur ut interveniat accusator formaliter vel virtualiter per aliquid quod vices accusatoris suppleat . . . vel si procedatur per inquisitionem, publica infamia vel indicia quae locum accusationis supplent"; cf. *ibid.,* n. 64; Reiffenstuel (*Ius Canonicum Universum,* lib. V, tit. I, n. 196): ". . . merito credendum Claro dicenti se numquam vidisse fieri aliquem processum qui inciperet ab infamatione seu probatione infamiae."

[60] *De Officio S. Inquisitionis,* I, dub. CLXXXIV, petit. 5, n. 4.

[61] Del Bene, *De Officio S. Inquisitionis,* I, dub. CLXXXIV, petit, 5, n. 17.

[62] *De Iudiciis,* I, cap. LXXXIV, n. 5.

aequitatem necnon communem doctorum opinionem, descendit magis ad particularia, dividens indicia in duos gradus:

1) indicia sufficientia ad instituendam praeliminarem inquisitionem, qua constaret utrum necne posset procedi ad formale iudicium. Aliis verbis, in hac prima indiciorum categoria illa reperiuntur, quae aliquam inducant culpabilitatis suspicionem, haud tamen parem ad illico iustificandum ipsum formale inquisitionis iudicium.[63]

2) indicia quae suadebant immediatam citationem suspecti, eiusdemque uti rei interrogationem.[64] Haec sunt exempla nonnulla indiciorum ad primum gradum pertinentium:

a) querela partis;

b) denunciatio;

c) depositio socii criminis.[65]

Exempla indiciorum quibus immediata citatio et interrogatio permittebantur haec sunt:

a) depositio unius testis integri omnique exceptione maioris;

b) oculata publici officialis denuntiatio;

c) querela vulnerati in mortis periculo constituti;

d) depositio socii criminis in tormentis confirmata;

e) omne legitimum indicium, id est a iure approbatum; vel uti tale (iure probatum) a doctoribus reputatum.[66]

Si doctores aliquod indicium determinaverunt uti sufficiens ad inquisitionem specialem, nulli iudici praetextu proprii arbitrii licebat a communi eorum opinione recedere.[67] Quae omnia Scaccia nonnullis practicis exemplis illustravit. Cadaver Titii inventum est in loco N. Assumptis informationibus (in inquisitione infamiae seu indiciorum) constitit eodem mortis die illac transisse Zaccagninum, dicti Titii inimicum capitalem. Haec indicia iure

[63] Scaccia, *De Iudiciis*, I, cap. LXXXIV, n. 3.
[64] Scaccia, *loc. cit.*
[65] Scaccia, *ibid.*, n. 5.
[66] Scaccia, *ibid.*, n. 8.
[67] Scaccia, *ibid.*, n. 5.

constata censebantur sufficientia ad citandum Zaccagninum ad respondendum de delicto. Alius casus respiciebat struprum alicui puellae illatum. In inquisitione praeliminari compertum est quemdam N. mulierem, de qua, procaciter intuitum esse, eam allocutum esse eacumque in aliquod tugurium ingressum esse. Quibus in processu informativo probatis iudex quin ulterioris investigationis necessitatem admitteret, statim ad citationem N. processit.[68] Pirhing (1606-1679)[69] nil aliud exigit nisi ut indicia essent "legitima et sufficientia." Reiffenstuel (1642-1703)[70] recensuit indicia inter exceptiones a regula iuxta quam infamia semper requirebatur ad validum usum iudicii per inquisitionem. Ille contentus erat indiciis "verisimilibus et probabilibus,"[71] dum hic postulavit indicia "valde propinqua," qualia essent propositum delinquendi probatum, minae, retentio rei furtivae, fuga ob metum inquisitionis, et alia hisce similia.[72]

Opinio de indiciorum sufficientia ad legitimandam inquisitionem, semel consuetudine stabilita, viguit usque ad Codicem Iuris Canonici. Lega (1860-1935) enim suo tempore declaravit non esse prius ad iudicium per inquisitionem procedendum quam talia a denuntiante praeberentur indicia et argumenta quibus fretus iudex "prudenter ageret instituens inquisitionem specialissimam."[73]

Quae veritas maiore etiam nitore resplendet e formulariis ab auctoribus non multo ante Codicis promulgationem hac in re editis. Haec enim formularia respiciebant processum informativum e

[68] Scaccia, *De Iudiciis,* I, cap. LXXXVI, nn. 23-24.

[69] *Ius Canonicum,* lib. V, tit. I, sec. II, n. 61.

[70] *Ius Ecclesiasticum Universum,* lib. V, tit. I, n. 202.

[71] *Loc. cit.*

[72] *Loc. cit.*

[73] *De Iudiciis Ecclesiasticis* (IV, n. 151, p. 214): ". . . quia requisitum infamiae non probe intelligitur si ita assumitur ut probatio expostuletur necessario *de facto publicae amissae famae* ex parte denunciati, dum vero sufficit a denunciante iudicialiter talia praeberi indicia, et argumenta, quibus innixus iudex prudenter agit instituens inquisitionem *specialissimam* . . . Tunc enim ex parte delinquentis amissum est *ius famae* quando delictum prtravit, quod *iudicialiter* probari potest."

quo iudex debebat trahere certitudinem an posset procedere ad inquisitionem formalem. Extant formularia tum ad infamiam delinquentis evincendam quum ad indicia ad iudicium sufficientia detegenda destinata.[74]

Ex interrogatorio in hisce formulariis adhibito evidens est notionem infamiae ad inquisitionis validum usum requisitae nil esse mutatam a prae-Tridentino infamiae conceptu. Sic videmus testem quoad haec fuisse interrogandum: an de praesumpto reo aliqua mala fama vigeret; qualisnam fama; undenam orta in genere, et in specie a quibus praecise personis haec mala fama spargeretur; num divulgatores infamiae essent infamati inimici; qua occasione ortum habuisset fama ista et tandem quamdiu vigeret.[75]

Indicia debebant praebere gravem rationem suspicandi praesumptum reum. Qualia indicia censerentur ad hoc sufficientia liquet ex sequenti formulario:—Testis in processu informativo interrogandus debebat declarare an putaret indicium datum esse verum; cur ita crederet adamussim descriptis rationibus quibus ad sic credendum duceretur etc.[76]

[74] Boiux (De Iudiciis, II, 537): "Forma informativi processus ad probandam iuridice publicam de delicto famam"; Lega, *De Iudiciis Ecclesiasticis*, IV, nn. 623, 629; pro formulariis indiciorum detegendorum cf.—Bouix, *ibid.*, p. 514: "Formula quando inquiritur ob habita iudicialiter vehementia indicia, vel semi-plenam probationem:; 552—"Formula citandi rei, quando proceditur ex mero officio, ob gravia delicti indicia, in inquisitione generali vel in alio processu, iudicialiter habita."; Lega, *ibid.*, p. 623—"Formula vocandi testes per litteras privatas ut examinentur pro informatione curiae. Istae citationes promoventur a promotore fiscali, qui narratis indiciis de quodam crimine iubet inquiri adversus praesumptum reum."

[75] Bouix, *ibid.*, p. 537.

[76] Bouix, *ibid.*, p. 540: "1. Interrogatus: an sciat articulum esse verum? —Respondit: scio articulum esse verum. 2. Interrogatus quomodo sciat? Respondit: ipsemet pluries vidi dominum Andream ..., presbyterum, dictam puellarum perditarum domum ingredientem. 3. Interrogatus: quibus horis viderit?—Respondit: dictam domum ingredi solet undecima noctis hora. 4. Interrogatus: quomodo sub tali vestium mutatione, et noctis tempore, potuerit discernere hominem dictas aedes ingredientem,

4: Publica delicta et indicia

Uti ex hucusque dictis de indiciis patet, notio "delicti publici" relate ad iudicia criminalia aliam in periodo post-Tridentina mutationem subiit. Consuetudine inquirendi ob sola indicia invalescente, reditus ad theoriam prae-Innocentinianam effectus est, qua publica censebantur illa delicta quae poterant probari in foro externo.[77] Iudicio per inquisitionem ob infamiam adhuc uti poterant iudices, at non iam ad solam infamiam tenebantur; cum, e quo consuetudo de indiciis invaluisset, possent ob quodlibet indicium quo delictum probari poterat, ad inquirendum procedere.

E: *Legislatio positiva de inquisitione in periodo post-Tridentina.*

Doctrinam communem de iudicio per inquisitionem et praeliminari extra-iudiciali inquisitione, prouti eam vidimus consuetudine et legibus positivis Innocentinianis evolutam, Sancta Sedes nonnullis documentis sanctivit et affirmavit. Praxim tribunalium diocesanorum consuetudine efformatam se adoptasse Sancta Sedes saltem implicite declaravit documentis a se editis, praesertim relate ad proceduram contra "sollicitantes" adhibendam.

1: Instructiones contra sollicitantes

In saepe publicatis de processu contra sollicitantes in sacramento Poenitentiae instructionibus multa ad rem nostram pertinentia invenimus. En videmus Sanctam Sedem quo sacerdotis hoc de delicto accusati famae melius consuleretur, semper institisse ut omnes denuntiationes iuramento veritatis dicendae firmarentur, utque denuntiationum denuntiantiumque qualitates et indoles diligentissime perpenderentur, aditum denuntiationibus e

esse Andream N.? — Respondit: initio dubitabam; sed quadam nocte, volui certior fieri, et expectavi donec egrederetur; egredientem autem tantisper a longe secutus sum usque ad ipsius domum . . ."

[77] Lega (*De Iudiciis Ecclesiasticis*, IV, n. 150, pp. 214, 215): "Tunc enim ex parte delinquentis amissum est *ius famae* quando delictum patravit, quod *iudicialiter* probari potest."

personalibus partium inimicitiis exortis praecludendi causa.[78] Anonymae denuntiationes nullius habebantur esse valoris.[79] Declarationes singularium testium non erant accipiendae nisi simul praesto essent alia culpabilitatis indicia necnon adminicula.[80]

Duabus denuntiationibus rite factis et admissis, sollicitans ita observationi seu vigilantiae subiiciebatur, deque delicto allegato adeo suspectus habebatur, ut tertia valida denuntiatio contra eumdem facta iudicium criminale necessarium redderet. Facta enim tertia denuntiatione, adhuc tamen requirebatur formalis examinatio parochi accusati aliusve integrae famae ecclesiastici antequam iudex posset denuntiatum citare. Quae examinatio sub iureiurando secreti servandi facienda, nomine technico *"peragendarum diligentiarum"* gaudebat. Tantummodo post "diligentias peractas" et si tunc suspicio denuntiati adhuc urgebat, poterat praesumptus reus citari ad respondendum de accusationibus e denuntiatione triplici exortis, vereque probabilibus in processu informativo demonstratis.[81]

Obligatio, qua iudex tenebatur, adipiscendi moralem sibi certitudinem tum de fidelitate denuntiantium quum de absentia inimicitiarum inter denuntiatum denuntiantemque existentium erat praescriptum legis adeo necessarium, ut eo neglecto ad ulteriora procedi nequiret.[82]

Quam certitudinem cum iudex deberet non qualicumque sibi adipisci methodo, sed iuxta illam formam quam supra "diligentias peragere" vocatam esse animadvertimus, Ordinarius debebat in singulis casibus duos testes, qui, quatenus fieri posset, necesse erat essent ecclesiastici, interrogare. Testibus tum denuntiantem

[78] S. C. de Prop. Fide, instr. (ad Vic. Ap. Cochinchin.), 26 aug. 1775 — *Codicis Iuris Canonici Fontes cura Emi Petri Gasparri editi* (9 voll., Romae [postea Civitate Vaticana]: Typis Polyglottis Vaticanis, 1923-1939. [Voll. VII.—IX, ed. cura et studio Emi Iustiniana Card. Serédi]), n. 4568 (dehinc citabitur: *Fontes*).

[79] S. C. S. Off., instr. 20 febr. 1886, n. 6 — *Fontes*, n. 990

[80] S. C. S. Off., instr. 20 febr. 1886, n. 10 — *Fontes*, n. 990.

[81] S. C. S. Off, instr., 20 febr. 1886, n. 11 — *Fontes*, n. 990.

[82] S. C. S. Off. instr. 6 aug. 1897, n. 2 — *Fontes*, n. 1190.

quum denuntiatum bene notos esse oportebat. Examinatio debebat ad scripta reduci, et fieri sub iuramento veritatis dicendae necnon secreti servandi.[83]

2: Instructio anno 1880 edita

Maioris prae ceteris omnibus a Sancta Sede editis hac in re documentis extat illud anno 1880 in lucem datum a Sacra Congregatione Episcoporum et Regularium.[84] Cuius instructionis discussioni iuvat nonnulla de origine et extensione eiudsdem praemittere.

Ad eius originem necnon necessitatem quod attinet, ipsa Sacra Congregatio in prefatione eiusdem instructionis indicavit rationes ob quas eam promulgavit. Animadvertit enim Ecclesiam ob praesentem (1880) suam conditionem pene ubique impediri quominus externam explicaret suam actionem super materias et personas ecclesiasticas, et ob defectum mediorum aptorum pro regulari curiarum ordinatione indigere in tribunalibus Ordinariorum locorum formis magis oeconomicis in exercitio suae disciplinaris iurisdictionis super clericis. Quibus malis mederi cupiens simulque canonicam regularitatem et uniformitatem processuum procuratura, Sacra eadem Congregatio oportunum censuit normas in instructione, quam consideraturi nunc sumus, proferre a curiis servandas in causis disciplinaribus et criminalibus clericorum.[85]

Quod documentum, utpote italico idiomate confectum, nonnulli primo aspectu putarunt ad ipsam solam Italiam esse restrictum. Quae vero opinio numquam sibit multos adscivit sequaces. Nam terminologiae indoles generalis ("Ordinariis locorum"), et praevalentes fere ubique condiciones ob quas edita fuit mox aperuerunt viam ad vix non universalem instructionis applicationem.[86]

[83] S. C. S. Off., instr. 6 aug. 1897, nn. 5, 6—*Fontes* n. 1190.

[84] S. C. Ep. et Reg., instr. 11 iun. 1880—*Fontes*, n. 2005.

[85] S. C. Ep. et Reg., instr. 11 iun. 1880, in praefatione,—*Fontes* n. 2005.

[86] Wernz—Vidal, *Ius Canonicum* (7 voll. in 9, Romae: Apud Aedes Universitatis Gregorianae, 1927-1938. Vol. VI, *De Processibus*, Pars I, 1927; Vol. II, *Ius Poenale Ecclesiasticum*, 1937), VI, n. 706, p. 664; Lega, *De Iudiciis Ecclesiasticis*, IV, in calce ad paginam 147; cf. quoque *ibid.*, n. 195, p. 265; Noval, *De Iudiciis*, n. 746, p. 489.

Imo post triennium S. Congregatio de Propaganda Fide ad locorum Ordinarios in Statibus Foederatis Americae Septentrionalis transmisit instructionem quae adeo parum ab illa anno 1880 e S. Congregatione Episcoporum et Regularium egressa differt, ut ea, quae in nostro commentario dicturi sumus, utrique aequo applicanda veniant iure. Adamussim enim inter se hae duae instructiones conveniunt, tum quoad materiam quum quoad materiae divisionem, et nonnisi verbis ab invicem discrepant; imo aliquando discrimina verbalia difficulter queunt detegi.[87]

Instructione anni 1880 describitur processus mixtus Inquisitionis—Accusationis, aliquid in iure canonico novum.

Quoad processum informativum et inquisitorium nullum discrimen licet detegi inter duas inquisitiones. Re quidem vera uterque processus erat substantialiter idem. Aliis verbis, ad rem nostram quod attinet, instructio anni 1880 nil aliud videtur esse quam crystallizatio inquisitorii et informativi processus in eadem substantiali forma quam habebat apud Decretistas, Decretalistas et auctores post Concilium Tridentinum scribentes. Processus in instructione anni 1880 descriptus, sicut antiquior processus inquisitorius, erat processus compositus qui stricte sumptus nec inquisitio nec accusatio erat, sed potius unum quid ex utraque constans. Praeliminaris enim inquisitio seu processus informativus ipsi iudicio praepositus viam ad hoc aperuit. Erat processus mixtus et successivus, non processus mixtus et simultaneus. In utroque processu; illo nempe Innocentii III et illo instructionis anni 1880, processus informativus eidem prorsus fini inservit. En difficile est intellectu cur Lega asseruerit instructione anni 1880 esse in ius canonicum criminalis prosecutionis formam introductam cuius usque tunc nulla facta fuerit sive in ipsa lege sive in canonistarum scriptis mentio.[88]

Articulus primus mere statuit obligationem Ordinariorum locorum consulendi disciplinae necnon correctioni cleri eorum curae commissi per vigilantiam et alia media ad eorum excessus praecavendos et eliminandos destinata.

[87] S. C. de Prop. Fide, instr. a 1883 — *Fontes,* n. 4900.
[88] Lega, *De Iudiciis Ecclesiasticis,* IV, n. 113, p. 164.

Articuli II—IX tractaverunt de mediis delictorum praeventivis deque removendis scandalo, voluntariis occasionibus et proximis delictorum causis.

Articulus VI tradidit regulas applicationis mediorum praeventivorum, Articulusque VII curavit ut, si forte haec media praeventiva desideratum emendationis effectum non adepta essent, praeceptum daretur in quo actiones prohibitae delinquentive permissae, unacum comminatione poenarum violationem praecepti consequentium, clarissimis verbis erant indicandae.

Nostra autem praecipue interest ad Articulum V. Hoc in articulo Ordinarius iubebatur conducere praeviam investigationem seu processum informativum, ut iudici constaret an posset remedia praeventiva adhibere. Nam haec remedia, etsi per sese essent extra-iudicialia, nec ullo modo connexa cum iudicio criminali vel ad idem directa ("ut ad ulteriora, *si opus sit*"), nihilominus, utpote remedia poenalia praeventiva ad gravem delinquentiam ad quam aliquis videbatur tendens evitandam apta, aliquam saltem e parte eius cui erant applicanda culpabilitatem praesupponebant. Quae culpabilitas, attenta traditionali Ecclesiae boni omnium nominis custodia, nedum erat gratis asserenda sed omnino probanda. En necessitas "*summariae facti cognitionis*" seu inquisitionis praeviae, qua constaret de huiusmodi culpabilitate.[89]

Aticulus X [90] recensuit circumstantias ob quas iudicium crimi-

[89] S. C. Ep. et Reg. instr. 11 iun 1880, n. 5: "Has provisiones praecedere debet summaria facti cognitio quae ab Ordinario notanda est, ut ad ulteriora procedere, quatenus opus sit, et certiorem reddere queat superiorem auctoritatem, in casu legitimi recursus"; Lega, *op. cit.*, n. 279, p. 350,—"Namque clericos praeservare nata sunt a *gravioribus* culpis sed aliquam vel *leviorem* culpam *externam* praesupponunt eamdemque compescere intendunt. Quam ob rem Ordinarius antequam alicui impingat eiusmodi culpam, de eadem caute inquirere debet per *summariam facti cognitionem. . . .*"

[90] "Quum procedi oporteat criminaliter, sive infractionis praecepti, aut criminum communium, vel legum Ecclesiae violationis causa, processus confici potest formis summariis et absque iudicii strepitu, servatis semper regulis iustitiae substantialibus."

nale erat ineundum. Procedendum enim erat ad iudicium formale quando remedia praeventiva, de quibus hactenus locuti sumus, nequibant applicari, sive quia delictum quod essent nata evertere iam acciderat, sive quia frustra applicata erant, v. g., quando praeceptum Articuli VII datum et violatum erat.

In hisce omnibus causis iudex debebat adhibere processum summarium in instructione descriptum. Hic processus includebat aliquam praeliminarem extraiudicialem informativam inquisitionem nil diversam, uti iam saepe numero indicavimus, ab inquisitione Innocentii III et prosteriorum. Quae inquisitio tractatur in Articulis XV et XVI.[91]

Hi duo articuli tractabant de commissione delicti deque eiusdem alicui particulari personae imputatione. Nil erant nisi repetitio communiter acceptae doctrinae de neccitate utrumque hoc elementum probandi antequam iudicium per inquisitionem esset licitum.

Articulus XV indicavit necesse esse ut de utroque hoc elemento in praevia aliqua inquisitione constaret. Duae enim in instructione considerabantur hypotheses:

1) Delictum investigandum erat transgressio praecepti Articuli VII. Quo in casu inquisitio sat facile conduci poterat, cum ad probandum factum criminosum sufficeret adducere in evidentiam decretum praecepti.

2) Deficiente huiusmodo decreto, tres modi determinandi factum criminosum indicabantur. Qui modi erant—authenticae informationes (i.e. inquisitio praevia), extra-iudiciales confessiones,

[91] S. C. Ep. et Reg. (instr. 11 iun. 1880, n. 15): "Basis facti criminosi constitui potest per expositionem in processu habitam, authenticis roboratam informationibus aut confessionibus extra-iudicialibus, vel testium depositionibus, et quoad titulum transgressionis praecepti constat per novam exhibitionem decreti et actus indictionis, perfectorum modis enuntiatis Art. VII et VIII."; n. 16: "Ad retinendum in specie culpabilitatem accusati opus est probatione legali, quae talia continere debet elementa, ut veritatem evincat, aut saltem inducat moralem certitudinem, remoto in contrarium quovis rationabili dubio." — *Fontes,* n. 2005.

et testium testimonia. Lega advertit authenticas informationes potuisse haberi a personis sive publicis sive privatis. Declaravit tamen ordinarium informationum fontem fuisse testium testimonia.[92]

Articulus XVI requisivit legalem probationem culpabilitatis accusati. Quae probatio debebat evincere veritatem allegationum, vel saltem producere in mente inquirentis moralem certitudinem, excluso in contrarium quovis probabili dubio.

Tandem aliquando Articulus XXI asseruit tunc tantum esse ad citationem imputati seu ad formale iudicium procedendum, cum omnia ad stabilienda tum factum criminosum tum denuntiati culpabilitatem necessaria constitissent.

[92] *De Iudiciis Ecclesiasticis,* IV, n. 303, p. 372.

PARS II

COMMENTARIUM CANONICUM

CAPUT II

OBIECTUM INQUISITIONIS SPECIALIS

PRAENOTANDA

Canone 1939, § 2, declaratur omni iudicio criminali ecclesiastico esse praemittendam specialem inquisitionem, qua constet an et quo fundamento imputatio delicti alicui facta innitatur. E canone 1946, § 2, 3°, huius inquisitionis finis praecisius adhuc statuitur. Ibi enim asseritur per inquisitionem esse patefacienda "certa vel saltem probabilia et sufficientia ad accusationem instituendam argumenta." Tunc tantum, si nempe talia praesto sunt argumenta, dummodoque iuri et iustitiae per correptionem iudicialem ad normam canonis 1954 consuli nequeat, poterit Ordinarius, aut officialis de Ordinarii speciali mandato, praecipere promotori iustitae ut accusationis libellum conficiat, ad ulterioraque quae iure requiruntur ad exarandum perficiendumque formale iudicium criminale procedat.[1]

Iure, igitur, quo nunc regimur, non est praepropere ad iudicium criminale procedendum, sed in omnibus casibus, nisi agitur de delictis notoriis vel omnino certis,[2] est diligenter prae inquirendum an attentis iuris requisitis processum criminalem inchoare liceat. Huic, igitur, fini inservit inquisitio specialis, ut constet de aliquo delicto particulari num ea omnia quae iure exiguntur ad iudicium ineundum, verificentur.

Finem igitur, inquisitionis patet nedum esse, imo nec posse esse, ut culpabilitas imputati nondum formaliter iudicati demonstretur. Hoc esset nimis recedere a traditionali Ecclesiae praxi; esset re-

[1] Canones 1946, § 2, 3°; 1954, 1955.

[2] Canon 1939, § 1.

cessus ne pro momento quidem considerandus. Ipsa, provida semper filiorum mater, minime intendit per dictam inquisitionem ullius filii praeiudicare causam; hoc unum, e contra, sibi in conducenda speciali inquisitione proponit, ut a tribunali suo illae arceantur causae quas ipsa non vult formaliter iudicare. Ecce enim, exempli gratia, a suis incunabulis Sancta Mater Ecclesia nullo non tempore non prohibebat quominus delicta occulta haberentur obiectum iudicii criminalis aptum.

Infitias minime imus vocem *occultum* aliis in periodis historiae ecclesiasticae alia significasse ac significet hodie, sed sine contradictionis timore asseri quit Ecclesiam semper nonnullas prius impletas postulasse condiciones quam permitteret iudex in cuiusquam e filiis inquirere vitam in foro criminali. Imo hisce condicionibus adeo mordicus insistebat ut deberent semper esse procul dubio probatae antequam iudici conferretur ius citandi imputatum. En inquisitio praeliminaris tantum abest ut in praeiudicium vocet imputati iura, ut eum, e contra, protegat ab indebitis et odiosis incommodis iudicio criminali semper immixtis.

Ut, igitur, possit definiri praecisius finis generalis specialis inquisitionis, necesse est ut in Codice quaeratur quaenam condiciones Ecclesia praerequirat ad formale iudicium criminale instituendum. Age vero, legenti Codicem innotescit duas solas exigi condiciones; nempe ut delictum sit publicum,[3] neve praescriptum.[4] Nostra heic non interest ad praescriptionem delictorum; unice, igitur, ad delictorum publicitatem hoc loco attendetur. E definitionibus in canone 2197 datis licebit videre qualia in iudicium deferri possint delicta. De discrimine inter delicta notoria, quae utpote probatione non indigentia[5] iudiciali disceptationi haud subiacent, et delicta publica habebitur fusior in alio capite discussio. Nunc considerabitur notio publicitatis delictualis tantummodo in genere.

E canone 2195, § 1, cum 2197, 1° et 4° collato, apparet in

[3] Canon 1933, § 1.
[4] Canones 1702, 1704.
[5] Canon 1747, 1°.

diiudicanda delicti publicitate duo elementa esse consideranda; externam nempe legis poenalis violationem cum violantis morali imputabilitate coniunctam.[6]

Delictum constat duplici hoc elemento; altero externo seu obiectivo, altero vero interno et subiectivo. Quorum si utrumlibet deficit, simplicter non datur delictum in iure ecclesiastico, etsi posita legis externa violatione, imputabilitas delictualis plerumque praesumatur, uti infra videbitur.

Quibus attentis, melius intelliguntur numeri 1 et 4 canonis 2197. Delictum enim occultum definitur in illo canone in contrarietate ad publicum, et eo dicitur occultum quia alterutrum e duobus supradictis elementis latet. Si enim latet sive delictum sive delicti imputabilitas habetur delictum occultum.[7] E contrario, igitur, constat ad publicitatem delici, quippe quae definiatur occulto contraria, requiri divulgationem, sive actualem, sive ob adiuncta imminentem, utriusque delicti elementi, obiectivi nempe et subiectivi; secus enim delictum remanebit semper occultum aut materialiter aut formaliter, et proin criminali iudicio prorsus impervium. En caput hoc in duas generales divisum est sectiones in quarum prima fiet sermo de publicitate delictorum in genere, in altera vero de publicitate utriusque elementi ad delictum verum requisiti.

Articulus I. Publicitas Delicti in Genere

A: *De sensu verbi publici relate ad delicta.*

Cum iure quo nunc regimur ea sola delicta liceat ad iudicium criminale deferre quae sint publica,[8] statim apparet in re nostra quanti sit momenti adamussim determinare utronam sensu veniat

[6] Canon 2195, 1°: "Nomine delicti, iure ecclesiastico, intelligitur externa et moraliter imputabilis legis violatio cui addita sit sanctio canonica saltem indeterminata."

[7] Canon 2197, 4°: "*Occultum quod non est publicum; occultum materialiter,* si lateat delictum ipsum; occultum formaliter, si eiusdem imputabilitas."

[8] Canon 1933, § 1.

accipienda vox "*publicum*," in sensu nempe canonis 2197, 1°, an iuxta canonem 1037. Attento claro et vix ambigendo Codicis textu qui de hac re unice in canone 2197 tractat, controversiae nullus videretur posse dari locus. Ibi enim descriptio datur delicti publici, qua constat criterium delicta publica ab occultis distinguendi in ipsius delicti vel divulgatione iam secuta, vel saltem in delicti praevisa, certa, imminenti et facili divulgatione esse situm. Quo solo considerato canone neminem latet ipsam delicti divulgationem vel actualem vel certe imminentem esse normam discernendi utrum aliquod delictum sit publicum necne. Cui opinoni fere omnes auctores adstipulantur qui proin merito tenent delictum cui desit utravis ex supradictis divulgationibus nullo modo posse fieri obiectum iudicii criminalis. Quapropter asserunt codicem hac in re mutasse ius vetus, in quo relate ad iudicia criminalia id censeretur publicum quod, etsi nec divulgatum nec de facili divulgandum, posset tamen in foro externo probari.

Non tamen desunt, etsi numero longe pauciores, magni nominis auctores qui opinionem modo expositam ob rationes quas validas autumant reiicientes, alteri in re calculum adiiciunt sententiae, qua enunciatur in Codice haudquaquam esse a iure veteri recessum; hodieque, sicuti olim, notioni delicti publici, cum de iudiciis agatur, sufficere ut possit in foro externo demonstrari, utut secretum e capite divulgationis.

Quantopere, igitur, intersit ut haec controversia extra dubium ponatur, utque inquisitori norma certa et probata praebeatur nemo est quin videat. Iuris enim veteris criterium, si adhuc viget, nullum alium effectum quit habere nisi ut multa delicta, quae adhibita canonis 2197, 1°, norma nequirent in tribunali constitui, possint iudicialiter cognosci et definiri. Quam plurima enim delicta quae ad notionem publicitatis e canone 2197, 1°, requisitae non attingerent, possent hac in hypothesi in iudicio criminali ea sola ratione discuti quod praesto essent testes, documenta aliaque probationis iure recognita media ad imputati imputabilitatem in foro iudiciali evincendam sufficientia. Controversiam, igitur, tam practicam non possumus quin dirimere conemur.

1: Publicum est delictum quod est vel actu divulgatum vel certe facileque divulgandum

Huic opinioni multo magis favent rationes et extrinsecae et intrinsecae. Ad auctoritatem extrinsecam quod attinet longe plures auctores declarant canonem 2197 esse unicum criterium quo in iure novo delictum publicum ab occulto distingui possit. Noval (1861-1938)[9] et Bouuaert-Simenon,[10] simpliciter declarant mutationem in iure esse Codice introductam. Quod plerisque auctoribus, qui interpretantur *"publicum"* iuxta canonem 2197, 1°, adeo clarum apparet ut ne videantur quidem considerare alterius sententiae possibilitatem, ne dicam probabilitatem.

Sunt, tamen, huius eiusdem sententiae fautores quos difficultates, quibus alterius opinionis sequaces innituntur, minime latent. Sic Vermeersch-Creusen[11] obiectiones, quae solent fieri contra opinionem supra-datam, minime, aufugiunt; at ipsi, omnibus e utraque parte perpensis argumentis, nihilominus autumant a definitione canonis 2197, 1° non esse recedendum. Similiter Coronata[12] "difficultatem" quam ipse in hac opinione sequenda re quidem vera experitur, aliter censet esse solvendam quam a Vidal (1867-1938) quem asserit docere publica delicta hoc loco intelli-

[9] *De Iudiciis* (n. 751): "Haec praescripta valde differunt a praescriptis iuris veteris, vel saltem ab interpretatione illis passim data. Illud enim delictum dicebatur publicum in ordine and iudicium, id est aptum ad hoc ut posset in iudicium deferri, quod poterat ibidem probari; ad quod, si adhiberentur testes, sufficiebant duo omni exceptione maiores, Exinde oritur magnum discrimen inter iudicii criminalis obiectum iure veteri et iure Codicis; hoc iure obiectum iudicii est magis restrictum, et idcirco iudicia erunt rariora."

[10] *Manuale Iuris Canonici* ([ed., 3 voll. Gandae et Leodii, 1931], III, n. 429): "Ita magnum discrimen habetur inter ius novum et ius vetus in quo delictum etiam non publicum poterat in iudicium deferri, si ibidem posset probari." (dehinc citabitur: *Manuale*).

[11] *Epitome Iuris Canonici* (3 voll., Bruxellis: H. Dessain. Vol. I, 6 ed., 1937; Vol. II, 5 ed., 1934; Vol. III, 5. ed., 1938), III, n. 258 (dehinc citabitur: *Epitome*).

[12] *Institutiones Iuris Canonici* (5 vol., Taurini [Italia]: Marietti, 1933-1939. Vol. III, *De Processibus*, 1933), III, n. 1452 in calce; cf. quoque n. 1452 in corpore paginae. (Hoc opus dehinc citabitur: *Institutiones*).

genda esse delicta publica *"de iure,"* seu delicta quae in foro externo probari possint. Rationes enim a claro isto auctore adductas, etsi nec omnino spernendas neque probabilitate omnino destitutas putet, adiungit tamen necessitatem recurrendi ad illam explicationem *"quae litteris Codicis minus conformis videatur"* non tam clare apparere.

Interpretibus "delicti publici" iuxta strictum sensum canonis 2197, 1° adnumerandi sunt praeterea Blat,[13] Pümmer, (1866-1931)[14] Augustine (1872-1943)[15] plurimique et ii gravis notae canonistae et interpretes, uti ipsi contrariae opinionis fautores coguntur admittere.[16]

2: Publicum est illud delictum quod potest probari in foro externo

Defensores sententiae, iuxta quam id est publicum in ordine ad iudicium criminale quod potest in foro externo probari, longe pauciores reperiuntur quam opinionis modo expositae sequaces. Ita ex omnibus qui hac de re scripsere soli tres reperiri possunt quibus videatur delictum publicum, cum de iudicio agatur, adhuc esse recipiendum illo sensu qui iure verteri viguit. Quarum auctorum duo, Wernz-Vidal et Beste,[17] sunt certe magni ponderis; tertii, vero auctoritatem non licet aestimare, cum sit anonymus scritpor articuli qui in Periodico *Il Monitore Ecclesiastico* anno 1927 apparuit sub titulo "Come vada inteso il termine "delicta publica" nel can. 1933 in correlazione con can. 2197, nn. 1, 2, 3."

[13] *Commentarium Textus Codicis Iuris Canonici* (5 voll. in 7, Romae: Collegio "Angelico," 1921-1938, Vol. IV, *De Processibus*, 1927, Vol. V, *De Delictis et Poenis*, 1924), IV, n. 477 (dehinc citabitur: *Commentarium*).

[14] *Manuale Iuris Canonici* (3. ed., Friburgi Brigoviae, Herder & Co., 1922), n. 522, p. 602 (dehinc citabitur: *Manuale*).

[15] *A Commentary on the New Code of Canon Law* (8 vols., St. Louis: Herder & Co. Vol. VII, 2. ed., 1923), VII, p. 356 (dehinc citabitur: *A Commentary*).

[16] Beste, *Introductio in Codicem* (Collegeville, Minn.: St. John's Abbey Press), p. 824; dehinc citabitur: *Introductio.*

[17] Wernz-Vidal, *Ius Canonicum,* VI, n. 701; Beste, *Introductio,* p. 824.

Restat, igitur, ut horum rationes, quae, tamquam ex eodem fonte haustae, sunt substantialiter eaedem, crisi subiiciamus ut, cum argumentis pro altera parte collatae, utra sententia sit retinenda ostendant.

Proponunt, enim, praeprimis vix concipi posse solam Ecclesiam, dum ceterae societates perfectae sibi vindicent ius criminaliter prosequendi omnia delicta probationis in foro externo capacia, ab huiusmodi prosecutione esse cohibendam donec delictum cum damno sibi fideliumque scandalo sit vel actu divulgatum vel mox divulgandum. Audiatur auctor illius articuli in *Il Monitore Ecclesiastico.*[18]

> "È proprio questo che intende il legislatore? Vuole cioè esso vietare alla Chiesa quello che si concede ad ogni genere di società, cioè che debba indagarsi sui delitti occulti, onde non restino impuniti con danno della società? Soltanto nella Chiesa dovrà aspettarsi la pubblicità del delitto nel c [?] enso di divulgazione per poterlo colpire? Non parebbe vero; mentre appunto la Chiesa si monstra nel miglior modo sollecita di evitare e impedire lo scandolo che e precisamente connesso con la divulgazione del delitto." Pagina insequenti pergit auctor haec addens:
> "Dichiare altrimente la cosa porebbe in stridente contradizione il can. 1933 coi successivi, reguardanti la denunzia e l'inchiesta segreta ordinate appunto a porre in luce anche soltanto dinanzi ai giudizi e al superiori i delitti occulti, che nessuna giustizia tanto meno l'ecclesiastica, potrâ e vorrâ lasciare impuniti."

Quod idem eisdem fere verbis exprimitur a Wernz-Vidal,[19] et Beste.[20] Quod argumentum, e natura et necessitate potestatis co-

[18] "Come vada inteso il termine "delicta publica" nel can. 1933 in correlazione con can. 2197, 1, 2, 3." —*Il Monitore Ecclesiastico,* 4 series, tomus 6 (1924). 276-278, p. 276; dehinc citabitur: *Monitore.*

[19] *Ius Canonicum* (VI, n. 701): ". . . nam videtur Ecclesia magis adhuc quam societas civilis debere inquirere in delicta occulta, ne impunita maneant, et ut vitetur scandalum ex eorum divulgatione oriturum."

[20] *Introductio* (p. 824): "Vix enim concipi potest, Ecclesiae hanc inesse mentem, ut expectandum sit et ab institutione et prosecutione actionis penitus abstinendum, donec cum damno sibi et scandalo fidelium delictum

activae in Ecclesia haustum, rationibus tum e contextu canonum iudicium criminale tangentium quum ex eorumdem canonum theoria necnon, uti ipsi dicunt, mente Ecclesiae sumptis confirmare et consolidare dein conantur.

Canone 1946, § 2, 3°, freti, indicant promotorem iustitiae, cui iure vigenti soli commissum sit monopolium accusationis,[21] suum accusationis libellum tunc tantum conficere posse, iudicique exhibere, quando e speciali inquisitione praesto sunt "argumenta certa vel saltem probabilia et sufficientia ad accusationem instituendam." [22]

Age vero, ad haec argumenta colligenda inservit inquisitio specialis quae debet locum habere simul ac delictum, dummodo ne sit notorium neve omnino certum, Ordinario, nil refert quo pacto, innotuerit, etiamsi delictum nec iam divulgatum sit nec in periculo versetur proximo ut divulgetur. Inquisitor tenetur iureiurando de secreto servando; inquisitio ipsa omnino secreta esse debet et cautissime ducenda, ne rumor delicti diffundatur.[23]

Quapropter, eis si crederes, haec inquisitio secreta, iudicii criminalis prae-ambulum necessarium, imo in Codice sub rubrica "*de iudicio criminali*" inclusa, tantum abest ut respiciat delictum vel divulgatum vel necessario divulgandum, ut eo praecise fine dicatur necessaria *ne delictum divulgetur*. Si enim inquisitio respiceret delictum in sensu canonis 2187, 1°, divulgatum vel certissime et de facili divulgandum, proinque delicto secreto seu occulto oppositum, extrema iure postulata cautio ad secretum servandum et delicti divulgationem praecavendam prorsus inanis evaderet; nam, hac in hypothesi finis inquisitionis huc spectaret ut constaret de delicto quod, attentis iuris requisitis, supponitur esse vel iam divulgatum vel facile divulgabile, seu aliis verbis nullomodo secretum occultumve.

actu per divulgationem evaserit publicum aut saltem in proximo talis divulgationis versetur."

[21] Canon 1934.

[22] *Monitore, ibid.*, p. 276.

[23] Canon 1943.

En certissime, dicunt, venit concludendum delicta publica in hoc titulo "*de iudicio criminali*," in quo agatur de delicto publico uti de solo et exclusivo iudicii criminalis objecto, minime intelligi posse iuxta canonem 2197, 1°, ubi publicitas sumatur unice relate ad cognitionem vel actualem vel certe futuram quam vulgus habeat de delicto.[24] Inquisitoris, ergo, non est determinare an delictum sit publicum prout in canone 2197, 1°, describitur, sed potius an ad normam 1946, § 2, 3°, "certa vel saltem probabilia et sufficientia ad accusationem argumenta praesto sint." [25] Aliis verbis, inquisitio huic uni inservit fini ut ea constet an delictum superiori denuntiatum, vel alia quavis ratione ad eiusdem aures allatum, sit probationis capax; minime vero ut constet an sit de facto publicum seu inter plebem divulgatum divulgandumve.

Cum, vero, sic credant monstrari delictum publicum non posse intelligi ad normam canonis 2197, 1°; cumque, ad iudicium criminale quod attinet, aliquod dari debeat criterium delicti *publici*, introducunt distinctionem inter delictum *publicum de facto* et delictum *publicum de iure*. Iterum pro aliis loquatur ille anonymus.[26]

> "Forse il contrasto con can. 2197 può eliminarsi distinguendo tra pubblicità di fatto e di delitto. Il can. 2197 vuol dare la notizia de delitto pubblico *publicitate facti*, in ordine ai canoni susseguenti, specialmente in ordine all'assoluzione delle pene incorse, come apparisce dal can. 2237' e in tal senso la nozione data è giusta e accurata poichè quei susseguenti canoni si applicano solo in caso di pubblicità di fatto. Ma appunto perciò non deve trasferirsi di peso quella nozione nel can. 1933 ove basta *publicitas iuris* nel senso che per la denunzia e l'inchiesta generale e speciale, il delitto è già in cognizione del superiore armato de potere coattivo, e quindi pubblico *in iure*, dinanzi al foro di chi deve giudicarlo, anzi senza nessuna divulgazione fra un publico che non deve ne giudicarlo, ne punirlo, e anzi sovente neppure conoscerlo."

[24] *Monitore, ibid.*, p. 277; Beste, *Introductio*, p. 824; Wernz-Vidal, *Ius Canonicum*, VI, n. 701.

[25] Beste, *Introductio*, p. 824; Vermeersch-Cruesen, *Epitome*, III, n. 258.

[26] *Monitore, ibid.*, p. 277.

Quem verbis iterum vix diversis usus Vidal sequitur.[27] Delictum, igitur, est publicum *de iure* si potest probari in foro externo; publicum *de facto,* vero, si quadrat cum definitione canone 2197 contenta. Hanc distinctionem confirmare volunt e citato canone 1037, in quo relate ad impedmenta matrimonialia talis distinctio inter publicitatem de iure et de facto expressis verbis in ipsa lege statuitur. Quam distinctionem inde sumptam analogia referunt ad rem nostram.[28]

Canone 2210 quo, nulla omnino distinctione facta, declaratur e delicto in genere oriri actionem poenalem ad poenam declarandam vel infligendam et ad satisfactionem petendam (et proin ad iudicium criminale quo hi effectus praebentur habendum), supradicti auctores dein utuntur ad suas fulciendas conclusiones. Nam, sic reantur, si e canone 2210 omni delicto vero sine distinctione inter delictum publicum et occultum competit actio poenalis, cuius exercitium habetur per criminale iudicium, non est ab hac norma generali excludendum delictum cuius praestet probatio in foro externo, etsi sit omnino occultum in sensu canonis 2197, 1°. Abritrarie enim ageret qui, lege non distinguente, huiusmodi actionem delictis aliter quam iuxta canonem 2197, 1°, publicis negaret.[29]

Alia probatio a Wernz-Vidal adducitur hoc pacto statuta:

> "Quodsi delictum publicum esset intelligendum delictum iam divulgatum aut tot personis notum ut adsit proximum periculum divulgationis, illud principium non valeret de omni iudicio, nam in S. Officio iudicium crimi-

[27] *Ius Canonicum* (VI, *Par altera,* n. 701): "Talia delicta [quae possunt probari in foro externo] sunt publica *in iure* et virtualiter publica *de facto* in quantum in veram cognitionem devenerunt superioris coercitiva potestate praediti in eo foro externo et publico in quo iudicari debent (publica in iure) . . . Quam notionem publicitatis delicti in ordine ad hoc ut delictum sit obiectum aptum iudicii criminalis videntur exigere can. 1933 et sequentes, qui respiciunt denuntiationem et inquisitionem secreto et caute instituendam praecise in ordine ad hoc ut delicta occulta nota fiant Ordinario et iudici et ita non maneant impunita."

[28] Wernz-Vidal, *Ius Canonicum,* VI, *Pars altera,* n. 701, in calce ad pag. 654 sub n. 13; Beste, *Introductio,* p. 824.

[29] Wernz-Vidal, *Ius Canonicum,* VI, *Pars altera,* n. 701; Beste, *Introductio,* p. 824.

nale instituitur de delictis maxime secretis et idem nunc fit in prima instantia apud tribunalia Ordinariorum, in quibus tamen formalis accusatio non proponitur nisi cum habentur collecta certa aut valde probabilia argumenta reitatis in denuntiatis. Deberet ergo dari explicatio cur principium can. 1933, § 1, non valeret de omni iudicio criminali, cum tamen universali modo proponatur."[30]

Beste tandem,[31] et Wernz-Vidal [32] quasi repentino dubio de vi argumentorum quae iam inhaesitanter proposuerant correpti, concludunt dari dubium de genuino can. 1933, § 1, sensu; propter quod canone 6, 4°, freti, minime putant esse recedendum a iure veteri, proindeque in ordine ad iudicium criminale inchoandum opinioni sub lege antiqua communiter receptae adhuc esse standum, qua id retineatur publicum quod in foro externo probari possit.

3: Crisis Opinionum

Huius dissertationis scriptor, re pro viribus perpensa, credit in hac controversia illam opinionem esse unice veram quae doceat delictum publicum in ordine ad iudicium criminale illud solum esse quod iuxta canonem 2197, 1°, strictissime acceptum, vel actu divulgatum sit vel ob adiuncta in quibus contigerit seu versetur prudenter iudicari possit et debeat facile divulgatum iri. Alteram opinionem, non obstante extrinseca illorum qui illi subscribunt auctoritate, ita vera probabilitate censet destitutam ut ne pro momento quidem sustineri possit. Quod probare nitetur argumentis allatis, tum *directis* ad probandam illam publicitatis notionem e canone 2197, 1°, sumptam rectae interpretationis principiis omnimode congruere, quum *indirectis* ad demonstrandum probationes in contrarium adductas fundamento undequaque falso inniti.

A: *Nonnulla principia interpretationis.*

In ipso huius discussionis limine oportet recolere praecipua in-

[30] *Ius Canonicum,* VI, *Pars altera,* n. 701.
[31] *Introductio,* p. 824.
[32] *Loc. cit.*

terpretationis principia e quibus recta controversiae solutio pendet. Iuxta canonem 18 leges ecclesiasticae intelligendae sunt secundum propriam verborum significationem in textu et contextu consideratam. Quo criterio frustra adhibito tunc tantum est recurrendum ad reliqua interpretationis media eodem canone statuta, et quidem eodem ordine quo ibidem proponuntur. Prima, igitur, interpretationis regula, deficiente uti patet declaratione authentica, est sensus verborum quibus lex ipsa exprimitur.

Quo facilius attingi posset verus legis sensus, varia cursu temporis axiomata excogitata sunt ad studentes in lege interpretanda iuvandos. Quae inter illud in re nostra est speciali heic mentione dignum: *Ubi lex non distinguit, nec nos distinguere debemus.* Cuius axiomatis sensus, si ulla explanatione indiget, hic certe est: legislatorem, cuius solius est leges ferre, optime intellexisse quid dicere voluerit; idque verbis ad suam intentionem exterius manifestandam, quatenus humane fieri possit, aptissimis reapse dixisse; quae proin verba in suo proprio sensu sumpta nobis plerumque indicatura esse veram legis legislatorisque significationem quin necesse sit extra verba legis ad opiniones aprioristicas firmandas procedere.

Iuvat animadvertisse, in re praesertim poenali, peculiares insuper dari interpretandi leges quibus ad unguem insistatur strictae interpretationi. Quod principium in Codice memoratur in canonibus 19 et 2219. Ad canonem 2219 quod attinet, est speciali notatione dignum in hoc canone iudici vel superiori non dari optionem quamlibet ex opinionibus vere probabilibus elegendi, sed potius eidem imponi strictissimam obligationem ex omnibus quae de aliqua re poenali vigeant sententiis illam selegendi quae, modo sit revera probabilis, magis reo faveat, etsi contraria opinio sit longius probabilior. Tandem aliquando est memoria tenendum canonem 20 omnes interpretationes analogas seu a legibus latis in similibus prorsus e medio arcere quando agatur de poenis applicandis.

B: *Applicatio principiorum interpretationis ad controversiam praesentem.*

Quibus omnibus perpensis, statim apparet cur canon 2197, 1°, sit *unicum* criterium statuendi quando delictum debeat dici publicum in ordine ad iudicium criminale.

E canone 1933, § 1,[33] cum canone 1552, § 2, 2°, collato,[34] patet non cadere sub iudicio criminali nisi *delicta publica.* Aliis verbis, *unicum* obiectum iudicii criminalis, iure quo nunc regimur, est delictum publicum. De hoc facto nullum dubium haberi quit. Codex enim clare loquitur. Ast iudicium criminale nequit intelligi nisi prius intelligatur id circa quod versatur, seu *quid sit delictum publicum.* Ecce unde controversia ortum suum trahit.

Re quidem vera tantummodo in Libro Quinto traduntur notiones tum delicti quum publicitatis delictualis. Nullibi enim in toto Codice praeterquam in uno canone 2197, 1°, reperiri potest definitio delicti publici.

Logico, igitur, ordine Liber Quintus, in quo traditur notio obiecti iudicii criminalis, esset anteponendus Libro Quarto in quo fit sermo de iudicio ipso criminali, quod sane supponit iam notum quid sit obiectum talis iudicii. Hic revera fuit ordo librorum in originali schemate Codicis. At quicquid est de materiali librorum Codicis ordine, cogimur ex ipsa rei natura—si logice procedere velimus—omnes nostras ideas et conceptus de delictis et delictorum publicitate e *solo Libro Quinto* sumere, quippe quia ibi, *ibique solum,* legislator de hisce tanti momenti rebus tractat—de hisce dico rebus sine quibus intellectis nequit sane intelligi tractatus de iudicio criminali in Libro Quarto positus.

Canon 2197, 1°, insuper modo omnino generali loquitur, nullo introducto discrimine inter delicta publica prout considerantur sub aspectu absolutionis poenarum iam incursarum, vel attenta possibilitate ea ad iudicium criminiale deferendi. Desunt enim clausulae restrictivae quibus notio delicti publici in canone 2197, 1°, statuta coarctatur ad *"canones qui sequuntur,"*[35] i, e., ad

[33] "Delicta quae cadunt sub iudicio criminali sunt delicta publica."

[34] "Obiectum iudicii sunt: . . . Delicta in ordine ad poenam infligendam vel declarandam; et tunc iudicium est criminale."

[35] Cf. exempli gratia: Canonem 949: "In canonibus qui sequuntur, nomine ordinum *maiorum* vel *sacrorum* etc.; canonem 2002: "In canoni-

canones qui inveniuntur in solo Libro Quinto cum reliquorum Librorum Codicis exclusione. Aliis verbis, cum Codex notioni delicti publici nullam omnino distinctionem vel restrictionem adnectat, nec nos debemus distinctiones haud iustificatas facere. Quapropter rectae interpretationis regulae *omnino* postulant ut notio delicti publici in canone 2197, 1°, inventa, quippe quia generali modo statuta, applicetur *ubicumque in Codice* fiat mentio delicti publici.

Cum ergo in canone 1933 delictum publicum statuatur *unicum* et *exclusivum* obiectum iudicii criminalis, non possumus quin concludamus illud solum delictum posse, iure quo *nunc* regimur, in tribunal adduci quod ad normam 2197, 1°, sit aut iam divulgatum, aut quod in proximo versetur divulgationis periculo. Aliter concludere esset vim canonibus 19, 20, 2219, 1933, 2197 et supracitato axiomati inferre. Ab hac interpretatione esset tunc tantum recedendum si ex interpretatione modo data sequerentur dubia et obscura, vel aliis certis legis principiis conclusionibusve nociva. Hoc praecise modo ratiocinantur adversarii nostri qui verba canonis 2197, 1°, quae utique clarissima in sese esse fatentur, dubia reddi relate ad iudicium criminale inchoandum putant, tum e contextu canonum de iudiciis criminalibus tractantium quum e theoriis quas habent de usu potestatis iudiciariae et co- activae in Ecclesia argumentantes.

Nos, e contra, persuasum nobis habemus nulla talia incommoda, qualia asserant adversarii, haberi. Difficultates enim ob quas ipsi ducunt nostram sententiam esse reiiciendam sunt (salva reverentia tam bene-merentibus auctoribus debita nunc loquimur) vel prorsus imaginariae vel in aprioristicis eorum de potestate Ecclesiae co-activa ideis fundatae.

Argumentum, igitur, *directum* supra allatum quo conatus est scriptor probare delictum publicum esse *semper* intelligendum ad normam canonis 2197, 1°, fulciendum nunc venit argumentis *indirectis* seu *negativis*, quibus speratur monstratum iri argumenta ab adversariis adducta omni vel saltem firmo fundamento carere.

bus qui sequuntur, nomine Ordinarii non intelligitur Vicarius Generalis, nisi habuerit mandatum speciale."

Age vero, fundamentale argumentum a quo isti dependent in hoc situm est quod non possunt concipere quomodo sola Ecclesia prae ceteris societatibus perfectis arceri debeat (uti ipsi credunt fieri in sententia nostra) a prosecutione delictorum usque dum et damnum sibi et fidelibus scandalum ex impunito delicto immineant. Quod revera, istis si crederes, toties evenit quoties prosecutioni criminali non subiicitur delictum quod est probationis in foro externo capax.

Hoc argumentum non esse undequaque veritate vacuum cogimur admittere. Eousque tamen est iustum quousque Ecclesiam tenet non debere prohiberi a prosecutione delictorum quae sibi damno fidelibusque scandalo cedunt. Ast citra illum modicum veritatis granum qui profisciscitur hac opinione ductus, mox se inveniet errore involutum. Aliud est enim dicere Ecclesiam debere prosequi talia delicta qualium mentionem modo fecimus; aliud omnio asserere haec incommoda toties verificari quoties delictum, quod etsi minime divulgatum vel facile divulgabile possit in foro externo probari, sinatur impunitum manere. Legislatoris supremi ipsiusque solius est decidere quando et qualiter sit ad prosecutionem delictorum contra ius commune admissorum procedendum; quinam publicitatis necnon scandali gradus sufficiat ad iudicium criminale legitimandum.

Age vero, ea quae necessaria sunt ad rectum potestatis coactivae usum—quo spectat iudicium criminale—, attenta societatis ecclesiasticae ad cuius regimen iure naturae postulatur indole, sunt semper substantialiter eadem. Necessitate enim delicta publica prosequendi et scandala exinde consequentia e medio tollendi admissa, insistimus tamen ex Ecclesiae historia luculentissime constare quamdam clasticitatem in hisce rebus dari.

Sic enim in parte dissertationis historica monstratum est quomodo usque ad tempus Innocentii III *publicum in ordine ad iudicium criminale* illud censeretur delictum quod posset, utut secretum, in foro externo probari; quomodo dein vi legislationis ab eodem Pontifice Innocentio III latae et consuetudinis qua, relicto accusatorio delicta prosequendi modo, omnia delicta inquisitorie iudicarentur, usuvenisset ut id solum haberetur delictum publicum quod toti fere communitati esset notum; quomodo tandem aliquando non multo post Concilium Tridentinum alia consuetudo legibus ab Innocentio III inductis contraria effecisset ut denuo in ordine ad iudicium criminale delictum diceretur publicum quod vel publice actu notum esset vel quod probari posset in foro externo.

Unde ex ipsius Ecclesiae historia elucet fuisse periodos in quibus Ecclesia non prosequeretur nisi delicta quibus adnexa esset actualis apud plebem divulgatio. Certo certius si ex natura ipsius, quae Ecclesiae iure naturae competit, potestatis co-activae necessarium semper fuisset in iudicium deferre omnia delicta quorum praestaret in foro externo probatio, impossibile omnino evaderet explicatu cur per tot saecula contraria obtinuisset praxis inducta quidem ab illo numquam sat laudando ingenio canonico, Innocentio III. Hunc enim in parte historica citavimus claris omino verbis prohibentem quominus illa per inquisitionem—quae tunc temporis de consuetudine effecta erat unica via criminalia in Ecclesia prosequendi—delicta iudicarentur quae commissa fuerant adstantibus quidem duobus vel tribue fide dignis testibus (et proin delictum demonstrationis in foro externo capax), nisi praeterea infamia delinquentis esset quid publice notum.[36]

Quoad argumenta e secreta specialis inquisitionis natura et ex obligatione cavendi ne rumor delicti diffundatur desumpta, quibus adversarii conantur probare specialem inquisitionem respicere tantummodo delicta non divulgata, haec videntur dicenda.

Etenim, ipsi arguunt, si de iure requireretur ut delictum esset de facto publicum antequam iudicium iniri posset, inaniter videretur iniuncta specialis inquisitio ut de hac publicitate constaret. Delictum enim de facto publicum e sua ipsius definitione canone 2197, 1°, tradita praesupponitur vel iam publice notum vel mox sic notum iri. Non, igitur, esset cur de hac publicitate *inquireretur*, et eo vel magis non esset cur de ea *secrete inquireretur*. Certo certius, declarant adversarii, nullomodo concipi potest lege iuberi ut id secrete inquiratur quod, utpote iam divulgatum, nec inqui-

[36] C. 21, X, *de accusationibus, inquisitionibus et denuntiationibus*, V, I; Potthast, n. 4828.

sitione indigeat nec secretum patiatur. Quapropter concludunt inquisitionem non illuc spectare ut ea constet an delictum sit *de facto* publicum iuxta canonem 2197, 1°—nam hoc esset absurdum —sed potius huc referri ut per inquisitionem constet an sit *de iure* publicum, seu capax probationis in foro externo.

Primo aspectu hoc argumentum videretur irrefutabile. Quo diligentius tamen perpenditur, eo clarius apparet quam tenui innitatur fundamento. Considerat enim tantummodo casum in quo delictum est *certe et indubitanter publicum* ad normam canonis 2197, 1°, quando nempe argumentis haud ambigendis constat superiori delictum sibi denuntiatum esse procul omni dubio divulgatum vel saltem de facili divulgandum. Si sisteremus in hoc quasi *in unico possibili casu* omnia supra ab illis allata argumenta essent evangelice vera. Ast neminem fugit posse dari, et quidem persaepe dari casus in quibus, cum de ipso publicitatis facto dubitetur, prorsus praerequiritur specialis inquisitio praecise ut de hac publicitate tamquam de fundamento iudicii criminalis inquiratur. Ius enim vetus et novum in hoc admittendo conveniunt.

Ad ius vetus quod attinet, *constat:*

a) ad iudicium criminale, etiam in periodo in qua infamia imputati de delicto denuntiati ad iudicii validitatem deberet esse per totam villam sparsa, praerequisitam semper fuisse inquisitionem specialem secretam,[37] qua constaret de hac infamia seu, quod idem erat, de publicitate delictuali, uti hodie concipitur in canone 2197, 1°; *nisi*

b) haec inquisitio eo redderetur inutilis quo iudex de publicitate iam omnino certior factus esset.[38]

Ecce iure veteri non habebatur inane inquirere de delicto quod

[37] *Gl. Ord.*, c. I, *de accusationibus, inquisitionibus et denuntiationibus*, V, I, s. v. "*postquam*" in casu.

[38] Panormitānus (*Commentaris*, lib. V, tit. I, *de accusationibus, inquisitionibus et denuntiationibus*, c. 24, n. 14) : "Si fit inquisitio per ordinarium de officio mero non est necesse recipere testes super infamia, sed satis est sibi constare"; Reiffenstuel, *Ius Canonicum Universum*, lib. V, tit. I, n. 192; Schmalzgrueber. *Ius Ecclesiasticum Universum*, lb. V, tit. I, n. 180.

verbo tantum et non re differebat a delicto publico iuris hodierni. Tunc enim, quando de consuetudine effectum erat ut illa sola delicta per inquisitionis iudicium cognoscerentur de quibus imputatus publica laboraret infamia,[39] plerumque requirebatur praevia infamiae inquisitio, qua constaret de hoc infamiae seu, quod idem erat, publicitatis facto.[40]

Nonne tunc temporis investigabatur factum quod sua ipsius natura praesupponebatur publice notum? Ast minime insipienter agebant qui hoc faciebant; nam non agebant *"ex post factum"* ad investigandam rem de cuius publicitate nil dubitabatur, sed inquirebat ut constaret num delictum, *de quo nesciebatur esset publicum necne, reapse esset publicum,* et proin aptum iudicii criminalis obiectum.

Quid simile iure hodierno accidit. E canone enim 1946, § 1, 3°, constat finem inquisitionis specialis in eo esse ut praebeat superiori *"certa vel saltem probabilia et sufficientia ad accusationem instituendam argumenta."* Adversarii perperam ex adhibito verbo *"certa"* in illo canonis numero concludunt agi de certitudine illa qua delictum imputatum possit in foro externo probari. Quo in argumento involvitur perfectum exemplum petiti principii. Canon enim 1946, § 1, 3° non exigit "argumenta certa vel saltem probabilia et sufficientia ad reum de delicto culpabilem iudicialiter *probandum,"* sed argumenta "certa vel saltem probabilia et sufficientia ad accustationem instituendam." Finis, igitur, inquisitionis, attento hoc canone, non est ut constet tantummodo de possibilitate

[39] *Gl. Ord.*, c. 21, X, *de accusationibus, inquisitionibus et denuntiationibus,* V, I, s. v. *"dicta paucorum"*,—"Fama debet esse per villam sive parochiam ad hoc ut fiat inquisitio. Sed quot appellabis paucos ut non dicatur infamatus? . . . Credo quod maior pars viciniae requiratur quia fama loci requiritur, non fama aliquorum."

[40] *Gl. Ord.*, c. 2, X, *de accusationibus, inquisitionibus et denunciationibus,* V, I, s. *casu,*—"Ille inquisitor debet facere duos processus. Primum super infamia, an ille sit infamatus, et si post inquisitionem reperiat eum non diffamatum, non procedat ad inquirendum de veritate criminis", Panormitanus (*Commentaria,* lib. V, tit. I, *de accusationibus inquisitionibus et denuntiationibus,* c. 19, n. 9): "Debet fieri inquisitio super infamia priusquam super veritate."

delictum in iudicio probandi, sed potius ut constet an *omnes* iure requisitae condiciones, ad hoc ut delictum possit in tribunal trahi, de hoc particulari delicto hic et nunc verificentur, seu aliis verbis an, attentis iuris requisitis, praesto sint argumenta sufficientia ad instituendam accusationem contra reum de hoc particulari delicto imputatum. Admittendum sane est inter haec iuris requisita reponendam esse possibilitatem probationis in foro externo, sed prorsus negandum est hoc unum sufficere; nam canone 1933 requiritur praeterea ut delictum sit publicum antequam de eo iudicium criminale iniri possit.

Si, igitur, delicti commissi argumenta, attentis omnibus iuris requisitis, sufficientia praesto sunt simul ac delictum ad notitiam vehitur superioris, evidens est nullum tunc esse inquisitone opus. Quando nempe Ordinarius habet moralem certitudinem agi de delicto quod certe potest in iudicium deferri—nec interest undenam haec certitudo hausta sit—necessitas specialis inquisitionis qua haec certitudo comparetur eliminatur eo quod finem quem haec nata est assequi Ordinarius aliunde iam consecutus est.

Inquisitio, igitur, iure praesenti tunc tantum locum habebit quando deest certitudo *tum* de possibilitate delictum in foro externo probandi *quum* de delicti publicitate ad normam canonis 2197, 1°, metienda. En nil mirandum inquisitionem secretam esse debere, cautissimeque esse conducendam ne rumor delicti diffundatur. Cum enim inquisitio tunc solum postuletur quando nescitur vel dubitatur an delictum sit reapse publicum, ipsa Mater Ecclesia solita sua sollicitudine vult sic curare ne per inquisitionem publice conductam oriantur apud populum suspiciones de alicuius publica culpabilitate; neve delictum, *utique forsan publicum*, mediante inquisitione, *magis adhuc publicum evadat;* vel tandem aliquando ne delictum omnino occultum, mediante inquisitione, fiat publicum.

Insuper distinctio quam faciunt adversarii inter delicta iure et facto publica caret fundamento iuridico. Ubi enim lex non distinguit, nec ipsi distinguere possunt. Quapropter hoc argumentum ex huiusmodi distinctione ab eis desumptum nedum potest, imo debet contra eos retorqueri.

Praeprimis in eodem canone 2197, in quo occurrit definitio delicti publici, datur quoque definitio delicti notorii, at cum hoc summi momenti discrimine quod legislator in numeris 2 et 3 expressis verbis reapse distinguit inter *notorietatem iuris* et *notorietatem facti,* dum in numero immediate praecedenti, ubi loquitur de delictis publicis, huiusmodi distinctionem atrissimo premit silentio.

Huius silentii explanatio, attentis casus circumstantiis, alia nequit esse nisi haec quod legislator noluit talem distinctionem applicare delictis publicis. Nec scriptorem fugit distinctionem inter notorietatem de facto et notorietatem de iure prorsum diversam esse ab eadem distinctione prout applicatur delictis publicis. Qua diversitate admissa, argumentum supra-allatum adhuc validum manet; nam ea sola heic adducitur ratione quod eo monstratur legislatorem in illo canone prae oculis habuisse necessitatem distinguendi ubi ipse censuerit esse distinguendum. Si enim legislator, cuius est unitati per integram suam legislationem consulere, in transitu ab uno ad alium eiusdem legis articulum, violaret principium illi axiomati "*quod ubi lex non distinguit nec nos debemus distinguere*" inhaerens, actum sane esset de possibilitate ullius omnino orthodoxae interpretationis.

Debemus potius hoc argumentum proprie aestimare, nempe uti indicans legislatorem, qui supponendus est velle dicere quod vult, tacereque quod non vult, distinctionem nullam inter delicta publica *de iure* et *de facto* heic admittere; hocque vel magis quod in *eodem* canone aliquam saltem similem distinctionem actu applicavit delictis notoriis.

Ast si quid dubii de valore argumentorum hactenus a scriptore productorum hac in re restat has paginas legenti, statim evanescet modo consideret cur argumentum e canone 1037 ab adversariis adductum ad hanc distinctionem corroborandam debeat contra eos retorqueri.

Ibi enim (canon 1037) reperitur fundamentum huius distinctionis prouti iure novo ab adversariis proponitur. Impedimenta matrimonialia ibidem dicuntur esse publica si possunt probari in foro externo; secusque esse occulta. En criterium distinguendi inter publica et occulta heic reponitur non in impedimenti divulgatione, sed potius in possibilitate vel minus impedimentum probandi in foro externo. Ecce fieri potest ut impedimentum sit paucis omnino notum et simul probationis capax. Tale impedimentum, fatentibus omnibus canonis 1037 commentatoribus, est *occultum de facto* sed *publicum de iure.*

Talem distinctionem adversarii dein applicant publicitati prouti de delictis praedicatur. *Ast perperam.* Duae enim validissimae obiectiones militant contra talem translationem.

Prima desumitur ex hoc facto quod ipse legislator de criterio *publicitatis, prout impedimentis matrimonialibus convenit,* tractans, illud reponebat in possibilitate impedimentum in foro externo probandi; sicque expressis verbis basim posuit illi distinctioni inter impedimenta matrimonialia de iure et de facto publica exinde necessario exortae. Idem tamen legislator, cui non possumus quin supponamus totam suam legislationem esse bene notam, in canone 2197, 1°, e contro tractans *ex professo* de *publicitate prouti delictis competit* de tali distinctione prorsus siluit nec quicquam dixit e quo adstrui potest distinctio inter delicta publica de iure et delicta publica de facto. Siluit non quia immemor distinctionis in canone 1037 factae, sed quia optime eiusdem memor noluit eamdem applicare delictis.

Praeterea talis analogica interpretatio prorsus prohibetur in re poenali. A legibus latis in similibus norma utique sumenda est, deficiente expresso iuris praescripto, nisi agatur de poenis applicandis.[41] Si transferimus, igitur, illam distinctionem a canone 1037 ad canonem 2197, 1°, nil aliud efficimus nisi ut illi additionales effectus poenales qui inhaerent sententiae criminali possint applicari illi cuius delictum est probationis capax, sed minime divulgatum vel facile divulgandum; seu aliis verbis utimur interpretatione analogica in poenis applicandis.

Ceteroquin tenemur in re poenali mitiorem sequi opinionem.[42] Age vero, propter rationes modo adductas patet opinionem quae

[41] Canon 20.

[42] Canones 19 et 2219.

huiusmodi distinctionem denegat delictis publicis, esse mitiorem et proin sequendam.

Pro argumento e canone 2210 desumpto adversarii dein recurrunt ad idem principium: *ubi lex non distinguit, non est distinguendum*—contra quod, salva reverentia, modo monstravimus eos peccare in argumento immediate praecedenti. In canone enim 2210 declaratur modo generali actionem ad poenam infligendam vel declarandam competere omni delicto. Unde concludunt contrariae sententiae fautores etiam delicta non divulgata ad normam canonis 2197, 1°, huiusmodi actione criminali et iudiciali muniri. Heic enim putant non distinguendum, dum alio in loco ubi viget par ratio non distinguendi, distinguunt.

Obiectioni quae primo aspectu videretur contineri in canone 2210 respondetur animadvertendo in ipsa lege poni exceptionem ad generalem regulam iuxta quam omni delicto videretur competere actio criminalis. Quod patet ex ipso canone 1933, § 1, in quo *tantummodo delicta publica* declarantur posse in iudicium criminale deferri. En explicite excipitur ab ambitu canonis 2210 omne delictum quod non est publicum; cuiusmodi certe est delictum quod, etsi optime possit in foro externo probari, nondum tamen est publice notum.

Simili modo respondetur obiectioni a Wernz-Vidal allatae de causis ad Sancti Officii Tribunal pertinentibus sive hae in ipso S. Officii Tribunali sive in inferioribus tribunalibus iuxta normas ab eodem S. Officio traditas tractantur. In canone 1555, § 1, § 2, huiusmodi causae statuuntur uti *positivae exceptiones* a norma generali. Quapropter nil licet ex hoc facto concludere contra proceduram in ceteris tribunalibus adhibendam.

Ex argumentis hactenus traditis sive positivis, quibus probatur delictum publicum de quo in canone 1933, § 1, esse intelligendum *unice* iuxta canonem 2197, 1°, sive negativis, quibus falsitas argumentorum contrarium tenentium demonstratur, elucet nullum dubium positivum et probabile de genuino sensu delicti publici relate ad iudicium publicum existere. Quapropter ultimum argumentum illorum trium actorum, quo asseritur in hac materia non esse a iure veteri recedendum ob dubium iuris circa veram delicti publici essentiam, nullius omnino valoris evadit.

Imo, etiamsi verum dubium de sensu delicti publici in ordine ad iudicium criminale reapse daretur, non tamen esset in hac particulari re ad ius vetus recurrendum, canone 6, 4°, non obstante.

Nam certo certius dubium quod in canone 6, 4", respicitur, debet esse verum dubium. Supponamus argumenti causa, *etsi id non admittamus,* tale dubium positivum et probabile in praesenti controversia dari. Etiam tunc esset adhuc standum sensui publicitatis delictualis prout exponitur in canone 2197, 1°, potiusquam in canone 1037. Dubium enim de quo in canone 6, 4°, est dubium in praesenti iure eo existens quod ex instituta comparatione inter aliquas novi et veteris iuris provisiones realiter et positive dubitatur an Codex in re de qua agitur mutationem introduxerit. At notandum est hoc, quod multa quae in Codice apparent dubia ex aliquo solo canone considerato, prorsus evanescunt modo conferantur cum aliis Codicis canonibus. Aliis verbis, canon qui in seipso consideratus ansam potest dare dubio, saepe luce clarior evadit quando respicitur in contextu sive *particulari* canonum de eadem re agentium sive *generali* canonum per totum Codicem dispersorum.

Cuius rei exemplum habetur in canone 613, in quo declaratur ea tantum privilegia competere religioni cuilibet quae vel in Codice contineantur vel a Sancta Sede directe eidem concessa fuerint, exclusa in posterum qualibet privilegiorum communicatione. De quo canone, teste Beste,[43] mox acriter disputabatur apud canonisctas utrum vi canonis 613 privilegia, quibus quaelibet religio ante Codicem per communicationem gauderet, adhuc eidem competerent necne. Aliis verbis, e solo respecto 613 existebat dubium utrimque positivum et probabile de continuata horum privilegiorum ante Codicem vigentium existentia. Ast ex considerato canone 613 in suo contextu generali illud dubium quod attento solo eodem canone verum apparuit, totaliter evanuit. Contextus nempe hic invenitur in canone 4, ubi asseritur privilegia ab Apostolica Sede personis sive physicis sive moralibus concessa adhuc adhibita nec revocata integra manere nisi in Codice expresse revocentur. En patet dubium canone 613 creatum non fuisse

[43] *Introductio*, p. 416.

dubium probabile et positivum, cum ex compararatione instituta cum canone 4 totaliter dissipatum sit. Quod dein decisione confirmatur.[44] Non, igitur, negamus canonem 6, 4°, esse abhibendum, si datur verum dubium :hoc unum, e contra, notandum velimus—quod dubia mere apparentia non sunt aequiparanda dubiis positivis et probabilibus.

Nunc, ut revertamur ad rem nostram—supposito, sed non admisso, dubio de vero sensu publicitatis delictualis relate ad iudicia criminalia—omnino insistimus ne, etiam in hac hypothesi, invocetur canon 6, 4°. Nam tale dubium esset mere apparens facileque ad solvendum et explodendum e generali Codicis contextu. E canone enim 2219, § 1, imponitur speciale interpretationis principium, nullomodo optionale sed adamussim semperque adhibendum in applicatione poenarum. Quod principium sic sonat: In poenis benignior est interpretatio facienda.[45]

Certo certius opinio qua tenetur publicitatem delicti in ordine ad iudicium criminale esse sumendam iuxta canonem 2197, 1°, est toto coelo benignior sententia quae docet quodlibet delictum probationis iudicialis capax posse in tribunal introduci. Adhibita sententia priore, multorum delicta quae, vigente altera opinione, possent iudicialiter investigari, fiunt iudicio criminali prorsus impervia. Sententia, igitur, illa quae tot delinquentibus parcit necessitatem odiosam sese exoso iudicio criminali subiiciendi, est procul dubio benignior.

Quibus omnibus consideratis apparet dubium de genuino sensu publicitatis delictualis relate ad iudicium criminale nedum dari, imo nec dari posse in Codice. Aliis verbis, dubium quod *finximus nos,* et quod *adversarii reale reantur,* non potest esse nisi dubium mere apparens. E consideratis enim solis rationibus ab adversariis allatis videtur, saltem eis, consistere dubium; ex *confrontatis,* tamen, hisce eorum somniatis argumentis cum principio canonis 2219, § 1, evanescit nascens. Nullus igitur locus habetur invocationi canonis 6, 4°, quia nullum dubium datur hac de re in praesenti lege, modo haec in sua totalitate consideretur.

[44] Com. Interp. 30 dec. 1937—*AAS,* XXX (1938), 73.
[45] Canon 2219, § 1.

Non, igitur, credo res poenales constituere generalem exceptionem a canone 6, 4°, sed opinor canone 2219, § 1, effici ut canon 6, 4°, in re poenali numquam eo applicetur quod vi canonis 2219, § 1, tollitur fundamentum a quo canon 6, 4°, innititur—possibilitas, nempe, dubii positivi et probabilis in huiusmodi materia. Nam quotiescumque iure praesenti in re poenali de aliqua quaestione particulari dantur duae opiniones probabiles, opinio mitior, etsi altera minus probabilior, ipso iure fit practice certa propter canonis 2219, § 1; sicque altera opinio, etsi e iure veteri resurgens etsique altera theoretice certior, redditur, ad praxim quod attinet, opinio non tenenda.

Si quis arguens e titulo sub quo continetur canon 2219 vult obiicere hunc canonem tunc tantum valere quando agatur de poenarum applicatione proinque in casu nostro, in quo tractetur de introductione causae ad tribunal, non urgeri, respondet scriptor in titulo sub quo veniat canon 2219, § 1, fieri sermonem de interpretatione poenarum in genere; esseque communem inter auctores e canone hoc desumptam sententiam qua proponatur in omni re poenali indiscriminatim—in dubio nempe sive facti sive iuris—mitiorem esse sequendam sententiam. Tandem aliquando, etiamsi ageretur in illo titulo tantum de poenarum applicatione, argumentum adhuc valeret, nam dubium an iudicium incipi liceat ob delictum aliter quam iuxta 2197, 1°, publicum redundat in dubium iuris utrum in omnibus illis casibus liceat poenam per sententiam applicare necne.

Articulus II: Publicitas Delictualis in Specie

Seposita quaestione de natura delicti publici in genere venit nunc quaerendum quid in specie requiratur et sufficiat ad hoc ut delictum possit dici publicum in sensu canonis 2197, 1°. Age vero, cum Codex distinctionem inter publica et occulta delicta ex ipsius delicti divulgatione seu notitia apud vulgus sparsa repetat, quaestio de specificis publicitatis delictualis elementis potest sic proponi: Quanta et qualis debet esse illa notitia qua delictum efficitur publicum, seu adhuc praecisius quot personis debet delictum innotescere qualisque apud easdem notitia postulatur? De publicitate quantitative sumpta erit praeprimis discussio.

Iuxta canonem 2197, 1°, delictum dicitur publicum aut quia est actu divulgatum aut quia est necessario et facile divulgabile.[46] Criterium, igitur, utriusque speciei delicti publici est divulgatio aut actu iam habita aut ob adiuncta imminens. Scire, proin, quid sit divulgatio perinde fit ac scire quid sit publicitas delictualis quantitative sumpta. Iuvat, vero, notasse eamdem prorsus divulgationem esse normam pro utraque specie publici delicti diiudicanda. Delictum actu divulgatum et delictum de facili divulgabile hoc solo inter se, attento canone 2197, 1°, differunt quod in illo divulgatio iam adest, dum in hoc eadem omnino divulgatio apparet necessario adfutura. Res clarescat exemplo. Supponatur in eodem oppido, tempore tamen et loco diversis, idem specie delictum commisisse tres personas diversas quarum prima coram notabili oppidi parte, altera coram paucis sed garrulis loquacibusque, tertia vero vel nemine vel paucis tantum hisceque taciturnis adstantibus, deliquerit.. In ultimo allato casu delictum est occultum, dum in duobus praecedentibus exemplis delicta, licet alterum ob alteras causas, sunt tamen utrobique publica. Nostra quod interest in datis casibus hoc est quod delictum paucis illis revelaturis notum eo ultimatim dicitur publicum, quia certe praevidetur eam precisam assecuturum esse divulgationem quam alterum delictum, illud nempe maiori oppidi parti iam apertum, actu habet.

Divulgatio ad publicitatem delicti e canone 2197, 1°, necessaria, etsi in quocumque delicto obiective seu quantitative plusminusve eadem, in ordine, tamen, cognoscitivo toto coelo differt pro utraque publicitatis specie. Longe enim facilius dignoscitur delictum *facile divulgabile* quam delictum *reapse divulgatum.* Cuius asserti ratio in eo restat quod facilitas divulgationis ex circumstantiis delicti patrati praesertimque ex indole et numero eorum quibus delictum innotescit, repetitur. De hisce circumstantiis multo facilius constat quam de ipsa actuali divulgatione. Aliis verbis ad delictum facile divulgabile verificandum sufficit ut constet de *periculo divulgationis* e circumstantiis delicti ipsius metiendo quin necesse sit actualem divulgationem, quid mathematice et perdiffi-

[46] Canon 2197, 1: "Delictum est: Publicum, si iam divulgatum est aut talibus contigit seu versatur in adiunctis ut prudenter iudicari possit et debeat facile divulgatum iri."

culter computandum, probare. Ita quando delictum scitur etiam tantummodo a perpaucis qui tamen de eo praevideantur aliis locuturi, sufficit hoc garrulitatis factum probasse ut inquisitor possit debeatque tale delictum censere publicum. Nam modo personae sint loquacitati deditae, neve quicquam in casu particulari—uti v. g. defectus mediorum communicationis; paucitas personarum quibus delictum quit revelari, vinculum sanguinis vel amicitiae inter delinguentem et delinquentiae testes ob quod hi dignoscuntur tacituri, aliave quaecumlibet huius particularis casus circumstantia specialis—impediat quominus haec delicti gnarorum garrulitas effectum solitum sortiatur, inquisitor nedum potest, imo debet, iudicare delictum de quo agitur divulgatum iri, etsi—et hoc in re praesenti est summi omnino momenti—nesciat nec scire teneatur quandonam gradus divulgationis ad publicitatem sufficientis reapse attingatur.

Iure enim praesenti recognoscitur necessitas futurae certaeque delicti nondum actu divulgati divulgationis ex circumstantiis quibus delictum commissum fuerit vel hic et nunc contigit exortae, quin necesse sit expectare donec divulgatio actu locum habuerit. Quapropter in investigando delicto cuius publicitas est metienda ex ipsius circumstantiis potiusquam ex actuali inter plebem divulgatione inquisitor poterit praescindere ab huiusmodi disseminatione uniceque attendere an delicti adiuncta suadeant necnon exigant prudens de futura divulgatione iudicium. Quae adiuncta, attenta rei de qua agitur natura, facile cognosci poterunt. Ut enim delictum possit debeatque prudenter iudicari divulgatum iri, requiritur sufficitque ut habeatur *vulgus* cui divulgari possit; adsint *personae divulgaturae,* utque in hoc particulari casu non sit cur ipsae aut divulgare nolint aut, etsi velint, quominus divulgent impediantur. Quibus circumstantiis probatis, delictum est iam aeque publicum ac si ubique terrarum sparsum fuerit.

Res omnino aliter se habet quando agitur de publicitate e solo capite divulgationis actu habitae oriunda. Tunc publicitas pendet ab actuali divulgatione, facto nec iure determinato nec ad determinandum facili. Quot enim personae, quae sive ob earum indolem sive ob delicti patrati adiuncta prudenter iudicari possunt et debent rem taciturae, requirantur et sufficiant ut delictum dici possit hac sola ratione publicum, lex nullibi statuit.[47] Nam etsi minime diffiteamur raros omnino fore casus in quibus habeantur tot personae delicti gnari simulque adeo silentiosi ut merito dubitari queat an sit publicum e solo divulgationis capite quin sit eodem tempore necessarium recurrere ad delicti commissi adiuncta ad dubium solvendum, non tamen possumus praetermittere talem hypothesim cum oporteat inquisitorem prae manibus habere normas, non tantum ad saepius recurrentes casus, sed etiam ad eventus rarius succedentes applicabiles.

Auctores post Codicem scribentes fere ad unum tenent divulgationem ad publicitatem delicti sufficientem tunc haberi si delictum notum est maiori [48] vel saltem notabili parti [49] communitatis. Docent insuper communitatem cuius maiori vel saltem notabili parti delictum innotescere debeat, posse esse maiorem vel minorem. Ut de maioribus communitatibus, de quibus nil ambigitur, praescindatur, notabitur apud eos mentionem fieri de collegiis,[50] monasteriis [51] et conventibus [52] tamquam de communitatibus ad constituendam delicti publicitatem aptis. Quam magnae debeant esse huiusmodi parvae communitates, seu quot debeant constare personis auctores plerumque indeterminatum relinquunt. Criterium numericum a nonnullis veteris iuris commentatoribus statutum, qui plerumque tenebant delictum adhuc esse occultum si illud nescirent saltem sex personae, vel sex septemve in pago,

[47] Reiffenstuel, *Ius Canonicum Universum*, lib. V, tit. I, n. 250; Coronata, *Institutiones*, IV, n. 1645; Beste, *Introductio*, p. 876; Vermeersch-Creusen, *Epitome*, III, n. 384.

[48] Vermeersch-Creusen, *Epitome*, III, n. 384; Coronata, *Institutiones*, IV, n. 1645.

[49] Beste, *Introductio*, p. 876; Blat, *Commentarium*, V (*De Delictis et Poenis*), n. 9, p. 7; Michiels, *Normae Generales Iuris Canonici* (2 voll., Lublin: Universitas Catholica, 1934. Vol. I, *De Delictis et poenis*), I, 117, 118, dehinc citabitur: *De Delictis et Poenis;* Bouuaert-Simenon, *Manuale*, III, n. 505, p. 315.

[50] Beste, *Introductio*, p. 876; Michiels, *De Delictis et Poenis*, I, 118; Vermeersch-Creusen, *Epitome*, III, n. 384.

[51] Beste, *loc. cit;* Michiels, *loc. cit.*

[52] Blat, *Commentarium*, V, n. 9, p. 7,

octo decemve vero in civitate,[53] parum practicum censentes,[54] principio a D'Annibale (1815-1892)[55] et Lega[56] allato inhaerent quo iudicium de divulgatione quantitative sumpta prudentiae seu aestimationi boni viri committunt. Solus Coronata,[57] Reiffenstuel verbotenus citans,[58] fidit nunc numeris quatenus declarat delictum maiori parti communitatis plus decem hominibus constantis notum esse eoipso publicum e solo divulgationis capite; sufficereque quinque vel sex personas graves et prudentes in oppido, septem vel octo in civitate ad producendum periculum divulgationis sicque ad delictum hoc capite publicum reddendum. Imo Vermeersch-Creusen asserunt[59] regulas a variis veteris iuris scriptoribus de

[53] Reiffenstuel, *Ius Canonicum Universum*, lib. V, tit. I, nn. 243, 249, 250, 252; Schmalzgrueber, *Ius Ecclesiasticum Universum*, lib. V, tit. XXXVII, n. 116; Alphonsus M. de Ligouri, *Theologia Moralis* (ed. Gaudé, 4 voll., Romae, 1905-1912), lib. III, n. 76; cf. quoque lib. VI, nn. 593, 1111; Thesaurus, *De Poenis Ecclesiasticis seu Canonicis* (2. ed., Giraldi, Romae, 1760), pars I, cap. 21; Suarez, *Disputationes de Censuris in Communi, Excommunicatione, Suspensione et Interdicto, itemque de Irregularitate* (Venetiis, 1606), disp. 61, sec. II, n. 6; Salmanticenses, *Cursus Theologiae Moralis* (6 voll. in 4, Venetiis, 1714-1728), tract. X, cap. 2, n. 59: Leurenius, *Forum Ecclesiasticum*, lib. V, q. 521, n. 6; Barbosa, *Collectanea Doctorum tam Veterum quam Recentiorum in Ius Pontificium Universum* (6 voll. in 3, Lugduni, 1716), ss. XXIV, c. 6 de ref., n. 26.

[54] Vermeersch-Creusen, *Epitome*, III, n. 384; Michiels, *De Delictis et Poenis*, I, 118; Beste, *Introductio*, p. 876.

[55] *Summula Theologiae Moralis* ([5. ed., 3 voll., Romae, 1908, dehinc citabitur: *Summula*] I, n. 242, not. 49): "In summa occultum accipere debemus quod adeo pauci et prudentes sciunt ut reputari possit quasi nemo sciret et quia res facti est, in aestimatione boni viri esse debet"; not. 50,—"Proinde occultum dici nequit, quod sciunt paucissimi quidem, sed rimosis auribus."

[56] *Praelectiones in Textum Iuris Canonici—De Delictis et Poenis* ([2. ed., Romae, 1910], n. 244): "Hinc non est occultum quando in oppido vel in civitate populosa iis personis innotescit quae aut plures numero sunt aut propositum habent divulgandi factum quod exinde iam publicum dici valet. Personarum vero magis quam numerus, indoles et propositum pensanda sunt."

[58] *Ius Canonicum Universum*, lib. V, tit. I, n. 249.

[58] *Ius Canonicum Universum*, lib. V, tit. I, n. 249.

[59] *Epitome*, III, n. 384.

numero personarum ad delictualem publicitatem constituendam necessario datas, etsi utilitate non careant, principio tamen D'Annibale, quod omnes moderni hac in re multi faciunt, esse temperandas: "*Quia res facti est, in aestimatione boni viri esse debet.*"

Criterii pro delicti publicitate diiudicanda *relativitas,* prout ab auctoribus modo citatis describitur, neminem fugit; imo primo forsan aspectu apparet parum iusta quatenus e litterali talis normae usu multi viderentur ab onere iudicii criminalis exempti ob solam accidentalem circumstantiam hatitationis in urbe aliqua valde populosa. Ecce, enim, pars populi quae in oppido aliquo parviore esset *utique notabilis,* imo fortasse *maior,* evaderet, respectu ad magnam urbem habito, fere negligibilis. Num supponi licet legislatorem idem specie delictum adjunctis modo descriptis patratum velle in priore casu puniri sententia iudiciali; in hoc minime? Adhibita enim illa norma relativa sequeretur ut quod in uno loco ob exiguum habitantium numerum dici debet publicum, esset alio in loco, ubi populus sit numero longe maior, occultum, quippe quia notabili populi huius loci parti ignotum. Num legislator intendit talem inaequalitatem?

Ni fallitur huius dissertationis scriptor, difficultas est speciosa. Cum enim in utroque supra allato casu delictum supponatur multis iam divulgatum, prudens Ordinarius debebit iudicare delictum, hucusque notabili maioris urbis parti celatum, certo assecuturum naturali eventuum cursu divulgationem apud ceteros ibidem commorantes, ita ut id iam publicum censere cogatur e periculo certe secuturae divulgationis apud eos quibus adhuc de facto occultum est. Cum enim in hypothesi data agatur de delicto iam late divulgato, etsi adhuc non sufficienter ut, attenta communitatis in qua commissum est vel cui revelandum est magnitudine, dici queat publicum, debemus cum omnimoda tamen certitudine, perspectis patrati delicti adiunctis, expectare ut, nisi quicquam impraevisum oriatur, delictum istud tandem aliquando omnibus vel saltem fere omnibus quibus revelari potest actu patefiat. En, uti supra innuebatur, melius est in huiusmodi casibus ab actuali divulgatione praescindere et supponere cum legislatore delictum, datis circumstantiis loquacitatis, inimicitiae et hisce similium, certe divulgatum iri quin debeat attendi ad quantitatem huius divulgationis sive absolutam sive relativam. Quapropter relativitas quam tanti faciunt auctores moderni, ni fallitur scriptor, melius seponeretur, resque totaliter prudentiae Ordinarii relinqueretur.

Ast quando agitur de delicto publico ex altero publicitatis criterio, i. e., *ex actuali divulgatione,* res toto coelo differt a casibus hactenus consideratis. Agitur de hypothesi in qua delictum innotescit personis quae certe praevideantur rem celaturae, ita ut nullum sit periculum ne delictum eos a quibus nunc scitur extravagetur. Delictum praeterea supponitur notum talium hominum numero *non adeo parvo ut possit illico dici occultum,* nec *adeo magno ut possit statim censeri publicum* e capite divulgationis, sed *intermedio, ita ut merito dubitari liceat* an sit sufficienter inter vulgus sparsum necne ad constituendam publicitatem. Quod dubium nequit, uti patet, aliter solvi quam inquisitori praebendo normam qua possit novisse quando communitas censeri debeat parvior quam ut delictum maiori eiusdem parti notum dicatur publicum; seu ex converso quam *magna* debeat esse *parva* communitas ut possit constituere publicum. Admittendum utique est cum modernis rem esse relinquendam prudentiae et aestimationi boni viri, sed valde dolendum est eos non percepisse utilitatem aliquam normam mathematiciam saltem generalibus verbis statutam proponendi qua hi casus dubii possint solvi. Quomodo, enim, Ordinarius poterit prudenter iudicare delictum esse publicum e solo capite divulgationis, nisi sciet *saltem limitem infimum* infra quem publicitas delictualis e capite solius divulgationis metienda nequit descendere quin eoipso agatur de possibilitate tale delictum censendi publicum? Ad hoc prorsus exigitur norma *numerica* quae—pro dolor—nec in ipsa lege nec in legis commentariis reperitur, saltem satisfactoria.

Nam verum est aliquando tum in iure veteri [60] tum in iure novo [61] recognitum esse numerum *denarium* tamquam ad publicitatem sufficientem, modo maiori parti huius personarum numeri delictum innotescat.

[60] Durandus, *Speculum,* III, p. 50.

[61] Coronata, *Institutiones,* III, n. 1645.

Vix tamen concipi potest legislatorem velle aliquem incommodo gravissimo iudicii criminalis subiicere ob solam rationem adscriptionis alicui parvae societati, praesertim cum huiusmodi adscriptio sit in re de qua agitur quid omnino accidentale, nec scandalum nec delicti gravitatem aliquo modo augens minuensve, imo nec ullum omnino nexum habens cum rationibus ob quas publica iudicialisque delinquentis punitio redditur societati necessaria. Ecce enim, adhibito hoc criterio, fieri posset ut quis coram parvae communitatis, puta decem undecimve constantis, maiori parti delinquens ad tribunal trahi posset ad respondendum de delicto quod, adstante forsan numero hominum duplo triplove maiore, ab alio commissum in eodem prorsus oppido in quo sita est illa parva societas de qua supra, nequiret iudicialiter cognosci, utpote maioritati communitatis, in qua delictum est, ignotum.

En rectae interpretationi magis consona videtur illorum opinio qui etiam hoc in casu iudicium de sufficientia divulgationis relinquunt prudentiae seu aestimationi boni viri. Ad quod prudens iudicium efformandum, deficiente tum legi ipsi tum legis commentatoribus certe et satisfactoria norma, inquisitorem forsan iuvabit recolere quo pluribus delictum innotescat, eo minorem reddi non secuturae apud alios divulgationis probabilitatem. Praeter hoc consilium, nil aliud potest addi nisi quod delictum potest esse notum hominum numero longe excedenti denarium quin debeat diiudicari eoipso publicum ex solo divulgationis capite. Concludendum venit, de hac re quod attinet, notionem et extensionem publicitatis delictualis esse adhuc mare inexploratum; sperandumque esse ut mox consuetudine vel positivo decreto excogitetur criterium aliquod illis hactenus propositis aequius.

Communiter ab auctoribus asseritur delictum posse esse in uno loco publicum et simul alibi occultum,[62] quodque fuerit publicum posse lapsu temporis fieri occultum.[63]

[62] Coronata, *Institutiones*, III, n. 1645; Michiels, *De Delictis et Poenis*, I, 119; Sole, *De Delictis et Poenis,—Praelectiones in Lib. V Codicis Iuris Canonici* (Romae: Pustet, 1930), n. 10, p. 7 (dehinc citabitur: *De Delictis et Poenis*).

[63] Michiels, *loc. cit.;* Beste, *loc. cit.;* Sole, *loc. cit.*

En carpenda videtur praxis nonnullis is regionibus exorta vi cuius clericus, qui in aliena dioecesi publice deliquerit, ab Ordinario loci delicti commissi solet ad proprium (ratione domicilii) Ordinarium remitti ut ab eo de delicto alibi patrato iudicetur. Uti patet, hic agendi modus non est reprobandus cum delictum in utraque dioecesi publicum evaserit. Canon 1566, § 1,[64] nequit ita intelligi ut vim afferat canoni 1933, § 1, quo exigitur ut delictum, ad hoc ut sit validum iudicii criminalis obiectum, debeat esse publicum. Sane si delictum est occultum in propria ratione domicilii vel quasi domicilii dioecesi, nequit attento canone 1933, § 1, ibi iudicari, nec quicquam refert quam publicum sit alibi.

Articulus III: Publicitas Qualitative Sumpta

E collatis inter se numeris 1 et 4 canonis 2197[65] constat ad delictum publicum habendum necesse esse ut divulgatio, de qua modo tractari cessatum est, debeat dupliciter de eo praedicari. Nam uti concinne animadvertit Coronata,[66] non merum factum delictuosum constituit delictum, sed delictum duobus elementis componitur; nempe facto externo seu externa legis violatione, et elemento subjectivo seu imputabilitate. Delictum divulgatum quoad primum elementum, at occultum quoad alterum, aut viceversa, manere adhuc occultum clarissimis verbis ostendit canon 2197, 4°. Tale delictum proin, attento canone 1933, nequit in iudicium deferri.

Circa naturam delicti materialiter occulti non disputabatur in iure veteri, nec nunc novo in iure disputatur. Huiusmodi delictum habetur quando ipsum factum delictuosum seu ipsa externa legis violatio latet. Nec refert cur lateat hoc factum delictuosum, sive nempe quia delictum, nemine omnino vel paucis tantum,

[64] "Ratione delicti reus forum soritur in loco patrati delicti."

[65] "Delictum est:

1. Publicum, si iam divulgatum est aut talibus contingit seu versatur in adiunctis ut prudenter iudicari possit et debeat facile duvulgatum iri;

4. Occultum, quod non est publicum; occultum materialiter si lateat delictum ipsum; occultum formaliter, si eiusdem imputabilitas."

[66] *Institutiones*, IV, n. 1645.

hisque taciturnis adstantibus, commissum est; sive quia, etsi publice notum ad normam 2197, 1°, quoad factum materiale, non tamen publicum sub ratione delicti evasit.

Iure, tamen, veteri de natura delicti formaliter occulti hinc inde controvertebatur. Agebatur nempe de casu in quo factum delictuosum supponebatur publice notum, sed huius eiusdem facti criminosi imputabilitas latebat. Quod duplici de causa contingere poterat, aut nempe quia 1) is, qui actum seu delictum materiale certe posuerat, censebatur culpa morali caruisse, uti v.g., si Osius certe sciebatur Titium occidisse, sed erronee putabatur id iusta sui defensione egisse, aut 2) quia eius, cuius in delicto commisso moralis imputabilitas publice patebat, poenalis tamen seu iuridica imputabilitas ignorabatur quatenus populus, cui delictum sub ratione quidem gravis moraliterque imputabilis peccati utique innotescebat, delictualem tamen peccati characterem minime percipiebat, uti v. g., si nesciebatur Osio iniusta et peccaminosa Titii occisio esse quoque in *poenam* et non solum in *peccatum* imputanda.

Illic ignorantia *ex errore facti;* heic *ex errore iuris* oriebatur. Aliis verbis, controvertebatur an ad hoc, ut delictum censeretur publicum, requireretur ut vulgo innotesceret sub ratione etiam poenae, an sufficeret delictum patefieri sub *sola peccati ratione.*[67]

Unanimiter admittebatur a iuris veteris auctoribus delictum esse formaliter occultum quando, poena nota, culpabilitas lateret, seu quando error ex parte eorum quibus factum delictuosum innotesceret, esset facti et non iuris.[68]

Haec vero unanimitas prorsus deficiebat relate ad quaestionem

[67] D'Annibale (*Summula,* I, n. 242, not. 52) : ". . . puta — Osius clericum occidit. Si is creditur fato suo obiisse, factum erit materialiter occultum. Si scitur fuisse occisus ab Osio sed vel is occidisse fertur iustae defensionis causa, vel ignoratur homicidium [homicidam?] fieri irregularem, erit occultum formaliter; nempe illinc errore facti, hinc iuris errore"; Lega, *De Delictis et Poenis,* in calce ad n. 131, p. 179.

[68] D'Annibale (*Summula,* I, n. 242, not. 52) : "Quoties, igitur, requiritur ut res sit occulta sufficit eam occultam esse vel formaliter tantum; seu ex errore facti quod nemo dubitat, seu ex errore iuris quod est communius."

an error iuris ad formaliter occultum sufficeret. Ex una parte nonnulli magni ponderis auctores negabant.[69]

Contrariae tamen opinioni multi suffragabantur auctores iuxta quos delictum erat formaliter occultum etiam tantummodo ob vulgo ignoratam poenam.[70] Quam opinionem D'Annibale censuit communiorem,[71] et Lega, stante dubio, autumavit controversiam esse practice solvendam adhibendo *modo* mitiorem, *modo* strictiorem interpretationem, prout nempe de rebus late vel stricte interpretandis ageretur.[72]

Codex haud videtur controversiam diremisse. Iure enim hodierno delictum dicitur occultum formaliter, si eiusdem latet imputabilitas.[73] Vox generalis "*imputabilitas*" in illa descriptione adhibita, quippe quae potest sive de imputabilitate mere morali, sive de imputabilitate iuridica intelligi, sat clare indicat legislatori non infuisse mentem controversiam solvendi. Recurrendum, igitur, est ad opiniones doctrinales.

Nonnulli auctores post Codicem scribentes videntur calculum adiicere sententiae a D'Annibale, Lega et Gasparri olim propositae, etsi id nonnisi difficulter ex eorum scriptis colligi queat ob nimis cautum, quo utuntur, loquendi modum. Non enim videntur sibi persuasum habere utranam sententia sit verior.[74]

[69] Fagnanus, *Commentaria in Quinque Libros Decretalium* (4 voll., Romae, 1661), c. 7, X, *de cohabitatione clericorum*, III, II, n. 148; Barbosa, *De Officio et Potestate Episcopi* (2 voll., Lugduni, 1656), part. II, alleg. 39, nn. 26, 27.

[70] Lega, *De Delictis et Poenis*, in calce ad n. 131, p. 179; D'Annibale, *Summula*, I, n. 242; Gasparri, *Tractatus de Sacra Ordinatione* (2 voll., Parisiis, 1893-1894.), I, nn. 160, 167, 168, 222.

[71] *Summula*, I, n. 242, not. 52,

[72] Lega (*loc. cit.*): "Pro praxi, stante dubio, videtur invocandum principium nempe dispensationem utpote contra legem stricte habere interpretationem; absolutionem, quippe secundum legem latam recipere — Unde esset abstinendum a dispensando impedimento criminis publico quoad factum, quamvis facto criminis ignoretur vis inesse impedimenti mat.; ex adverso non videretur deneganda absolutio, quamvis crimen sit tantummodo formaliter occultum, ob vulgo ignoratam censurae poenam."

[73] Canon 2197, § 1.

[74] Sole (*De Delictis et Poenis*, n. 10, p. 7 in calce sub n. 2): "Doctores tradunt delictum esse occultum formaliter quando factum quidem scitur,

Alii plerumque exitum controversiae in iure praesenti prorsus omittunt.

Huius dissertationis scriptori non apparet quo iure illa controversia, ad novum ius quod attinet, possit dici non soluta in favorem mitioris illius sententiae iuxta quam delictum, cuius culpa dolusve ultro pateant, censetur, tamen, adhuc formaliter occultum et proin criminali iudicio haudquaquam obnoxium quousque non publice cognoscatur etiam sub ratione poenae. Dubium enim a veteri in novum ius translatum debet and normam 2219, § 1, decidi in favorem rei. Age vero, nemo non videt illam opinionem, qua ante prohibeatur ad iudicium criminale cum additis poenalibus inde fluentibus effectibus procedi quam publice de delicto tum sub ratione peccati quum sub ratione poenae constet, esse mitiorem illa altera secundum quam iudicium incipi posset etiamsi poena delicto adnexa publice ignoraretur. Haec enim solutio eodem modo procedit atque illa qua veteri iure usus est Cardinalis Lega ad rem practice dirimendam.

Agitur nempe de re quae postulat latam potiusquam strictam interpretationem. Ergo adhibenda est interpretatio benignior quae in re de qua agitur illa certe est quae tenet delictum non evadere publicum donec cognoscatur tum sub ratione peccati quum sub ratione *poenae.*

Tempore enim quo scripsit Cardinalis Lega unicum criterium quo commentatores uti debebant ad diiudicandam delicti publicitatem erat possibilitas vel minus illud in foro externo probandi. Delictum enim tunc temporis censebatur publicum in ordine ad iudicium criminale inchoandum non quando erat *divulgatum divulgandumve,* sed potius quando erat *probationis iuridicae capax.* At principium a Cardinali Lega suggestum certo certius postulasset latam controversiae praesentis interpretationem si tunc, uti nunc post mutationem in notione publicitatis per Codicem introductam, delictum censeretur publicum in ordine ad iudicium

sed aut culpa quae facto, aut poena quae culpae forte cohaeret ignoratur"; Coronata (*Institutiones,* IV, n. 1648): "Plures auctores docent sufficere ut habeatur delictum occultum formaliter ut sola poena ignoretur delicto adnexa — licet dolus et culpa delinquentis divulgata sint."

criminale *tunc tantum* cum esset vel actu divulgatum vel certo divulgandum. Aliis verbis controversia praesens, de cuius exitu in iure veteri hinc inde disputabatur cuiusque solutio in novo iure expressis verbis non reperitur statuta, debet ad normam canonis 2219, § 1, practice dirimi in favorem rei; seu illa opinio debet nunc adhiberi quae est mitior. Ast mitior sententia procul dubio est ea qua praesumptus reus nequit in foro criminali constitui donec publice cognoscatur non tantum uti *merus peccator* sed insuper qua *delinquens*.

Contra hanc opinionem hoc forsan obiicietur quod, cum in iure novo ad nonnullas poenas vindicativas incurrendas aliquando sufficiat sola moralis imputabilitas sine legis poenaeve scientia coniuncta,[75] saltem in hisce casibus non debet requiri scientia poenae in iis quibus delictum innotescit, quippe quia nec requiritur in ipso delinquente. Ad huiusmodi saltem delicti publictatem non videretur requisita scientia iuris seu, quod idem est, error iuris non videretur sufficere ad constituendum formaliter occultum.

Quae obiectio illico evanescit modo consideretur aliud esse scientiam legis poenaeve iure non requiri ad delinquentis *imputabilitatem*, aliudque omnino esse eamdem scientiam iure non exigi ad *publicam delicti notitiam constituendam*. Illic enim agitur de elementis delicti constitutivis; heic de eisdem elementis publice patefaciendis. Dum enim quis aliquando potest delinquere quin se delinquere sciat; delictum nequit dici in notitiam aliorum adduci quin ii sciant agi de delicto.

Perpauci omnino erunt casus in quibus error iuris e parte delicti gnarorum delinquenti poterit suffragari. Vix enim concipi potest, saltem theoretice, quomodo inter multos factum delictuosum sparagatur quin ratio delinquentiae saltem aliquibus, hisceque mediantibus, fere omnibus vel saltem multis aperiatur. Ceteroquin canone 16, § 2, declaratur ignorantiam circa legem aut poenam *generatim* non praesumi.

Antequam ad novam transeatur materiam convenit alquid dicere de relatione inter canones 2200, § 2, et 2197, 4°. Re quidem

[75] Canon 2229, § 3, 1°.

vera nulla existit relatio inter hos duos canones, quicquid primo aspectu apparet. Attento enim canone 2200, § 2, in quo asseritur e posita externa legis violatione dolum seu, quod idem est, imputabilitatem in foro externo praesumi donec contrarium constet, videretur primo saltem aspectu numquam dari posse delictum formaliter occultum; nam si imputabilitas semper praesumitur post legem externe violatam, tollitur e medio fundamentum iuridicum delicti formaliter occulti, quippe quod *eo* dicitur et est occultum *quo* eius imputabilitas *latet.*

Difficultas dissolvitur considerando canonem 2200, § 2, referri ad *praesumptam delinquentis reitatem, minime ad praesumptam huius reitatis publicam notitiam.* Quod exemplo clarescat. Supponatur Titius coram duobus *tenacium labiorum* testibus aliquod factum materialiter certe delictuosum patrasse. Ipse *vi canonis 2200, 2,* praesumitur dolose egisse, propinque *verum delictum* fecisse; at eius delictum, attenta testium qualitate, manet nihilominus *occultum* tum materialiter quum formaliter *ad norman canonis 2197, 4°.* Aliis verbis, canon 2200, §2, respicit *tantummodo subiectivam delinquentis reitatem, aliquid delicto intrinsecum;* dum canon 2197, 4°, spectat ad rem toto coelo diversam, ad *aliquid,* nempe *ipsi delicto prorsus extrinsecum*—notitiam quam alii habent de delicto. Canon 2200, § 2, respicit imputabilitatem uti delicti elementum *in suo fieri* constitutivum; canon 2197, 4°, agit de delicto iam in fieri perfecte constituto uti aliis *in suo cognosci* patefacto.

Quapropter, ad iudicium criminale quod attinet, praesumptio canonis 2200, § 2, suam vim non incipit exercere, nisi postquam habitae sunt probationes de delicto, uti materialiter et formaliter publico. Factum delictuosum et huius eiusdem facti delictuosi indoles poenalis debent publice innotescere antequam delictum censeatur publicum ad normam iuris. Quando dehisce duobus adiunctis adprobe constat, et non prius, potest quis in ius criminale vocari, et tunc tantum praesumptio canonis 2200, § 2, exsurgit contra eum efficitque ut ipsi reo praesumpto incumbat onus evertendi praesumptivum (vi canonis 2200, § 2,) dolum contra se extantem.

Ast quaeri potest num praesumptio publicae notitiae de indole poenali facti delictuosi oriatur e canone 16, § 2. Nam, cum ibi declaretur ignorantiam vel errorem legis aut *poenae generatim* non praesumi, videretur tuto affirmari posse iis omnibus quibus notum sit factum alicuius delictuosum, esse eoipso quoque notam huius facti delictuosi indolem poenalem. Quapropter videretur sufficere inquisitori ut probaret factum delictuosum esse materialiter tantum divulgatum ut exinde simul praesumeretur notus poenalis character transgressionis.

Contra hanc obiectionem notandum venit in canone 16, § 2, dari generalem praesumptionem de *non ignorantia seu de non errore* legis aut poenae, minime dari praesumptionem de scientia legis aut poenae. Ceteroquin canon 2197, 4°, eoipso quod distinguit inter delictum occultum formale et delictum occultum materiale, imponit inquisitori obligationem saltem negativam in singulis casibus investigandi num publica notitia de natura delicti poenali reapse adsit. Certo certius delictum formaliter occultum nequit deferri in iudicium criminale. Quapropter inquisitoris erit in singulis casibus investigare num delictum publice innotescat ut delictum formale; vel aliis verbis, num error vel ignorantia poenae in populo cui delictum, uti factum materiale innotescit, efficiat ut notitia publica de indole delicti poenali simpliciter non detur.

Caput III

DELICTA NOTORIA ET PUBLICA

Articulus I: Delicta Notoria

Cum attento canone 1747, 1°,[1] delictum notorium, quippe quia definitione sua quid iam *probatum,* nec debeat nec possit in iudicium criminale probationis causa deferri, merito quispiam quaerere possit quam ob causam heic in huiusmodi nempe dissertatione—in qua agitur de inquisitione iudicio criminali praemittenda—consideretur. Responsum in promptu est ab Alexandro III (1159-1181) desumptum: "Cum multa dicantur notoria quae non sunt, providere debes ne quod dubium est, pro notorio videaris habere."[2] Saepe enim perdifficile est discernere ubi publicum desinat notoriumque esse incipiat. Magnopere, igitur, inquisitoris intererit prae manibus habere criterium distinguendi delicta publica a notoriis. Si enim Ordinarius, relatione inquisitoris id suadente,[3] mere publicum pro notorio haberet, iuri noceret imputati a quo sic ablata esset possibilitas sese in iudicio innocentem probandi; vel, vice versa, si notorium censeretur publicum curiae dioecesanae imponeretur onus superfluum probata probandi.

Cum in materia praesenti prorsus inutile esset notorium notorietate iuris tractare, utpote quod e definitione supponatur in tribunal iam tractum, scriptoris observationes coarctabuntur ad notorietatem facti, quia haec est illa notorietatis species quae interdum cum publicitate confunditur.[4]

[1] "Non indigent probatione:

1° Facta notoria ad normam can. 2197, 2°, 3°.

[2] C. 14, X, *de appellationibus,* II, 28.

[3] Canon 1946, § 1: "Expleta inquisitone. inquisitor, addito suffragio suo, omnia referat ad Ordinarium."

[4] Canon 2197, 2°: *"Notorium notorietate iuris,* post sententiam iudicis competentis quae in rem iudicatam transierit aut post confessionem dilinquentis in iudicio factam ad normam can. 1750;

3°, *Notorium notorietate facti,* si publice notum sit et in talibus adiunctis commissum ut nulla tergiversatione celari nulloque iuris suffragio excusari possit."

A: *Notio notorietatis facti.*

Controvertitur inter canonistas an publicitas seu divulgatio delicti essentialiter praerequiratur ad notorietatem factualem, ita ut delictum nequeat esse notorium notorietate facti quin prius fuerit publicum, cui elementum notorietatis factualis specificum dein additum est. Aliis verbis, quaeritur an iure praesenti unicum criterium inter varias species delictorum in canone 2197 communiter statutum sit divulgatio seu manifestatio, ita ut *publicum sit vocabulum genericum* sub se complectens tamquam speciem delictum notorium quod cum publico delicto quoad elementum genericum divulgationis convenit, sed ab eo differt unice in additis notorietatis factualis elementis specificis, nempe inexcusabilitate et incelabilitate.

Plerique canonistae sententiae illi suffragantur qua docetur delictum notorium complecti publicitatem quae ad delictum publicum requiritur.[5] Plerique, igitur, canonistae docent *notorietatem*

[5] Sole (*De Delictis et Poenis,* n. 11, p. 8): "Notorietas aliquid addit publicitati seu divulgationi delicti . . ."; Blat, *Commentarium,* V, n. 9, p. 8; Wernz-Vidal, *Ius Canonicum,* VIII, n. 35; Cocchi (*Commentarium in Codicem Iuris Canonici* [5 voll. in 8, Taurinorum Augustae: Marietti, Vol. V, 4. ed., 1938] [dehinc citabitur: *Commentarium*]), n. 2, p. 8: "Publicum est genus manifestationis, notorium est species publici quae huic aliquid addit . . ."; Chelodi (*Ius Poenale et Ordo Procedendi in Iudiciis Criminalibus iuxta Codicem Iuris Canonici* [4. ed., recognita et aucta a V. Dalpiaz, Tridentini: Libreria Moderna Editrice A. Ardesi, 1935] [dehinc citabitur: *Ius Poenale*],) n. 4 et nota 4): "Notorium publico aliquid superaddit, . . . Cum verborum significationes a Codice auctoritative tradantur et limitentur, non est notorium censendum delictum sub oculis superioris extra iudicium commissum, si non accedit publicitas; eo minus delictum de quo constat ex actis publicis"; Roberti, *De Delictis et Poenis* (2. ed., Romae: Pontificium Institutum Utriusque Iuris, 1938), n. 44; Cerato, *Censurae Vigentes Ipso Facto a Codice Iuris Canonici Excerptae, Commentarium* (2. ed., Patavii: Typis Seminarii, 1929), n. 2 (dehinc citabitur: *Censurae Vigentes*); Vlaming, *Praelectiones Iuris Matrimonii* (3 ed., 2 voll., Bussum in Hollondia, 1919-1921), I, n. 246; Kerin. *The Privation of Christian Burial,* The Catholic University of America Canon Law Studies, n. 136 (Washington, D. C.: The Catholic University of America Press. 1941), p. 135; Heneghan, *The Marriage of Unworthy Catholics,* The Catholic University of America Canon Law

necessario includere *illam publicitatem* quae continetur in notione delicti publici. Asserunt enim delictum notorium esse illud quod sit vel iam late divulgatum vel in periculo talis divulgationis positum. Delicto ita divulgato divulgandove si accedit elementum notorietatis specificum, quod relate ad delicta factualiter notoria in hoc consistit quod delictum nulla tergiversatione celari nulloque iuris suffragio excusari potest, habetur notorium notorietate facti. Quos iuxta auctores verba *"publice notum"* in descriptione notorii factualis adhibita aequivalent verbis ad describendum publicum delictum usurpatis; nempe, *"iam divulgatum est aut talibus contigit seu versatur in adiunctis ut prudenter iudicari possit et debeat facile divulgatum iri."*

Altera, tamen, e parte nonnulli auctores, quorum auctoritatem nemini sui compoti licet parvipendere, autumant in notione notorii factualis minime praesupponi illam divulgationem seu publicitatem ad delictum sensu canonis 2197, 1°, publicum necessariam.[6]

Hi contendunt nil quidem impedire quominus delictum factualiter notorium possit esse eodem praecise sensu divulgatum ac publicum, at prorsus negant delictum notorium debere *sua natura* tali publicitate gaudere. Quando notorietas cum publicitate reapse coniungitur, id fit per accidens. Ad essentiam, enim delicti factualiter notorii, eis si fideres, requiritur et sufficit *"notitia publica,"* [7] quae verificatur non solum in casu divulgationis ad delictum iuxta canonem 2197, 1°, requisitae, sed etiamvero quando de delicti existentia constat quolibet modo publico—uti, v.g., si delinquens in ipso delicto patrando a superiore deprehenditur; vel si delictum constat vel constare potest ex documento aliquo publico, quin necessarium sit ut iam divulgetur inter plebem, vel in talis divulgationis periculo versetur.

Studies, n. 188 (Washington, D. C.: The Catholic University of America Press, 1944), p. 62.

[6] Coronata, *Institutiones,* IV, n. 1654, 1641, 1647; Michiels, *De Delictis et Poenis,* I, p. 123; Hollweck, *Die kirchlichen Strafgesteze* (Mainz, 1899), par. 5; Vermeersch-Creusen, *Epitome,* III, n. 384.

[7] Michiels, *De Delictis et Poenis,* I, 123; Coronata *Institutiones,* IV, n. 1647; Vermeersch-Creusen, *Epitome,* III, n. 384.

Verba *"publice notum"* ab hisce auctoribus haudquaquam sumuntur synonomice pro verbis ad publicitatem delicti describendam adhibitis. Profitentur delictum esse publice notum quando est vel divulgatum aut facile divulgabile iuxta canonem 2197, 1°, vel tandem aliquando quando publica delicti notitia—qualis desumitur e documentis publicis et authenticis sua natura multorum inspectioni obnoxiis (etsi forsan numquam vel saltem vix umquam de facto inspectis), necnon e testimonio omni exceptione maiorum—praesto habetur. Huiusmodi notitia publica delictum efficitur notorium quin requiratur divulgatio sive iam habita sive certo necessarioque praevisa. En concludunt iure Codicis notorium non debere considerari ut speciem delicti publici.

Cuiusmodi delicti exemplum haberetur si quis legis et poenae optime gnarus, secundas, vivente comparte, iniret nuptias *in libris publicis adnotatas,* sique eodem tempore adiuncta delicti commissi—i.e., ministri assistentis testiumque adhibitorum *praevisum silentium*—e medio tollerent ullum omnino divulgationis periculum. Ecce delictum quod esset ratione *notitiae publicae* notorium, simulque tamen ob defectum divulgationis vel divulgationis periculi occultum *ad normam canonis 2197, 4°.*

Huius dissertationis scriptor se adiungit illis auctoribus qui tenent notorium factuale numquam haberi nisi sit simul publicum.

Cum versemur in re poenali, ad sententiam mitiorem, modo vere probabilis sit (quod certe evenit in casu nostro), ipsum ius [8] nos adigit. Sane mitior est illa opinio quae divulgationem sensu canonis 2197, 1°, sumptam pro omni delicto notorio notorietate facti exigit, nam sic multi eximuntur a periculo ne sententia criminali ob delictum non divulgatum afficiantur.

Tandem aliquando, nemo potest negare mitiorem sententiam, uti modo diximus, esse valde probabilem. Quapropter, aliqua contrariae sententiae etsi concessa auctoritate extrinseca, non possumus quin concludamus dari saltem dubium de sensu verborum *"publice notum"* canonis 2197, 3°, utrum, nempe, sensu extensivo ad complectenda et divulgationem et publicam notitiam

[8] Canones, 19; 2219, § 1.

modo supra expositam sumi, an sensu restrictivo ad solam divulgationem coarctari debeant. En in dubio iuris praesentis in sua totalitate considerati non est recedendum a iure veteri in quo, idipsum fatentibus etiam adversariis,[9] notorium, utpote delicti publici species, praesupponebat divulgationem.[10]

Prae ceteris tamen argumentis hucusque allatis, hoc quod modo considerabitur adeo forte est ut, eo adhibito, opinio tenentium divulgationem vel actualem vel certe secuturam semper praerequiri ad notionem notorietatis facti evadat practice et theoretice adeo certa ut alterius opinionis probabilitas prorsus deficiat. Desumitur, enim, a iure veteri, a quo in dubiis "num aliquod canonum praescriptum cum iure veteri discrepet . . . non est recedendum." [11]

In iure enim veteri unanimiter admittebatur divulgationem—ab illa quae hodierno iure competit delicto publico nil diversam—absolute pertinere ad essentiam delicti factualiter notorii. Prorsus enim exigebatur ut delictum, ad hoc ut censeretur factualiter notorium, deberet locum habere coram *"multitudine praesentium," "in oculis hominum, puta totius vel maioris partis alicuius viciniae etc."* [12]

[9] Coronata, *Institutiones*, IV, n. 1645.

[10] Reiffenstuel, *Ius Canonicum Universum*, lib. V, tit. I, n. 243; Wernz, *Ius Decretalium*, VI, n. 17.

[11] Canon 6, 4°.

[12] Durandus (*Speculum*, lib. III, pp. 49, 50): ". . . notorium facti tribus modis deprehenditur. Primo ex qualitate loci ut fiat in loco publico . . . secundo ex multitudine praesentium . . ."; Schmalzgrueber (*Ius Ecclesiasticum Universum*, lib. V, tit. I, n. 2): ". . . facti notorietate notorium est quod perpetratum est in oculis hominum, puta totius vel maioris partis alicuius viciniae, parochiae, collegii etc."; Reiffenstuel (*Ius Canonicum Universum*, lib. V, tit. I, n. 249): "Difficultas et dubium est quot hominum praesentia requiratur, ut factum coram eis delictum vere et proprie dicatur notorium notorietate facti . . . conveniunt fere omnes in hoc, semper sufficere maorem populi, viciniae, parochiae, etc."; Bouix (*De Iudiciis Ecclesiasticis*, II, p. 295), suam facit definitionem illam a Schmalzgrueber modo datam; Boenninghausen (*Tractatus Iuridico—Canonicus de Irregularitatibus* [3 fasc., Typis et Sumptibus Theissingianis. 1863-1866.], Fasc. I, p. 41): ". . . rem notoriam certus hominum numerus non aliunde quam suorum oculorum obtuitu cognitam habet; manifestam autem

Quam auctorum convenientiam iure veteri vigentem Codex ad novum ius transtulit, uti patet e terminologia in descriptione delicti notorii notorietate facti adhibita.[13] Quapropter, cum nulla omnino sit ratio suspicandi conceptum notorietatis factualis in iure nove mutatum esse, cumque potius contrarium luculenter indicetur, constat, attento canone 6, 2°, doctrinam iure veteri unanimiter acceptam non esse nunc relinquendam; novamque illam opinionem, qua teneatur divulgationem non requiri ad notorietatem factualem, esse reiiciendam, uti omni probabilitate destitutam.

Huius dissertationis scriptor minime tamen credit utramlibet e divulgationibus in canone 2197, 1°, descriptis sufficere ad notorietatem delictualem. Divulgatio requisita est sola divulgatio actualis, nec sufficit divulgatio illa quae prudenter iudicari potest et debet habitum iri. Aliis verbis, requiritur ad delictum notorium notorietate facti ut ipsa facti delictuosi patratio, necnon manifesta delinquentis imputabilitas inexcusabiliter et incelabiliter exinde exorta *simul* percipiantur a magna adstantium multitudine. En non haberetur delictum notorium notorietate facti, si, v.g., Titius delictum, ceteroquin inexcusabile et incelabile, committeret coram duobus tribusve testibus fide dignis, qui dein reliquis de communitate id propalarent. Tale delictum esset utique publicum, at numquam evaderet notorium.

Ratio huius asserti duplex prostat. Prima desumitur e constanti unanimi iuris veteris doctrina iuxta quam, uti modo probavimus, semper requirebatur *"adstantium multitudo" "coram quorum oculis"* delictum *"quod nulla tergiversatione celari poterat,"* patrari debebat.

Altera desumitur e verbis *"publice notum"* in descriptione notorietatis factualis in canone 2197, 3°, adhibitis. Nam, si ex una parte est sat facile admittere verba "publice notum" idem significare ac verba *"iam divulgatum"* ad describendum delictum publicum in canone 2197, 1°, usurpata; prorsus, tamen, impossibile est

totidem circiter hominum pars altera ex suo contuitu tenet, altera ex eorum relatione percepit . . ."; Wernz (*Ius Decretalium*, VI, n. 17, p. 21): "Quae notorietas (facti) delicti sive nititur ipsa evidentia rei sive operis publice perpetrati in loco publico et adstante hominum multitudine . . ."

[13] Cf. Auctores in praecedenti nota citatos.

ea verbis *"divulgatum iri"* aequiparare. Quód enim praevidetur certo publice notum iri, nondum est publice notum, uti patet.

Practica huius opinionis consequentia haec est quod, si committitur delictum de cuius inexcusabilitate et incelabilitate dubitari nequit, sed quod publicum evasit e relatione paucorum illorum coram solis quibus patratum est, tale delictum non potest sententia affici nisi post formale iudicium ad normam Libri IV conductum, seu aliis verbis non licet in tali casu procedere *"e notorio."* [14]

B: *Distinctio inter publicum et notorium.*

Hucusque vidimus in quo consistat generica inter publica et notoria delicta similtudo; restat nunc ut inquiramus in quo differant quo facilius inquisitor, hoc scito, possit suo fungi munere.

Hoc discrimen omnes canonistae qui teneant notorium esse speciem publici reponunt in aliquo specifico elemento quod publico notorium adnectat. Elementum hoc super-additum, quo notorium a publico secernitur, est illa delicti notorii qualitas seu character vi cuius delictum apparet externe et plenissime culpabile. Cum, tamen, omnimodae culpabilitatis evidentia non verificatur nisi procul omni rationabili dubio constat delinquenti infuisse intentionem actum quem legi contrarium optime novisset liberrime ponendi, sequitur notorii a publico specificam differentiam esse repetendam ex eiusdem inexcusabilitate et incelabilitate.[15]

Sic Vermeersch-Creusen [16] declarant notorietatem esse notitiam rei quae iuridice certa sit neque negari possit; ita ut delictum non sit notorium, si de imputabilitate facti dubium haberi possit. Coronata [17] asserit notorietatem delicti consistere in publica delicti notitia adeo certa et absoluta ut nequeat quicquam sive contra factum delictuosum sive contra delinquentis culpabilitatem obiici.

[14] Coronata (*Institutiones,* IV, n. 1645): "Ideo dicemus quotiens delictum est notorium procedere licere ad sententiam seu ad condemnationem, quotiens autem delictum est solum publicum procedi posse ad iudicium criminale"; Heneghan, *The Marriage of Unworthy Catholics,* pp. 64-65.

[15] Canon 2197, 3° ". . . ut nulla tergiversatione celari, nulloque iuris suffragio excusari possit."

[16] *Epitome,* III, n. 384.

[17] *Institutiones,* IV, n. 1645.

Roberti[18] tenet notorium tunc haberi quando qui deliquerit communiter credatur scivisse se contra legem egisse nihilominusque libere deliquisse. Cocchi[19] censet notorium dari si delictum adeo certum sit ut hac de re non amplius locus detur discussioni. Prae ceteris, tamen, clarius et explicitius loquitur cl. Chelodi,[20] declarans ad notorium notorietate facti requiri ut tum actio quum intentio mala ita aperte coram populo sint probata ut ne leve quidem dubium moveri queat de utrovis delicti elemento constitutivo; elemento nempe, sive subiectivo sive obiectivo.

Quapropter ille solus notorie delinquit qui ab omnibus moraliter consideratis creditur intellexisse se contra legem agere, nihilominusque libere egisse.[21]

In hoc praecise inexcusabilitatis et incelabilitatis elemento ex apparente delinquentis scientia se criminaliter agere orto, iacet specifica differentia inter delicta publica et notoria.[22]

C: *Species notorietatis factualis.*

Antiquissima est divisio notorii triplex in notorium facti actu transeuntis, notorium facti actu manentis, et notorium facti actu interpolati.[23]

Notorium facti permanentis est delictum olim notorie commissum et usque nunc in suis effectibus perseverans ita ut ab omnibus de delicto constari possit non semel sed saepe.[24] Cuius speciei exemplum habetur in continuata concubinae retentione ab eo qui communiter creditur scire se plene delinquere tum in delicto com-

[18] *De Delictis et Poenis,* I, n. 44.

[19] *Commentarium,* VIII, n. 1.

[20] *Ius Poenale,* n. 1.

[21] Roberti, *De Delictis et Poenis,* I, n. 44; Cocchi, *Commentarium,* VIII, n. 1; Kerin, *The Privation of Christian Burial,* p. 138; Heneghan, *The Marriage of Unworthy Catholics,* p. 68.

[22] Augustine, *A Commentary,* VIII, 17.

[23] *Gl. Ord.,* ad c. 15, C. II, q. 1, s. v. *"manifesta"*: "Est autem quoddam factum [sc. notorium] continuans sive permanens, quoddam interpolatum, quoddam statim transiens"; Durandus, *Speculum,* lib. III, p. 50.

[24] Durandus, *Speculum, loc. cit.; Gl. Ord., loc. cit.;* Schmalzgrueber, *Ius Ecclesiasticum Universum,* lib. V, tit. I, n. 2; Smith, *The New Procedure*

mittendo quum in delicto continuando saltem in eiusdem effectibus.

Delictum est notorium facti interpolati si notorie patratum est et aliquoties repetitum sed interpolate seu interrupte, v. g., si quis blasphemat notorie et saepe.[25]

Notorium facti transeuntis illud censetur quod semel vel ad summum bis olimque notorie commissum, prorsus nunc esse desivit etiam in effectibus.[26]

Nostra quod interest ad illam triplicem divisionem hoc est quod solum notorium facti permanentis nulla probatione indiget. Ceterae notoriorum factualium species, etsi faciliores ad probandum quam delicta ordinarie publica, debent tamen in iudicio probari.[27]

Quapropter, ad munus inquisitoris quod attinet, tantummodo delictum notorium facti permanentis est attendendum, hocque solum sibi vindicat ius ad nomen, *"notorium."* Aliae species notorii non sunt nisi publica delicta quae sunt facilioris probationis. Nisi constat delictum aliquod fuisse notorie patratum et adhuc manere prae oculis multitudinis sub ratione notorietatis, inquisitor sciet illud, parum refert quam notorie patratum aut quoties reiteratum, non esse notorium in sensu canonis 1947, 1°, et proin adhuc esse obiectum iudicii criminalis aptum.

in Criminal and Disciplinary Causes of Ecclesiastics in the United States (2. ed., Pustet & Co., New York and Cincinnati, 1888-), n. 100, p. 43 (dehinc citabitur: *New Procedure*).

[25] Durandus, *loc. cit.;* Schmalzgrueber, *loc. cit.;* Smith. *loc. cit.*

[26] Durandus, *loc. cit.;* Schmalzgrueber. *loc. cit.;* Smith, *loc. cit.*

[27] *Gl. Ord.,* ad c. 15, C. II. q. 1, s. v. *"manifesta"*: ". . . in notorio facti continui nullus ordo iuris exigitur. In notorio facti interpolati semiplena probatio requiritur. Notorium actu non permanens probabiliter potest negari . ."; Durandus, *Speculum,* lib. III, pp. 50, 51; Reiffenstuel (*Ius Canonicum Universum,* lib. II, tit. XIX, n. 37): "Istud notorium intelligendum est praecipue de notorio facti permanentis, nam satis est hoc allegari nec indiget alia probatione . . . secus est dicendum de notorio facti transeuntis . . . quinimmo notorium facti transeuntis est probandum iuris ordine servato"; Schmalzgrueber, *Ius Ecclesiasticum Universum,* lib. V, tit. L, n. 11; Smith, *New Procedure,* pp. 44, 45; Wernz-Vidal, *Ius Canonicum,* VI, p. 437; Coronata, *Institutiones,* III, n. 1273; Noval, *De Iudiciis,* n. 444.

CAPUT IV

PUBLICA DELICTORUM NOTITIA PRAESERTIM E CAPITE DIVULGATAE IMPUTABILITATIS

DELICTUALIS

PRAENOTANDA

Uti saepenumero in praecedentibus capitibus indicatum est, praecipuum inquisitoris munus in conficienda inquisitione speciali huc spectat ut constet de aliquo delicto particulari utrum sit publicum necne. Cum, vero, in canone 2197 delicti publicitas reponatur in aliquo elemento ipsi delicto extrinseco, nempe, in notitia quam multitudo habet delicti, sequitur inquisitorem, quo facilius efficaciusque suo fungi possit munere, debere esse praearmatum nonnullis claris conceptibus de hac publica notitia deque eius *"contento."* Nam non qualiscumque publica delicti notitia facit delictum publicum, sed alia et alia requiritur pro triplici delictorum divisione infra discutienda. Iuvat heic recolere publicam notitiam requisitam duo amplecti elementa—factum ipsum delictuosum et imputabilitatem delinquentis.

Non est cur diu immoremur in consideranda publicitate ipsius facti delictuosi. Sicut, enim, nec delictum committitur, nisi fuerit in suo genere perfectum secundum proprietatem verborum legis,[1] sic nec publicum evadit nisi a multitudine, cui innotescit, percipitur factum aliquod esse commissum quod adamussim contrait legi poenali; etsi, *ad factum delictuosum praecisive sumptum quod attinet,* non sit necesse ut hic ante-legalis facti character percipiatur. Sufficit, aliis verbis, multitudini esse notam vel saltem notum iri patrationem facti lege poenali prohibiti. Quilibet sive iuris sive facti error circa factum delictuosum in populo, cui innotescit, efficit ut delictum non sit publicum e capite facti delictuosi. Sic, v.g., si Osius coram duobus tribusve fide dignis testibus omnino culpabiliter percuteret aliquam postulantem, et dein hi

[1] Canon 2228.

testes hoc peccatum grave aliis revelarent, ita ut factum percussionis, ad normam canonis 2197, 1°, divulgatum erronee induceret alios qui non distinguerent inter religiosam [2] et postulantem [3] ad credendum Osium obnoxium esse poenae in canone 2343, § 4, statutae, haberetur delictum apparenter dumtaxat publicum; nam cum, attento canone 2343, § 4, ipsa persona percussa debeat esse religiosa, cumque postulans non sit religiosa, sequitur ipsam legis externam violationem ibidem requisitam non verificari. Unde consequens est quod nec delictum, nec a fortiori delictum publicum habetur. Alia multa exempla excogitari possent, at sufficiat animadvertisse inquisitorem debere etiam factum mere delictuosum diligenter perpendere.

Magis nostra interest ad publicitatem delictualem e capite elementi subiectivi seu imputabilitatis perspectam. Sane, uti modo demonstrare conabimur, magnum viget discrimen inter imputabilitatem quatenus sufficientem ad delicti veri *patrationem* et imputabilitatem quatenus sufficientem ad *publicitatem delictualem efficiendam.* Fieri etenim potest ut quis verum delictum committat quod aliquo modo etiam publicum evadit, sed quod ex defectu sufficienter divulgatae imputabilitatis non adeo publicum evadit ut possit trahi ad iudicium criminale. Magnopere, igitur, intererit inquisitoris scire adamussim quousque qualiterque imputabilitas, ceteroquin sufficiens ad delictum in suo *esse* efficiendum, sit divulganda ad hoc ut efficiat delictum in suo *cognosci* publicum. En oportet nonnulla principia statuere de imputabilitate tum morali quum delictuali, eademque applicare ad quaestionem de publicitate delictuali e capite publicatae imputabilitatis aspecta.

Articulus I: Imputabilitas

Vox *"imputo,"* e radice *in* + *puto* derivata, idem significat atque aliquid alicui adscribere seu attribuere. Etymologice sumpta rebus tum inamimatis cum animatis sive intelligentibus sive

[2] Canon 488, 7—"Religiosorum, qui vota nuncuparunt in aliqua religione."

[3] Canon 539 quoad verba "antequam ad novitiatum admittantur" cum canone 572, § 1, et 1°, 3°, collatus.

brutis applicatur; unde fit ut, v.g., calor igni, animalibus destructio, hominibusque bonum malumve imputetur. Quando applicatur inanimatis, brutis et hominibus qua brutis agentibus, habetur *imputabilitas physica.* Pressius, tamen, considerata vox "*imputo*" unice animatis intelligentibus qua talibus refertur, et tunc noncupatur *imputabilitas moralis.* Significat nempe aliquam actionem vel omissionem, attenta eiusdem moralitate, alicui homini tribui tamquam domino seu auctori seu causae propriae.

Homo enim eatenus dicitur suorum actuum dominus, seu causa moralis, quatenus, ex una parte intellectu praeditus, capax est percipiendi actionis, quam contemplatur an faciat, *tum* bonitatem, seu conformitatem cum aliqua norma agendi seu moralitatis, *tum* malitiam, seu ab eadem norma agendi sibi obligatorie imposita divergentiam; et ex altera parte, libero arbitrio cum gaudeat, potest actionem, prouti vult, ponere vel omittere. Quo, proin, ipse ob hasce spirituales intellectus et arbitrii facultates sit causa cur actio omittatur aut ponatur secundum suam liberrimam determinationem, eoipso fit causa bonitatis malitiaeve actioni suae inhaerentis, quae dein ei imputatur in bonum aut malum, seu in laudem aut vituperium iuxta casum.

Imputatus, igitur, est ille cui bonitas vel malitia alicuius actionis actionis adscribitur. Imputatio est iudicium practico—practicum tertiae personae ab imputato distinctae, quo bonitas vel malitia actus imputato tribuitur. Imputabilitas, e contra, est ea alicuius actus boni malive qualitas qua ipse actus imputatur seu adscribitur alicui tamquam eius causae morali.

Imputabilitas, tamen, non est confundenda cum moralitate. Est enim moralitatis sequela; nam ut actus imputetur in laudem vel culpam, supponitur iam fuisse bonus vel malus, seu aliis verbis regulae agendi conveniens vel repugnans. Atqui in hac convenientia vel repugnantia consistit actus moralitas.

Actus moralis potest sumi in abstracto, i. e., quatenus in seipso independenter ab agente respicitur in sua obiectiva conformitate vel difformitate cum regula morum. Potest quoque considerari in concreto, seu quatenus hic et nunc ab agente morali ponitur cum advertentia ad eius conformitatem difformitatemve cum regula agendi. Illic habetur *moralitas objectiva* seu *materialis;* heic *moralitas subiectiva* seu *formalis.* Unde fit ut idem actus possit esse vel materialiter bonus et formaliter malus ut, v. g., si quis libere eligit actum revera bonum ponere quem ipse tamen erronee putat malum; vel materialiter malus et formaliter bonus ut, v. g., si quis actum malum, falso conceptum esse bonum, vult facere. Ordinarie, tamen, actus erit utrimque simul formaliter vel malus vel bonus. Haec distinctio maximi momenti est in re nostra; nam, licet ad imputabilitatem in peccatum seu imputabilitatem simpliciter moralem i. e., in materia non poenali, sufficiat moralitas formalis; ad imputabilitatem moralem qua basim imputabilitatis delictualis [4] requiritur utraque simul moralitas, ita ut si quis vellet ponere actum quem falso putaret lege poenali vetitum, ille actus ei utique in grave peccatum, minime vero in poenam imputaretur.[5]

Habetur alius adhuc conceptus conceptui imputabilitatis adeo cognatus ut unus sine altero ne concipi quidem possit. Ex morali enim actionis imputabilitate necessario sequitur responsabilitas agentis, i. e., ea agentis habitudo vi cuius ita suarum actionum habetur causa, ut de eis rationem reddere earumque in se consequentias suscipere teneatur. Imputabilitas, igitur, est qualitas actionis libere positae qua actionis bonitas malitiave agenti adscribitur; responsabilitas est condicio seu status ipsius agentis coactionis expertis qui, moralitate actionis etsi forsan false praevisa, potest, prouti vult, agere vel minus, quique proin respondere pro suae actionis ad bonum aut malum determinatione tenetur.

Ex hactenus dictis cum pateat moralitatem actionis pendere ex duabus hominis facultatibus spiritualibus, intellectu nempe et voluntate, sequitur ut quicquid sive intellectus deliberationem sive voluntatis liberatem tollit, minuit vel auget, eoipso tollat, minuat vel augeat imputabilitatem.

A: *Imputabilitas delictualis in specie.*

Hucusque de imputabilitate mere morali seu non delictuali tractatum est. Ad hanc alteram, seu quam vocant *iuridicam,*[6] ad eius-

[4] Canon 2195, — "Nomine delicti, iure ecclesiastico, intelligitur externa et moraliter imputabilis legis violatio."

[5] Canon 2228.

[6] Roberti, *De Delictis et Poenis,* I, 87.

demque cum morali imputabilitate relationem nostra praeprimis interest.

Expressis verbis ipse Codex moralem imputabilitatem, eamque gravem, ita ad delictualem imputabilitatem praerequirit ut, illa deficiente, haec et proin delictum simpliciter non detur.[7]

Moralis imputabilitas, tamen, etsi ad delictum tamquam radix requisita, non semper cum ea coincidit. In genere potest dici differentiam, ubi vigeat inter imputabilitatem mere moralem et delictualem, in hoc consistere quod ad hanc imputabilitatem plenior intellectus cognitio maiorque voluntatis libertas requiruntur quam ad illam. Attento enim canone 2218, § 2, imputabilitas moralis quae praerequiritur tamquam radix ad imputabilitatem delictualem est semper gravis imputabilitas. Ad imputabilitatem delictualem requiritur imputabilitas hac gravi imputabilitate gravior. Hae duae imputabilitates, igitur, ab invicem differunt non ratione imputabilitatis qua talis, sed unice ratione intensitatis seu gradus imputabilitatis omnino eiusdem in specie. Non, tamen, est concludendum imputabilitatem ad grave peccatum sufficientem semper differre ab imputabilitate ad delictum sufficiente. Nam, uti infra probare conabimur, saltem aliquando ut, v. g., in delicto culposo quod sibi adnexam habet poenam vindicativam, nullum potest detegi discrimen inter utramque imputabilitatem. En hoc unum debet asseri: discrimen, si quandoque revera detur inter hasce imputabilitates, esse semper discrimen solius intensitatis seu gradus.

Ipse Codex triplicem gradum delictualis imputabilitatis, triplici delictorum divisioni in *culposa*,[8] *simpliciter dolosa*[9] et *perfecte dolosa*[10] correspondentem statuit.

[7] Canon 2195, § 1: "Nomine delicti . . . intelligitur externa et moraliter imputabilis legis violatio . . .", Canon 2218, § 2: "Non solum quae ab omni imputabilitate excusant, sed etiam quae a gravi, excusant pariter a qualibet poena tum latae tum ferendae sententiae. . . ."

[8] Canon 2199: "Imputabilitas delicti pendet . . . vel ex eiusdem [deliquentis] culpa in ignorantia legis violatae aut in omissione debitae diligentiae."

[9] Canon 2199: "Imputabilitas delicti pendet ex dolo delinquentis vel etc. . . ."

[10] Paragraphus 2 canonis 2229 cum paragrapho 3 eiusdem canonis collata.

Debemus, igitur, has tres imputabilitates delictuales examini subiicere ut constet quid ex parte tum intellectus tum voluntatis ad unamquamque earum iure exigatur, seu praecisius quaenam deliberationis arbitriive obstacula, ad auferendam imputabilitatem mere moralem haud sufficientia, ad tollendam imputabilitatem delictualem utique sufficiant. Quae examinatio triplicem illam imputabilitatem respiciet non tantum in genere, seu in generali sufficientia imputabilitatis ad constituendum delictum in suo "esse", praecisione facta a delicti indole sive occulta sive publica, *sed, et praesertim,* in specie e capite specificae sufficientiae imputabilitatis ad efficiendum delictum praecise publicum.

Oportet, insuper, nonnula dicere de relatione praesumptionis in canone 2200, § 2, statutae [11] ad singulas delictualis imputabilitatis species.

Antequam, tamen, ad hanc triplicem delictualem imputabilitatem quoad iam dicta considerandam transeatur, necessarium videtur aliquas nonnullorum auctorum erroneas (uti saltem scriptori apparent) opiniones de relatione inter imputabilitatem delictualem et responsibilitatem delictualem in genere refutare. Michiels, enim,[12] Swoboda [13] et McCoy [14] docent fieri posse ut alicui actus imputetur in poenam quin ipse de eodem respondere teneatur. Aliis verbis, credunt posse dari casus in quibus habetur imputabilitas delictualis sine responsabilitate delictuali. Declarant hanc distinctionem erui e canone 2228. Ibi enim asseritur poenam lege statutam non incurri nisi delictum fuerit in suo genere perfectum secundum proprietatem verborum legis. En, iuxta eos, si lex post-

[11] "Posita externa legis violatione, dolus in foro externo praesumitur, donec contrarium probetur."

[12] *De Delictis et Poenis,* I, 113.

[13] *Ignorance in Relation to the Imputability of Delicts,* The Catholic University of America Canon Law Studies, n. 143 (Washington, D. C.: The Catholic University of America Press, 1941), p. 87 (dehinc citabitur: *Ignorance*).

[14] *Force and Fear in Relation to Delictual Imputability and Penal Responsibility,* The Catholic University of America Canon Law Studies, n. 200 (Washington, D. C.: The Catholic University of America Press, 1944), pp. 59-60 (dehinc citabitur: *Force and Fear*).

ulat perfectam imputabilitatem et haec ob quamlibet sive cognitionis sive deliberationis diminutionem deficit, habetur utique imputabilitas delictualis etsi imperfecta, at prorsus deest responsabilitas ad poenam, quippe quia ad hanc iure exigitur plenissima imputabilitas.[15] Aliquid huic simile putant quoque accidere quando certus imputabilitatis gradus, utique plenissima imputabilitate minoris, ad censuram incurrendam requisitus deficit. Tunc enim, uti iuxta illos patet e canone 2229, § 3, deest responsabilitas iuridica ad incurrendam poenam iure determinatam, etsi habeatur imputabilitas delictualis ad poenam indeterminatam in n. 4 eiusdem canonis pro talibus casibus statutam.

Hanc explanationem illorum canonum, etsi verisimilitudine non careat, putamus verae delicti notioni in canone 2195, 1°, traditae repugnare. Nam in eo canone delictum intelligitur externa et moraliter imputabilis legis violatio cui addita sit sanctio canonica saltem indeterminata. Aliis verbis, ex illa definitione patet delictum non dari nisi habeat poenam sibi consequentem. Quapropter interpretatio ab illis tribus auctoribus canoni 2229, § 2 et § 4 data, si admitteretur, huc rediret ut admitteretur in iure simul posse et non posse dari delictum sine poena. Idem applicandum venit, mutatis mutandis, ad argumentum e canone 2229, § 3, 1° et 4° deductum.

Recta, enim, interpretatio postulat ut illi duo canones ab istis auctoribus propositi intelligantur ad normam canonis 2195, 1°, in quo generalis descriptio delicti datur, neve a generali norma ibidem data deflectatur nisi id prorsus exigatur. Nulla, tamen, huiusmodi necessitas habetur, nam apparentes illae discrepantiae possunt optime inter se conciliari.

Ad delicta, enim, in canonibus 2229, § 2, et § 3, incurrenda legislator ita postulat duos imputabilitatis gradus ut, si hi non verificentur iuxta casum, nedum responsabilitas, imo nec imputabilitas ulla in § 2, nec imputabilitas ad poenam lege statutam in § 3 requisita habeatur. Solum discrimen inter duos casus hoc est quod illic imputabilitas minor illa iure postulata efficit ut *nullum omnino delictum* habeatur, dum heic imputabilitas minor quam

[15] Canon 2229, § 2.

illa iure exacta efficit ut *delictum aliud ab illo in canone 2229, § 3, statuto* habeatur cum sua, tamen, responsabilitate poenam indeterminatam ibidem descriptam luendi.

B: *Diversi imputabilitatis gradus in genere.*

In Codice duplex gradus imputabilitatis distinguitur, *dolus et culpa.*[16] En licet loqui de imputabilitate *dolosa* et imputabilitate *culposa.* Imputabilitas dolsa sua vice iterum dividitur in imputabilitatem illam quam vocant *"perfecte dolosam,"*[17] et imputabilitatem aliam illam quam dicunt *"simpliciter dolosam."*[18] De existentia et natura huius distinctionis mox tractabitur.

Haec generalis divisio imputabilitatis in dolosam et culposam plusminusve respondet distinctioni a moralistis inductae inter voluntarium directum et voluntarium indirectum.[19]

1: Delicta Dolosa in Specie

Relate ad delicta dolus definitur in canone 2200, § 1, "deliberata voluntas violandi legem." Delictum tali voluntate commissum dicitur delictum dolosum. Ex qua definitione patet duo requiri ad delictum dolosum: 1) ex parte intellectus cognitionem praeviam, seu scientiam obligationis legalis, seu advertentiam ad factum quod actio fiat contra legem; et 2) ex parte voluntatis intentionem actualem et positivam ponendi hunc actum determinatum, qui sciatur legi oppositus, tamquam finem vel medium in se directe intentum.[20] Haec duo requisita competunt dolo tum perfecto cum simplici, etsi aliter et aliter, uti mox indicabitur. Delictum dolosum in genere consideratum a delicto culposo differt in

[16] Canon 2199: "Imputabilitas delicti pendet ex dolo . . . vel ex . . . culpa. . ."

[17] Swoboda, *Ignorance,* p. 92; McCoy, *Force and Fear,* pp. 64, 65.

[18] Swoboda, *loc. cit.;* McCoy, *loc. cit.*

[19] *Pistocchi,* "Il Dolo"—*Monitore Ecclesiastico.,* XLVI, 9, 1934, 40; Michiels, *De Delictis et Poenis,* I, 101; Swoboda, *Ignorance,* p. 89; McCoy, *Force and Fear,* p. 61.

[20] Michiels, *De Delictis et Poenis,* I, p. 103; Swoboda, *Ignorance,* p. 91; McCoy, *Force and Fear,* p. 61.

hoc quod in delicto culposo aliter atque in doloso, imputabilitas oritur e delinquentis sive ignorantia legis violatae sive omissione debitae diligentiae,[21] potius quam e deliberata legis sibi optime scitae violatione.

De facto et natura realis distinctionis inter delictum perfecte dolosum et mere, seu simpliciter, dolosum luculentissime constat e canonibus 2229, § 2, et 2200, § 1.

Ad patranda enim delicta de quibus in canone 2229, § 2, non sufficit culpa delictualis, sed prorsus exigitur dolus. Nam ad committenda delicta inibi descripta requiritur imputabilitas delictualis plenissima seu imputabilitas nullomodo diminuta.[22] Atqui, attento iure poenali, imputabilitas culposa est imputabilitas ex ipsa sua definitione minus plena seu imminuta. Est enim imputabiltias quae procedit sive ab ignorantia legis sive ab omissione diligentiae debitae.[23] Age vero, cum iure Codicis tum ignorantia et inadvertentia sive legis sive solius poenae,[24] cum omissio diligentiae debitae [25] semper minuant imputabilitatem, sequitur imputabilitatem culposam, utpote hisce elementis innitentem, numquam sufficere ad delicta in canone 2229, § 2, descripta, quippe quia exigentia plenissimam, seu nullomodo diminutam, imputabilitatem.

Ast neque dolus in canone 2200, § 1, descriptus sufficit ad delicta de quibus in canone 2229, § 2, patranda. Nam dum dolus canonis 2229, § 2, nullam patitur imputabilitatis diminutionem quin tollatur ipsum delictum; dantur, e contra, delicta dolosa ad quae incurrenda sufficit imputabilitas quae, etsi gravis, est nihilomonus minus plena seu imminuta.

Multa enim delicta dantur in Codice quae sive ipsa eorum natura sive expressa legislatoris voluntate postulant dolum cum exclusione culpae. Hoc liquet e verbis in horum delictorum definitione adhibitis. Exigunt, vero, ad patrationem delicti volun-

[21] Canon 2199.

[22] Canon 2229, § 2: ". . . quaelibet imputabilitatis imminutio sive ex parte intellectus sive ex parte voluntatis eximit. . . ."

[23] Canon 2199.

[24] Canon 2202, §§ 2, 3.

[25] Canon 2203.

tarium directum et proin nequeunt ex sola negligentia procedere. Heic includuntur, v. g., procurantes abortum,[26] attentantes matrimonium,[27] sollicitantes immixtionem laicae potestatis in electione clericali, etc.[28]

Nemo enim potest dici procurans abortum, attentans, sollicitans, etc., nisi attendit ad id quod facit idque directe vult.

Haec delicta dolosa differunt, tamen, ab illis delictis dolosis quae considerantur in canone 2229, § 2; nam ad haec ipsum ius postulat ut lex, cuius sunt violationes, habeat verba "*praesumpserit, ausus fuerit,* etc."—verba, nempe, quae illis aliis delictis dolosis modo tractatis prorsus desunt, uti patet e lectione canonum supra citatorum.[29] En concludi potest in Codice duas ab invicem distinctas agnosci delictorum dolosorum species.

Discrimen inter haec delicta dolosa reponendum est in gradu seu intensitate imputabilitatis ad utraque requisitae. Sic in genere *ad delicta perfecte dolosa* requiritur *plenissima* seu *omnimoda imputabilitas,* ita ut quaelibet imputabilitatis imminutio, si habetur, delictum non detur.

Alia species delictorum dolosorum tractatur, ad imputabilitatem quod attinet, in canone 2229, § 3, 1°. Nam verba huius canonis, quippe quia generalia,[30] complectuntur omnes species delictorum praeter illam speciem delicti perfecte dolosi ibidem expresse excepti, illius nempe ad quod patrandum requiritur perfectissimus dolus. Ergo canon 2229, § 3, 1°, debet intelligi tum de delictis culposis quum de altera delicti dolosi specie.

Age vero, uti eruitur e canone 2229, § 3, 1° et 2°, minus plena imputabiltas delictualis, seu imputabilitas tum e capite intellectus

[26] Canon 2350; Cappello, *De Censuris iuxta Codicem Iuris Canonici* (3. ed., Taurinorum Augustae: Marietti, 1933), p. 334; Cerato, *Censurae Vigentes,* pp. 99-100; Vermeersch-Creusen, *Epitome,* III, n. 551; Roberti, *De Delictis et Poenis,* I, 277.

[27] Canon 2356; Coronata, *Institutiones,* IV, 489

[28] Canon 2390, § 2.

[29] Canones 2350; 2356; 2390, § 2.

[30] "Si lex verba illa [praesumpserit, ausus fuerit, etc.] non habeat. . . ."

quum praesertim e capite voluntatis minuta, sufficit ad committenda haec delicta dolosa. Illud delictum dolosum a quo quaelibet imputabilitatis imminutio eximit, dicetur delictum perfecte dolosum, dum illud aliud delictum dolosum a quo non quaelibet sed tantummodo illa minor iure recognita imputabilitatis diminutio excusat, vocabitur delictum simpliciter dolosum.

Quod discrimen, etsi ea, qua debet, claritate non indicetur a commentariis, ab eis tamen saltem innuitur. Sic generatim asserunt pro delictis in canone 2229, § 2, tractatis requiri specialem imputabilitatis gradum a dolo iuxta canonem 2200, § 1, distinctae. Dolus requisitus in canone 2229, § 2, aliter ab aliis etsi definiatur, substantialiter tamen eodem modo apud omnes, qui hac de re loquuntur, reperitur descriptus. En dicitur dolus plenissimus,[31] dolus perfectus,[32] plena et perfecta responsabilitas, etc.[33]

Antequam ad considerationem triplicis delictorum categoriae in specie transeatur, aliquam opinionem a Michiels,[34] Swoboda [35] et McCoy [36] adductam, quae videtur minus recte congruere notioni delicti dolosi in genere considerati, iuvabit inspicere necnon refutare.

Ipsi enim tenent ad dolum requiri cognitionem *obligationis legalis*, non vero huius legis *indolis poenalis*. Falsitas huius opinionis relate ad delicta perfecte dolosa statim elucet e collatis inter se canonibus 2200, § 2, et 2229, § 2. Ibi enim declaratur ignorantiam *solius poenae* semper secumferre aliquam imputabilitatis diminutionem; dum in canone 2229, § 2, declaratur quamlibet imputabilitatis minutionem eximere a delictis perfecte dolosis.

[31] Vermeersch-Creusen, *Epitome*, III, n. 421, in nota; De Meester, *Iuris Canonici et Iuris Canonico-Civilis Compendium* (Brugis, 1921-1928), III, pars, II, p. 152.

[32] Roberti, *De Delictis et Poenis*, I, 276.

[33] Cance, *Le Code de Droit Canonique* (5. ed., Paris: Libraire Lecoffre, 1930), III, 335; Berutti, *Institutiones Iuris Canonici*, Vol. VI. *De Delictis et Poenis* (Taurini — Romae; Marietti, 1938), p. 91.

[34] *De Delictis et Poenis*, I, 102.

[35] *Ignorance*, p. 91.

[36] *Force and Fear*, p. 62.

Difficile intellectu proin evadit quomodo illi auctores illam suam opinionem relate ad delicta perfecte dolosa sustenturos se sperent.

Imo etiam in re delictorum simpliciter dolosorum opus est distinctione. Quod isti tres auctores dicunt, id admittimus esse verum relate ad poenas vindicativas;[37] imo etiam *plerumque*, sed *non semper*, relate ad censuras. Nam in canone 2229, § 3, 1°, explicitis verbis asseritur ignorantiam *"etaim solius poenae"*, modo ne sit crassa vel supina, excusare a censuris. Ergo dantur casus in quibus cognitio indolis poenalis legis prorsus exigitur ad incurrendas simpliciter dolosas censuras. Communiter tenetur hoc verum esse, etiamsi agatur de graviter culpabili poenae ignorantia.

Ex natura delictorum perfecte dolosorum duae consequentiae maximi omnino momenti pro inquisitore et iurisprudentia poenali in genere consequuntur: nempe, 1) quod huiusmodi delicta, attenta eorum natura prout liquet e canone 2229, § 2, erunt *semper* aut *occulta* aut *notoria, numquam* autem *publica delicta*, propinque secundum canonem 1933, § 1, numquam poterunt fieri aptum iudicii criminalis obiectum; et 2) quod praesumptio doli ex canone 2200, § 2, derivata[38] in delictis perfecte dolosis fallitur.

Quibus assertis in probandis pedetentim lenteque procedet scriptor, quo facilius securiusque monstrare possit probationes quibus innititur minime pendere a petitione principii, de qua se praevidet facile at perperam accusatum iri. Modus procedendi in genere hic erit: 1) notio notorietatis factualis prout ex opinionibus auctorum practice certis eruitur, analysi subiicietur ut ea constet quid sit tum specificum *"contentum"* delicti factualiter notorii, quum in specie sit illa delicti factualiter notorii qualitas ob quam debet dici omnimodo evidens; et 2) haec notio monstrabitur adamussim congruere definitioni delicti perfecte dolosi in canone 2229, § 2, repertae.

[37] Canon 2229, § 3, 1° et 2°.

[38] "Posita externa legis violatione, dolus in foro externo praesumitur, donec contrarium probetur."

2: Delicta perfecte dolosa sunt semper aut occulta aut notoria, numquam publica.

Iam probatum est delictum factualiter notorium illud solum esse cuius patrationi adstant multi qui propria experientia vident audiuntve delictum committi, eiusdemque omnimodam imputabilitatem simul et indubitanter percipiunt. Si quaelibet ex istis condicionibus deest, tunc iuxta communiorem sententiam ante et post Codicem vigentem, delictum notorium notorietate facti simpliciter non datur. Delictum, igitur, non est notorium iure hodierno si deest:

1) vel multitudo delicti commissioni adstans;

2) vel evidens delicti inexcusabilitas seu imputabilitas a multitudine sine ullo dubio percepta;

3) vel huius omnimodae imputabilitatis preceptio ex parte multitudinis adstantium habita per propriam et delicti commissioni simultaneam experientiam, et non per auditum ab aliis, etsi hi delicto patrando adfuerint eiusdemque plenissimam inexcusabilitatem perceperint.

Hae sunt condiciones quas communior, verior et practice certa legum notorietatem factualem respicientium interpetratio ad notorietatem facti exigit.

Age vero, cum notorium (et in hoc praecipue iacet eius a publico discrimen) definiatur ut delictum inexcusabile et incelabile,[39] seu, quod idem est, delictum iam probatum, quippe quia probatione non indigens,[40] sequitur non posse dari iure Codicis delictum notorium seu delictum extra-iudicialiter probatum si quaelibet ex istis condicionibus alicui delicto deficiat. Aliis verbis, non admittitur possibilitas probandi delictum extra iudicium nisi triplex illa condicio simul verificatur; secus enim delictum erit ad summum *publicum*, ast non *notorium notorietate facti*.

Age vero, ex inspectis illis condicionibus in quibus lex tantopere insistit debet evinci cur delictum sic tripliciter modificatum

[39] Canon 2197, 3°.
[40] Canon 1747.

illudque solum, censeatur factualiter notorium sensu iuris. Nam certo certius legislator illas tam strictas condiciones non tam mordicus postularet, nisi, attenta delicti de quo agitur natura, prorsus necessariae essent ad probationem extra-iudicialem. Aliis verbis, si nil prohiberet quominus delictum, cui deesset una ex istis condicionibus, esset adhuc probationis in foro externo extra-iudiciali capax, inanis esset explicatuque impossibilis haec legis rigiditas. En e facto quod non admittitur delictum esse factualiter notorium nisi sit coram multitudine idem scientia propria percipiente commissum, debet concludi alium probationis modum vel non dari, vel, si detur, positiva mente legislatoris ob quamdam optimam rationem excludi.

Primo saltem aspectu non apparet cur requiratur *adstantium multitudo* et *ocularis* vel *saltem sensibilis* ipsius delicti *perceptio.* Nam, si delictum notorium est delictum inexcusabile et praesertim incelabile, non posset aliter ac reapse est innotescere homini sui compoti id percipienti. En cum attento canone 1791, § 2, duo testes, omni exceptione maiores, de scientia propria testificantes probationem sufficientem faciant, merito quaeri potest cur delictum talibus testibus quoad elementum materiale et formale indubitanter notum non possit censeri notorium non tantum percipientibus sed etiam iis quibus id patefaciunt.

Ad utramque simul obiectionem quod attinet, admittendum est saltem easdem, si non potiores, condiciones esse requirendas pro probatione extra-iudiciali ac pro probatione iudiciali. Nam omnes formalitates iudiciales longaeva experientia probatae, tribunalisque ministrorum peritia, etc., huc spectant ut, quatenus humane fieri potest, iuris et iustitiae victoriae consulatur. Minus enim existit periculum in probatione iudiciali quam in probatone extraiudiciali ne pro probato sumatur non-probatum, vel vice versa pro non-probato sumatur probatum. Ast ius poenale, antequam vel permittat delictum ad tribunal deferri, exigit ut innotescat multis,[41] et ut in tribunal tractum probetur per testes (cuiusmodi sola probatio haberi potest quando agitur de factualiter notorio) quorum testimonium ut valeat debent esse numero saltem duo, omni excep-

[41] Canones 2197, § 1, et 1933, § 1.

tione maiores sibique firmiter cohaerentes et de re vel facto sub iuramenti fide testificantes de scientia propria.[42] Ergo eaedem, imo potiores, condiciones debent exigi quando agitur de probatione extra-iudiciali, ut sic illud semper praesens eliminetur periculum id iudicandi notorium quod non est notorium.[43]

Eadem conclusio profluit ex ipsa delicti factualiter notorii natura. Agitur nempe de percipendo nedum facto aliquo mere externo, sed de percipienda ipsa delicti imputabilitate, facto nempe plerumque pure interno, nisi extraordinariis in adiunctis aliquando prorumpat in forum externum. Aliis verbis, agitur de re quae deceptioni ansam facillime praebet. En iterum "ne notoria dicantur quae non sunt" sapientissima Mater Ecclesia postulat multitudinem personarum hanc imputabilitatem indubitanter percipientium, optime sibi compertum habens moralem certitudinem de hoc interno facto non e paucorum sed unice e sibi cohaerentis mulittudinis testimonio tuto haberi posse.

Ex hac eadem facile oritura deceptionis possibilitate patet cur Ecclesia delictum coram paucis notorie commissum, et ab eisdem revelatum aliis non agnoscat esse factualiter notorium sensu iuris. Notitia, enim, quae in multitudine nascitur e relatione eorum qui narrant delictum coram se fuisse notorie commissum, nequit esse firmior quam notitia in ipsis videntibus de cuius valore modo monstravimus cur merito dubitetur.

Tandem aliquando ne in iudicio quidem sufficit duorum testium qualium in canone 1791, § 2, descriptionem reperimus testimonium ad probandum delictum publicum. Ipsi enim mere praebent testimonium de facto patrati delicti materialis; tunc si reus praesumptus nequit evertere praesumptionem imputabilitatis ex illo patrati delicti facto a testibus probato orientis, eius delictum habetur iudicialiter probatum.

Quapropter notorietas factualis ad probationem extra-iudicialem sufficiens potest definiri: Plenissima inexcusabilitas et incelabilitas (seu plenissima imputabilitas) delicti commissi quatenus a multis propria scientia percepta. Sic sumpta notorietas factualis

[42] Canon 1791, § 2.

[43] C. 14, X, *de appellationibus*, II, 28.

est aliquid ipsi delicto extrinsecum; est nempe notitia publica delicti in suo esse inexcusabiliter et incelabiliter patrati. Age vero, haec publica notitia nequiret haberi nisi ipsi delicto inesset quaedam qualitas, certeris publicis delictis haud competens, vi cuius solum delictum notorium notorietate facti prae ceteris delictis publicis dignoscitur non tantum materialiter sed etiam formaliter seu sub ratione imputabilitatis non praesumptae sed evidentis seu iam probatae.

Haec fundamentalis notorietas consistit in delicti inexcusabliitate. Quando vero delictum sic inexcusabile a multis simul percipitur, accedit incelabilitas delicti, quippe quae ordinem dicit ad aliorum cognitionem.

Quapropter delictum in suo esse inexcusabile potest esse occultum, publicum vel notorium. Est occultum si, etsi imputabilissime patratum, praevidetur tamen non divulgatum iri; est notorium si in suo *"fieri"* a multis percipitur, et tandem aliquando est publicum simpliciter si a paucis percipitur qui dein id aliis patefaciunt. Nam uti supra vidimus illi pauci non censentur idonei transmissores notorietatis.

Ex hucusque dictis consequitur nullam dari occasionem, quando agatur de delictis factualiter notoriis, invocandae praesumptionis in canone 2200, § 2, statutae. Non enim praesumitur quod est certum; atqui delictum notorium ex ipsius sua definitione est quid iam probatum.

E canone 2229, § 2, patet non dari delictum perfecte dolosum nisi sit omnimode imputabile. Quaelibet, etiam minima, imputabilitatis imminutio id efficit ut delictum perfecte dolosum simpliciter non habeatur. Quinimo is, qui propter diminutam imputabilitatem a delicto perfecte doloso committendo eximitur, nequit ulla omnino poena affici nisi ad normam canonis 2222, § 1. Nam, aliter atque in casu delictorum simpliciter dolosorum et culposorum, ubi, deficiente gradu imputabilitatis ad poenam lege statutam incurrendam necessariae, aliam poenam indeterminatam legislator statuit pro rata imputabilitate in commissione delicti actu habita;[44]

[44] Canon 2229, §4: "Licet reus censuris latae sententiae ad normam § 3, n. 1, non teneatur, id tamen non impedit quominus, si res ferat, congrua alia poena vel poenitentia affici queat."

heic., in casu nempe delictorum perfecte dolosorum, cum Codex sileat de simili poena indeterminata, aut habetur ille imputabilitatis gradus iure adamussim exactus aut prorsus desunt et delictum et per consequens poena.

Cum, igitur, quaelibet imputabilitatis imminutio tollat delictum perfecte dolsum, sequitur ad eiusmodi delicti *essentiam* pertinere ut sit *inexcusabile.* Atque in hac delicti inexcusabilitate consistit—uti pagina praecedenti notatum est—*fundamentalis notorietas factualis.* En sequitur delictum perfecte dolosum esse essentialiter delictum fundamentaliter notorium.

Notorietas tamen fundamentalis delicto perfecte doloso annexa differt a fundamentali notorietate delictis simpliciter dolosis et culposis *aliquando adiuncta* in hoc quod in priori casu unio est quid necessarium et delicto ipsi essentiale, dum in ultimis allatis casibus est quid accidentale quod potest adesse vel abesse quin eoipso tollatur delictum, uti accidit in delicto perfecte doloso. Delictum enim perfecte dolosum, ad hoc ut sit, debet esse plenissime imputabile. Delicta simpliciter dolosa et culposa, e contra, indifferenter se habent ad notorietatem seu imputabilitatem plenissimam. Nam possunt committi et esse vera delicta poenis obnoxia absque illa plenissima imputabilitate ad delictum perfecte dolosum requisita; sufficitque ad delicta non perfecte dolosa ut habeatur ille imputabilitatis gradus—gradu ad delictum perfecte dolosum necessario semper minor—iure postulatus; ex altera tamen parte nil prohibet quominus imputabilitas quacum commissa sunt prorumpat limites lege exactos attingatque ad imputabilitatis gradum ad notorietatem factualem sufficientis. Quod cum accidit, est quid pure accidentale pro delictis non perfecte dolosis; dum e contra est quid adeo essentialiter requisitum pro delictic perfecte dolosis, ut eo deficiente non detur delictum perfecte dolosum nec ullum omnino delictum, etsi forsan habeatur peccatum solito longe gravius.

Cum notorietas fundamentalis delicto perfecte doloso competens sit prorsus eadem ac illa notorietas fundamentalis delictis notoriis in genere inhaerens (differunt enim non re sed solummodo seu necessitate inhaesionis), sequitur omnia supra dicta de notorietate fundamentali in genere applicari posse etiam delictis perfecte dolosis relate ad fundamentalem ipsorum notorietatem.

3: Praesumptio canonis 2200, § 2, non applicatur delictis perfecte dolosis.

Hoc enim sequitur e natura praesumptionis et delicti perfecte dolosi. Praesumptio in canone 1825 definitur "rei incertae probabilis coniectura." Qua in definitione, ni fallitur scriptor, vox *probabilis* est maioris prae ceteris momenti. Legislator, enim, se restrinxit ad illas solas coniecturas rei incertae quae sint probabiles. Iamvero, rei incertae coniectura haud dici quit probabilis nisi fundatur in iis quae ordinarie contingunt vel saltem ordinarie contingere debent. Si, enim, relate ad rem de qua danda est praesumptio duae vigent possibilitates, altera plerumque verificari solita, altera vero nonnisi in adiunctis relative extra-ordinariis locum habere assueta, legislator e definitione coarctatur ad praesumendam illam potius quam hanc hypothesim. Circumstantiae, tamen, num sint ordinariae extra-ordinariaeve iudicandae sunt in globo, non prouti accidit in aliquo casu singulari. Agitur, enim, de praesumptione iuris omnibus similibus casibus applicanda nisi aliud certo constat. Brevi praesumptio de aliqua re tunc tantum dici potest probabilis quando innititur iis quae ordinarie accidunt. Sic in canone 1115, § 1, ubi fit quaestio de paternitate filii nati ex uxore viventis compartis, legislator, uti patet, non potuit aliter praesumere atque ibi praesumpsit, nempe eum esse patrem quem iustae nuptiae demonstrant. Altera possibilitas, etsi non nimis raro occurrens, est nihilominus relate ad praesumptionem in canone 1115, § 1, statutam quid extra-ordinarium. De illo, igitur, facere generalem iuris praesumptionem esset normis probabilitatis vix consonum.

Quid simile prohibet quominus praesumptio in canone 2200, § 2, proposita applicetur delictis perfecte dolosis. Nam delicta perfecte dolosa, uti liquet ex eorum vel definitione sunt delicta extraordinaria, gradum imputabilitatis plane insolitum exigentia. Aliud est praesumere delictum materiale esse commissum cum minore illo imputabilitatis gradu ad delicta simpliciter dolosa et culposa committenda sufficientis; aliud omnino praesumere illam plenissimam imputabilitatem ad delictum perfecte dolosum patrandum iure requisitam. Imputabilitas illa ordinaria quae, verificata externa legis violatione, plerumque adest, quit utique praesumi; ast imputabilitas plenissima, quippe quia rarius habita, est quid non praesumendum sed stricte probandum. Legislator aequo iure praesumeret omnes liberos natos ex uxore, cuius vir inter vivos est, esse illegitimos ac praesumeret delictum materiale esse commissum cum plenissima imputabilitate.

Principium a quo pendet argumentum modo allatum cl. Hollweck (1854-1926) solita sua claritate et brevitate sic enucleavit: "*Für ein gesetzlich ausdrücklich gefordertes Merkmal steht nie die Praesumption; diese steht vielmehr für den Thäter, solange er nicht aller Merkmale des Thatbestandes überwiesen ist. Praesumendum pro reo.*" [45]

Dum, igitur, in aliis delictorum speciebus *intentio criminalis generalis,* qualis sufficit ad illa delicta patranda, potest tuto praesumi, data externa legis violatione; in delictis, tamen, perfecte dolosis *specifica illa intentio criminalis* quam ius praerequirit ad ipsam delicti commissionem nequit, quippe quia quid extra-ordinarium, praesumi, sed debet probari. Sic ad rem Swoboda:

> In these cases criminal intent, that is, knowledge and the will to place the prohibited act, become objective characteristics of the crime and along with the facts of the case they must be established by convincing evidence. In a word, proof that a man actually violated a penal law does not yet prove that he did so knowingly and willingly or with praesumption. Hence in these cases it must be proved not only that there was an objective violation of the law perpetrated by a particular individual, but also that this individual knowingly and willingly violated the law, otherwise it would not be established that the crime committed was that which was determined in the law, that is, "perfect according to the proper wording of the law," as canon 2228 indicates.[46]

Uno verbo dum in delictis simpliciter dolosis et culposis, postquam constat de publicitate delicti tum materiali quum formali, dolus vi canonis 2200, § 2, praesumitur; in delictis perfecte dolo-

[45] *Die kirchlichen Strafgesetze,* nota 5, ad § 17, p. 79; cf. quoque § 1, in corpore paginae.

[46] *Ignorance,* pp. 175-176.

sis, e contra, non potest constare de publicitate delicti formali donec evidens sit delinquentem egisse cum plenissimo dolo. Qui dolus nequit heic praesumi, sed debet adprobe probari. Aliis verbis ipse dolus debet divulgari in delictis perfecte dolosis; dum in aliis delictorum speciebus dolus, probata divulgatione delicti formali et materiali, praesumitur. Quod perinde est ac dicere in delictis perfecte dolosis non admitti illud discrimen, quod auctores tribuunt delictis simpliciter publicis, inter delcta materialia et formalia.

Age vero, si delictum perfecte dolosum committitur coram multitudine id percipiente prouti reapse est, nempe uti inexcusabile, tale delictum est eoipso notorium notorietate facti, utpote multis uti inexcusabile et proin incelabile innotescens. Si, e contra, delictum materiale patefit multis sed non uti inexcusabile, consequitur ut ipsi noverint *non delictum perfecte dolosum,* sed ad summum *grave peccatum esse commissum.* Quicquid ipsi putant se scire, ex ipsius delicti perfecte dolosi definitione fit ut; nisi perceperint, saltem negativo modo, omnimodam delinquentis imputabilitatem, delictum reapse nesciant. Delictum, enim perfecte dolosum illud solum est, attento canone 2229, § 2, quod pertinaciter fit. Quae perinacia ubi deficit, habetur tantummodo peccatum, etsi forsan imputabilitas moralis quacum tale peccatum commissum est sufficeret ad constituendam delictum simpliciter dolosum vel mere culposum. Erronea eorum opinio ob quam putant se vidisse delictum fieri, cedit veritati exigenti ut sciant seu percipiant tum externam legis violationem quum eiusdem inexcusabilitatem. Aliis verbis, si delictum perfecte dolosum aliter percipitur atque inexcusabile, simpliciter non percipitur illud delictum fuisse in suo genere perfectum secundum proprietatem verborum legis.[47]

Praeterea, cum supra monstratum sit paucos testes, utut honestos est fide dignos, non posse aliis transmittere notorietatem delicti coram se commissi, sequitur ut delictum perfecte dolosum, cui adnectatur eiusmodi notorietas fundamentalis, nequeat aliis communicari. Ast sane viget quam maximum discrimen inter delicta

[47] Canon 2228.

non perfecte dolosa et delicta perfecte dolosa ex hoc capite, uti supra innuimus. Nam delictum non perfecte dolosum coram paucis id revelaturis notorie commissum potest fieri publicum, etsi nequeat fieri notorium notorietate facti ex talium testium relatione. Non enim est de essentia talis delicti ut cognoscatur sub ratione notorietatis, etsi de facto in aliquo casu concreto accidentaliter sit fundamentaliter notorium, i. e., commissum cum maiore imputabilitatis gradu quam lex ad eius patrationem exigit . Ob rationes, enim supra expositas constat testes delicti, saltem in mente legislatoris, non posse censeri idoneos imputabilitatis plenissimae testes, etsi possint haberi testes externae legis violationis. At tunc revelant *peccatum non delictum;* nec donec evadat publice notum tum quoad factum materiale tum quoad imputabilitatem, potest delictum dici factualiter notorium in sensu iuris.

Ex omnibus hucusque dictis consequitur delictum perfecte dolosum, ad hoc ut divulgetur uti delictum, debere cognosci sub ratione inexcusabilitatis. Simul ac sic cognoscitur fit delictum notorium, nam est delictum divulgatum uti inexcusabile et proin incelabile, quod adamussim quadrat cum definitione delicti factualiter notorii. Si ex altera parte multis innotescit sed non uti inexcusabile, tunc innotescit uti peccatum, minime ut delictum. Quapropter non est iustum loqui de publico delicto perfecte doloso, cum tale delictum, si divulgatum, sit necessario notorium; si non divulgatum, sit occultum. Alio quocumque modo notum noscitur tantummodo uti peccatum.

Cum in canone 2229, § 2, distinctio inter delicta perfecte dolosa, simpliciter dolosa et culposa statuatur tantummodo pro latae sententiae poenis, controvertitur an idem verum sit etiam pro ferendae sententiae poenis ubi Codex illa verba "*praesumpserit, ausus fuerit,* etc.," adhibet. Nonnulli canonistae aestimant illam distinctionem unice poenis latae sententiae competere.[48] Reliqui, tamen, auctores plerumque hanc distinctionem etiam poenis ferendae sententiae extendunt.[49] Quam opinionem huius dissertationis

[48] Roberti, *De Delictis et Poenis,* I, 276; Moersdorf, *Die Rechtssprache des Codex Iuris Canonici* (Paderborn: Schöningh, 1937), pp. 374-375.

[49] Wernz-Vidal, *Ius Canonicum* VII, 452; Vermeersch-Creusen, *Epitome,*

scriptor sequitur utpote et vere probabilem et in re poenali mitiorem. Cum iuxta McCoy sint 70 circiter delicta perfecte dolosa in toto Codice,[50] constat exinde quanti momenti sint principia supra deducta ex natura et definitione delicti perfecte dolosi.

Articulus II: De Praesumptione Canonis 2200, § 2, Relate Ad Delicta Non Perfecte Dolosa.

Quando constat legem poenalem fuisse violatam, aliquamque determinatam personam fuisse huius violationis delictualis causam,[51] lex [52] praesumit ipsum, qui scitur violationis auctor esse saltem materialis, cum dolo egisse, nisi in casu aliquo particulari haec iuris praesumptio evertitur saltem apparente in contrarium probttione. Dico "saltem apparente" consulto qui, cum in hac dissertatione agatur solummodo de delictis prout possunt in iudicium deferri proin prouti sunt publica,[53] seu prouti sunt divulgata vel mox divulganda tum quoad ipsam externam legis violationem quum quoad agentis imputabilitatem, sequitur delictum cuius auctor, etsi erronee, percipiatur culpa carere, posse fieri publicum quoad factum materiale dum eodem tempore adhuc lateat eius imputabilitas. Age, ad hoc ut delictum sit publicum, requiritur utriusque delictum constituentis elementi publicitas.[54]

Prudentis inquisitoris erit investigare an, etiam in casibus in quibus praesumptio doli vigere videtur, praesto sit aliquod argumentum quo sive directe sive indirecte ad normam canonis 1826 praesumpta imputabilitas destruitur. Eius sane est ea colligere delicti commissi argumenta quibus gignatur in mente Ordinarii

III, nn. 521, 540; Beste, *Introductio*, p. 953; Ayrinhac-Lydon, *Penal Legislation in the New Code of Canon Law* (revised edition, New York: Benziger, 1936), p. 174; Swoboda, *Ignorance*, pp. 102, 103; McCoy, *Force and Fear*, pp. 173, 174.

[50] *Force and Fear*, pro latae sententiae poenis cf. pp. 65, 66; pro ferendae sententiae poenis cf. p. 103.

[51] Canon 2233; S. R. R., *Diffamationis*, 30 iulii 1924, dec. XXXIV, n. 9, 301 — S. R. *Rotae Decisiones* (1924).

[52] Canon 2202, § 2.

[53] Canon 1933.

[54] Canon 2197, 4°.

eadem inspecturi certa vel saltem probabilia et sufficientia ad accusationem instituenda argumenta. Quapropter eius certe committitur officio praecavere ne delictum, utut materialiter publicum, cui tamen ex certis probationibus ad normam canonis 1826 collectis evidenter constat deficere imputabilitatem, ad tribunal frustra trahatur. Suis, igitur, in indagationibus numquam sat habebit eas collegisse probationes e quibus patet sola externa legis violatio, sed praeterea in unoquoque casu diligenter inquiret num delictum sit aut formaliter occultum aut, etsi undequaque apparenter publicum, nullomodo imputato imputabile ob probationem aliquam quae evincit allegati rei innocentiam.

Huius praesumptionis effectus minime est ut quis praesumatur de delicto iam culpabilis antequam in tribunali se defensurus sistatur. Imo contrarium potius valet, nam lege ecclesiastica *"bonus quilibet praesumitur donec probetur malus."* [55]

Quod ceteroquin inde elucet quod Mater Ecclesia, numquam non practica, minime exigeret iudicium criminale ad imputationis valorem experiendum, si ratione illius praesumptionis iam culpabilem haberet imputatum. Praesumptio bonae famae tunc tantum cessat quando ipse actualiter demonstratur esse reus de delicto sive notorio sive publico ad normam iuris probato. Praesumptio doli de qua in canone 2200, § 2, hoc unum efficit ut onus probandi dolum ad imputabilitatem delictualem necessarium in casu hoc deficere, redundet in reum praesumptum. Necessitas talis praesumptionis desumitur ex ipsius doli natura. Dolus est nempe quid internum. Cum, tamen, subiectiva et interna facta argumentis pure externis plerumque monstrari nequeant nisi in casu prorsus peculiari et extra-ordinario, uti, v. g., in delicto notorio; ad coniecturas et praesumptiones est plerumque recurrendum. Praesumptio praeterea experientiae communi congruit quatenus quis, dum agit, praesumitur scire velleque id quod actu facit, consciumque, vel saltem conscium esse debere, suae actionis consequentiarum tum physicarum quum moralium.

Iuxta canonem 16, § 2, delinquens praesumitur scire et legem

[55] S. R. R., *Diffamationis et refectionis damnorum*, 5 ian. 1920, dec. I, n. 4, 2—S. R. *Rotae Decisiones*, XII (1920).

et legi adnexam poenam. Cum enim omnis vera lex iis quibus fertur obligationem imponat, sequitur legem iis qui ea teneantur debere innotescere. Dum, igitur, praesumit scientiam legis et poenae, legislator mere supponit delinquentem huic legem poenamque sciendi obligationi non defuisse.[56]

Non tantum legis sed etiam poenae praesumitur scientia. Unde fit ut praeter dolum contumacia quoque, si de latae sententiae censuris agitur, praesumatur.[57]

Canon 16, § 2, insuper praesumit delinquentem, dum agat, esse conscium tum factorum propriorum tum factorum alienorum notoriorum.

Iure veteri communiter admittebatur dari nonnullas exceptiones quae generali praesumptioni scientiae legis et poenae adversabantur. Dabantur enim casus ignorantiae tum *facti* quum *legis* in quibus praesumptio canonis 2200, § 2, simpliciter non existebat, ita ut in hisce casibus minime opus esset probatione ad evertendam praesumptionem scientiae legis poenalis et factorum legis poenalis actualem violationem comitantium. Eaedem exceptiones videntur admittendae etiam iure quo nunc regimur. Hoc vel eo magis patet ex eo quod canon 16, § 2, adhibet vocem *generatim* relate ad facta tum propria tum aliena sed notoria.

A: *Exceptiones huic praesumptioni adversantes.*

1: Ignorantia Factorum

Iure veteri communiter praesumbatur facta notoria ab iis ignorari qui vel comunitati in qua factum erat publicum non pertinebant vel qui, etsi illi communitati pertinentes, aut aberant tempore positi actus publici aut, etsi praesentes, aliquo impedimento, v. g., gravi morbo, incapacitate mentali, etc., quominus eum scirent

[56] Menochius, *De Praesumptionibus, Coniecturis, Signis et Indiciis Commentaria* (2 voll., Coloniae Allobrogum, 1686) lib. VI, praesumpt. XXIII, nn. 10-12; lib. II, praesumpt. III, n. 1 (dehinc citabitur: *De Praesumptionibus*).

[57] Si est quaestio de ferendae sententiae censuris, contumacia probatur e monitionis contemptu. Cf. canonem 2233, § 2.

impediebantur.[58] Imo, ignorantia factorum etiam propriorum aliquando praesumebatur. Ita relate ad eventus abhinc tempus valde remotum positos, lapsus memoriae cum subsequenti facti proprii ignorantia praesumebatur, nisi agebatur de facto magni momenti pro eo qui eum posuit. Praeterea, si delinquens multis intricatisque involvebatur negotiis, praesumi poterat non actu animadvertisse ad factum a se positum. Denique si ipsum factum erat quid valde complexum involutumve, praesumebatur persona ordinaria id non intellexisse.[59]

2: Ignorantia legis

Interdum ignorantia etiam legis iure veteri praesumebatur. Ignorantia, enim, praesumebatur legis pro aliquibus hominum categoriis. Sic, communi id afferente veterum sententia, mulieres, rustici, illiterati, milites et minores praesumebantur legem ignorare.[60]

Quas adhuc vigere exceptiones suadent tum vox *generatim* in canone 16, § 2, adhibita quum spiritus praesentis legis poenalis. Sic canon 2218, § 2, explicite monet iudicem ut in poenis decernendis rationem habeat aetatis (en minorum), scientiae institutionisque (en illiteratorum), condicionis et status (en militum). Canon 2204 minorietatem expressis verbis adnumerat causis culpabilitatem extenuantibus. Canone 2230 affirmatur pubertatem plene eximere a latae sententiae poenis. Iuvat praeterea notasse

[58] Farinacius, *Variarum Quaestionum et Communium Opinionum Criminalium Liber Sextus, Fragmentorum Pars Secunda* (Romae, 1621), lib. VI, P. II, nn. 101, 102.

[59] Menochius, *De Praesumptionibus,* lib. VI, praesumpt. XXIII, nn. 32, 38, 41, 47; Reiffenstuel, *De Regulis Iuris,* Reg. XIII, n. 11.

[60] Menochius, *De Praesumptionibus,* lib. VI, praesumpt. XXIII, nn. 15-24; Farinacius, *Quaestiones Criminales,* lib. VI, P. II, nn. 275-285; Tuschus, *Practicae Conclusiones* (3 ed., Lugduni, 1634), v. "*ignorantia,*" *concl.* XI, nn. 11-12, et concl. XIII.

[61] S.R.R., Southwarcen., *Nullitatis matrimonii,* 29 iulii, 1926, dec. XXV, n. 8, S. R. *Rotae Decisiones,* XVIII (1926), 286.

has exceptiones praxi rotali convenire. Rota, enim, in casu aliquo matrimoniali, et quidem post Codicem, admisit ignorantiam legis e parte mulieris.[61] Anno 1923 eadem Rota recensuit inter iustas causas pro restitutione in integrum ignorantiam legis etsi tatummodo relate ad eos quibus lex est generatim ignota, uti, v. g., rusticos et mulieres.[62]

Accedit quoque corroborativa multorum canonistarum auctoritas has exceptiones iure etiam praesenti admittentium. Sufficiat mentionem facere Michiels,[63] Ojetti (1862-1932),[64] Maroto, (1875-1937),[65] Van Hove[66] et Swoboda.[67]

Exceptio, tamen, pro quadruplici hac categoria statuta non debet extendi praeter limites iure veteri admissos. Est ad ius pure positivum restringenda, cum ius naturale omnibus sufficienti rationis usu praeditis praesumatur notum.[68] Iure dein canonico, in quo permultae leges respiciunt ipsum ius naturale, praesumptionis ignorantiae usus videretur sat coarctatus; ast etiam tunc ignorantia legis ecclesiasticae poenalis, et per consequens poenae ignorantia, adhuc praesumitur etiam quando lex, quae talibus poenis munitur, nil alud sit quam expressio ipsius legis naturalis.

[62] S. R. R., *Restitutionis in integrum et diffamationis*, 18 ian. 1923, dec. II, n. 3 — S. R. *Rotae Decisiones*, XV (1923) 12.

[63] *Normae Generalis Iuris Canonici* (2 voll., Lublin: Universitas Catholica, 1934), I, 353, 354.

[64] *Commentarium in Codicem Iuris Canonici* (4 voll., Romae: 1927-1931), I, 132.

[65] *Institutiones Iuris Canonici* (2 voll., 1919; Vol. I, 3. ed., 1921, Romae: apud Commentarium pro Religiosis), I, 469.

[66] *Commentarium Lovaniense in Codicem Iuris Canonici*, Vol. I, Tom. II, *De Legibus Ecclesiasticis* (Melchiniae: H. Dessain, 1930), p. 245.

[67] *Ignorance*, pp. 185-188.

[68] Durandus, *Speculum*, lib. IV, p. 71; Menochius, *De Praesumptionibus*, lib. VI, praesumpt. XXIII, n. 23; Farinacius, *Quaestiones Criminales*, lib. VI, P. II, n. 287.

Caput V

DE ADIUNCTIS IN QUIBUS INQUISITIO SPECIALIS EST NECESSARIA ET DE NECESSITATE ET FINE EIUSDEM

Canon 1939.—§ 1. Si delictum nec notorium sit nec omnino certum, sed innotuerit sive ex rumore et publicae fama, sive ex denuntiatione, sive ex querela damni, sive ex inquisitione generali ab Ordinario facta, sive alia quavis ratione, antequam quis citetur ad respondendum de delicto, inquisitio specialis est praemittenda ut constet an et quo fundamento innitatur imputatio.

§ 2. Huic regulae locus est sive agatur de irroganda poena vindicativa vel censura, sive de ferenda sententia declaratoria poenae vel censurae in quam quis inciderit.

Canon 1942.—§ 1. Prudenti Ordinarii iudicio committitur statuere quandonam ea, quae praesto sunt argumenta, sufficiant ad inquisitionem instituendam.

§ 2. Nihili faciendae sunt denuntiationes quae ab inimico manifesto, aut ab homine vili et indigno proveniunt, vel anonymae iis adiunctis iisque aliis elementis carentes, quae accusationem forte probabilem reddant.

Articulus I: Adiuncta in Quibus Specialis Inquisitio Iudicialis Est Praemittenda Iudicio Criminali

PRAENOTANDA

Adiuncta in quibus specialis inquisitio postulatur discussurus, scriptor utile censet recolere perpauca de terminologia adhibenda.

Inquisitio in materia poenali est investigatio delicti et eiusdem auctoris. Attenta notitia delicti investigandi in inquisitore praehabita, inquisitio dividitur in generalem, mixtam et specialem. Dicitur *generalis* quando indagatur de delictis et de personis in genere, i. e., nec delictis nec personis determinatis: utrum nempe in aliqua regione, civitate, etc., haec illave delicta committantur.[1]

Mixta appellatur illa inquisitio in qua iudex vel superior, nulla determinata vel expressa persona, inquirit de certo aliquo delicto, indagando generaliter respectu personarum quisnam aliquod certe commissum et bene determinatum delictum commiserit; vel e converso, nullo determinato vel expresso delicto, inquirit de certa aliqua persona an delicta in genere patraverit. Aliis verbis, est aut generalis quoad personas et specialis quoad delicta, aut vice versa est generalis quoad delicta et specialis quoad personas.[2]

Tandem aliquando inquisitio nuncupatur *specialis seu simplicter specialis* quando inquiritur tum de determinato aliquo delicto quum de persona aeque particulari, ut, v. g., an Osius sit haereticus.[3]

Attento fine quem prosequitur, inquisitio delictualis dividitur in iudicialem et extra-iudicialem. Haec habetur quando delictum inquiritur ob finem alium ac iudicium criminale instituendum, dum illa eo precise adhibetur fine ut per eam constet an delictum investigandum possit deferri in tribunal criminale sententiae declaratoriae condemnatoriaeve proferendae causa.[4] Inquisitio quae constituit huius dissertationis obiectum est inquisitio specialis et iudicialis.[5]

[1] Schmalzgrueber, *Ius Ecclesiasticum Universum,* lib. V, tit. I, n. 174; Reiffenstuel, *Ius Canonicum Universum,* lib. V, tit. I, n. 150; Noval, *De Iudiciis,* n. 770; Coronata, *Institutiones,* III, n. 1461; Vermeersch-Cruesen, *Epitome,* III, n. 263.

[2] Schmalzgrueber, *Ius Ecclesiasticum Universum,* lib. V, tit. I, n. 176; Reiffenstuel, *Ius Canonicum Universum,* lib. V, tit. I, n. 152.

[3] Schmalzgrueber, *Ius Ecclesiasticum universum,* lib. V, tit. I, n. 175; Reiffenstuel, *Ius Canonicum Universum,* lib. V, tit. I, n. 151; Noval, *De Iudiciis,* n. 772, p. 510; Coronata, *Institutiones,* III, n. 1461, pp. 387; Vermeersch-Creusen, *Epitome,* III, n. 263.

[4] Canon 1939, §§ 1, 2.

[5] Canon 1939, § 1. ". . . antequam quis citetur ad respondendum de delicto, inquisitio specialis est praemittenda. . . ."

Quonam sensu sit specialis—nempe, partim tantum specialis, seu mixta, an totaliter specialis iuxta supra dicta—fusius infra discutietur. Nec ex eo quod inquisito dicitur iudicialis, supponendum est eius primarium et unicum finem esse ut is, in cuius delictum indagetur, in tribunali criminali sistatur. Minime gentium! Ecclesia, enim, nullum non amovet lapidem ut, quantum fieri potest, iudicia criminalia praecaveantur. Si, igitur, ex inquisitione constiterit agi de delicto quod, attentis iuris requisitis, liceat in iudicium vehi, non illico tamen reus citabitur, sed loco iudicii criminalis adhibebitur correptio iudicialis si eidem locus est.[6] Quapropter, melius est dicere specialis inquisitionis iudicialis finem esse ut constet an liceat procedere ad ulteriora ad normam iuris:[7] aut nempe ad correptionem, aut in illis casibus qui vel non patiuntur correptionem,[8] vel in quibus correptio frustra iam adhibita est,[9] ad iudicium criminale.[10]

Illa appellatio iudicialis cautissime adhibenda et explicanda est ne nimium videatur innuere. Inquisitio enim praeliminaris aliquo sensu dici utique potest iudicialis; ast suo alio respectu nec est, nec debet nuncupari iudicialis. Opus omnino habetur nervosa distinctione qua constet praecise quousque et quonam sensu designatio *iudicialis* competat inquisitioni praeviae. Nam nonnulli, et quidem magni ponderis auctores post Codicem, e male interpretata voce *iudiciali* ad nonnullas practicas de re pervenerunt conclusiones quae, scriptoris iudicio, conceptui inquisitionis vero haud congruunt. Quae conclusiones, una cum auctorum easdem tenentium nominibus, crisi subiicientur ut appareat quantum a vera inquisitionis praeviae notione nunc enucleanda discrepent.

Age vero, inquisitio specialis eatenus est et dici potest iudicialis quatenus 1) ordinatur ad scopum iudicialem et 2) quatenus de omnibus inquisitionis actibus debet constare modo stricte iudiciali.

Ad primum assertum quod attinet, inquisitio praevia iuris tum veteris tum hodierni illuc spectabat ut illa de delicto commisso

[6] Canones 1947; 1948.
[7] Canon 1946.
[8] Canon 1948.
[9] Canones 1949, §§ 1, 2; 1950.
[10] Canon 1954.

deque delinguentis imputabilitate notitia obtineretur quae processum criminalem, cui praeibat, rationabilem redderet.[11]

Quoad alterum allegatum, nempe quod de omnibus inquisitionis actibus debet constare modo iuridico, eadem in utroque iure exhibetur unanimitas.

Ratio, vero, cur formae strictae iuridicae esset inhaerendum in eo erat, et iure moderno adhuc est, quod ex probationibus in inquisitione informativa praevia collectis conficiebatur formalis accusatio reo post peractam inquisitionem proponenda, et quod ex eiusdem rei contradictione huic accusationi factā animo sese in iudicio defendendi habebatur contestatio litis et proin ipsius inquisitionis iudicii initium.[12]

Quapropter acta inquisitionis [13] debebant peragi coram notario cui una cum inquisitore erant subscribenda.[14]

Ast sane, etsi sensu modo descripto, poterant dici iudicialia acta inquisitionis, non erant tamen de facto iudicialia; nec proin ipsa inquisitio praevia erat iudicialis.

[11] Canon 1939, § 1,—"Inquisitio specialis est praemittenda ut constet an et quo fundamento innitatur imputatio . . ."; Lega, *De Iudiciis Ecclesiasticis,* IV, n. 297; Noval, *De Iudiciis,* n. 771; Coronata, *Institutiones,* III, n. 1461; Vermeersch-Creusen, *Epitome,* III, n. 263; Augustine, *A Commentary,* VII, 368.

[12] C. 24, X, *de accusationibus, inquisitionibus et denuntiationibus,* V, I: "Debet, igitur, esse praesens is, contra quem facienda est inquisitio . . . et exponenda sunt ei illa capitula de quibus fuerit inquirendum ut facultatem habeat defendendi seipsum. Et non solum dicta sed etiam nomina testium sunt ei, ut quid et a quo sit dictum appareat, publicanda. . ."; Reiffenstuel, *Ius Canonicum Universum,* lib. V, tit. I, n. 214; S. C. Ep. et Reg., instr. 11 iun. 1880, nn. 22, 26—*Fontes,* n. 2005; S. C. de Prop. Fide, instr. a 1883, nn. XXII, XXVI, XXVII,—*Fontes,* n. 4990; Lega, *De Iudiciis Ecclesiasticis,* IV, n. 242.

[13] Canones 1945: ". . . acta communicare . . ." ; 1946, § 2, 1°: ". . . acta ipsa in secreto Curiae archivo reponantur . . ."; 1954: ". . . Episcopus . . . praecipiat ut acta inquisitionis tradantur promotori iustitiae."

[14] C. 2, X, *de probationibus,* II, 19; S. C. Ep. et Reg, instr. 11 iun. 1880, n. 12—*Fontes,* n. 2005; S. C. de Prop. Fide, instr. a 1883, n. XII —*Fontes,* n. 4900; Noval, *De Iudiciis* IV, n. 771; Coronata, *Institutiones,* III, n. 1461.

Nam ipsa inquisitio *praevia,* uti patet ex ipsius vel nomine locum habebat ante ipsum iudicium. Quod verum est etiam iure quo nunc regimur.[15]

Nec aufugit scriptorem acriter inter auctores disputari quandonam iure moderno iudicium possit dici inceptum.[16] Nam quicquid est de variis theoreticis opinionibus ab istis prolatis, scriptor persuasum sibi habet non posse fieri sermonem de actibus iudicialibus ante peractam litis contestationem,[17] in hoc sequens Coronata aientem: "Obiectum seu materia iudicii constitutitur ipsa litis contestatione, ex quo eius necessitas in qualibet iudiciali discussione patet, ita ut sine ipsa ne iudicium quidem concipi possit; discussio enim et definitio controversiae haberi nequit nisi praevie sciatur de qua re controversia sit." [18]

En scriptor censet inquisitionem specialem eiusdemque acta, etsi, attenta eorum ad iudicium relatione, aliqua ratione valeant dici iudicialia, non vere iudicialia esse nec iurisdictionalia.[19] Nec contra hanc conclusionem militat hoc quod acta debent confici modo stricte iudiciali seu iuridico. Ratio cur sic debeant confici in eo reponitur ne reus, contra quem probationes inserviunt pro

[15] C. 24, X, *de accusationibus, inquisitionibus et denuntiationibus,* V, 1; *Gl. Ord.,* c. 1, *de accusationibus, inquisitionibus et denuntiationibus,* V, 1, in VI°, ad casum sub verbo *"postquam"*: "Et hodie communiter priusquam aliquis citetur ex officio super crimine, fit inquisitio et examinatio sive informatio secreta, et, factis informationibus, si constat iudici quod talis est diffamatus super illo crimine, iudex praecipit ut citetur ad comparendum personaliter . . ."; Canon 1939, § 1: ". . . antequam quis citetur ad respondendum de delicto praemittenda est specialis inquisitio. . . ."

[16] Coronata, *Institutiones,* IV, n. 1737, et in calce sub numero 3 ad pag. 136; Vermeersch-Creusen, *Epitome,* III, n. 431; Woywod, *A Practical Commentary on the Code of Canon Law* (2 voll., 5. ed., New York: Wagner, 1939), II, n. 2077; Cocchi, *Commentarium,* V, n. 56, p. 88; Augustine, *A Commentary,* VIII, 101.

[17] Canon 1727.

[18] *Institutiones,* III, n. 1253; cf. quoque Reiffenstuel, *Ius Canonicum Universum.* lib. II, tit. V, n. 3.

[19] Vermeersch-Creusen (*Epitome,* III, n. 266): "Decretum de effectu inquisitionis Officiali committi potest, sed per mandatum speciale; cum enim actio iudicialis nondum inceperit, nondum ei potestas propria competit interveniendi."

litis contestatione,[20] possit actorum in inquisitione obtentorum valorem inficiari; unde restaret ut contestationi litis ad processum formalem undequaque necessariae omnis adimeretur valor.[21] Probationes enim adversus reum in inquisitione speciali collectae inserviunt tantum pro informatione Curiae, non pro decisione causae, et nullum habent valorem iudicialem donec a reo in processu legitimentur, vel a iudice habeantur uti legitimae per testium repetitionem aut *confrontationem.*[22]

Characterem non-iudicialem specialis inquisitionis iam suo tempore (et eaedem rationes hodie urgent) cl. Lega hisce castigatis verbis exposuit:

"Citatio autem rei id efficit ut actus evadat contentiosus seu *iudicialis,* et processus antea *informativus* redditur *iudicialis;* hoc sensu dicitur *processus legitimari per repetitionem testium* . . .[23] In processu autem *mixto,* quum devenitur ad accusationem, *processus legitimatur,* seu probationes ex inquisitione collectae fiunt *contentiosae,* seu submittuntur processui servando in iudicio accusatorio . . .[24] Siquidem ex hoc processu et maxime per testes auditos *pro informatione Curiae,* movetur ad instaurandum iudex accusationem, quam contestatus est reo convento. Ast probationes hactenus collectae non possunt dici firmae ad effectum *condemnationis,* quousque has discusserit accusatus in sui defensionem . . . Inde invaluit mos ut, publicato *processu informativo,* a reo exquireretur an vellet, ad expeditam *legitimationem,* testes habere pro *rite examinatis et repetitis.*" [25]

En auctoritate Lega, processualistarum modernorum longe principis, fretus, scriptor nil haesitat concludere inquisitionem prae-

[20] Lega (*De Iudiciis Ecclesiasticis,* IV, n. 201): "In processu autem vel *pure inquisitivo* vel *mixto,* contestationem antecedit *inquisitio* ordinata ad comparandas probationes; quibus repertis, inducitur dein litis contestatio, iisdem innixa probationibus. . . ."

[21] Noval, *De Iudiciis,* n. 777, p. 507.

[22] Noval, *De Iudiciis,* n. 777, p. 507.

[23] Lega, *De Iudiciis Ecclesiasticis,* IV, n. 239, p. 309.

[24] Lega, *De Iudiciis Ecclesiasticis,* IV, n. 240, p. 311.

[25] Lega, *De Iudiciis Ecclesiasticis,* IV, n. 242, p. 242; cf. Noval, *De Iudiciis,* n. 771.

viam non esse iudicialem. Sane ea forma conficitur ac si esset iudicialis quia postea, in secundo processus mixti stadio, per legitimationem efficietur vere iudicialis. Quo securius igitur hoc fiat, acta inquisitionis conficiuntur stricte iudicialiter quin tamen sint vere iudicialia. Sunt nil aliud nisi formalitates mere administrativae iudiciali forma confectae. Inquisitio est processus informativus pro informatione Curiae; imo forsan acta inquisitionis numquam deducentur in iudicium.[26]

A: *Si delictum nec notorium sit.*

Quale sit delictum notorium et cur in casu talis delicti nec iudicium nec proin inquisitio praevia requiratur, iam supra monstratum est. Ast, etsi non necesse sit sententiae in causa notorii praemittere inquisitionem stricte sumptam, qualem nos hisce consideramus paginis, requiritur tamen ut aliqua saltem investigatio praecedat inflictionem sententiae *e notorio,* "cum multa dicantur notoria quae non sunt." [27]

Nequimus tamen intelligere qualisnam debeat esse haec notorii investigatio sententiae proferendae praevia, nisi redimus ad ius vetus, nam Codex nullibi explicite tractat de *processu e notorio,* etsi (uti infra conabimur probare) hunc processum *implicite* retineat. Etsi vero nostra in hac disssertatione non intersit ad processum e notorio qua talem, iuvabit tamen eumdem per summa saltem lineamenta describere quo facilius investigatio ipsius notorietatis intelligi possit.

Iam vero in iure veteri ipsi textus [28] iuris Decretalium necnon praesertim explanationes horum textuum a Doctoribus allatae monstarunt in *notoriis factualibus* non requiri citationem, libellum, litis contestationem, proin nec expostulari rei citationem praeviam sententiae condemnatoriae aut declaratoriae, nec tandem aliquando in notoriis admitti appellationem.[29]

[26] Canon 1946, § 2, 1° et 2°; Noval, *De Iudiciis,* n. 771, p. 507.

[27] C, 14, X, *de appellationibus,* II, 28 (Alexander III [1159-1181]).

[28] C. 10, X, *de filiis presbyterorum ordinandis vel non,* I, 17; c. 15, X, *de purgatione canonica,* V, 34; c. 1, *de censibus,* III, 20 in VI°.

[29] Schmalzgrueber, *Ius Ecclesiasticum Universum,* lib. V, tit. I, nn. 7, 8, 9, 10, 11; Reiffenstuel, *Ius Canonicum Universum,* lib. V, tit. I, nn. 253,

Antequam tamen posset procedi e notorio, debebat adprobe constare de ipsa delicti notorietate, nam in hac fundabatur totus processus in causa notorii. Consequenter testes, saltem duo, erant inducendi ad deponendum non tantum de ipso delicto, sed etiam de notorietate ipsius, quod silicet presente et inspectante populo esset perpetratum.[30]

Nullum potest consistere dubium quin processus e notorio, praecise prouti iure veteri vigebat, retineatur in iure Codicis. Nam, etsi Codex nullibi *explicitam* mentionem de hoc processu faciat, multa tamen habet quae nequeunt intelligi nisi velimus admittere processum e notorio adhuc urgeri. Aliis verbis, processus e notorio *implicite* in Codice continetur, et proin ad normam can. 6, 6°, etiam in praesens vigere pergit.

Age vero, Codex explicite statuit facta (et proin etiam delicta, praesertim cum referatur ad canonem 2197) notoria non indigere probatione.[31] Ergo ibidem *implicite* statuit in delictis notoriis nullum esse opus iudicio criminali quippe quia hoc explicite versatur circa illa quae indigent probatione.[32] "Ordo enim iudicarius solum introductus est ad delicti aut iuris *dubii* veritatem investigandam: qui finis cessat in casu ubi haec est notoria." [33]

Cum Codex nullam explicitam mentionem de hoc processu faciat, cogimur ad normam can. 6, 2°, processum e notorio aestimare totaliter ex iuris veteris auctoritate, atque ideo e receptis apud probatos auctores interpretationibus. Hoc vel eo magis necessarium est quia auctores moderni vel nihil omnino dicunt de hoc processu, vel ad summum tantummodo per transennam declarant eum adhuc vigere.

254, 257, 259, 260; Lega, *De Iudiciis Ecclesiasticis*, IV, n. 121, p. 175; Bouix, *De Iudiciis*, II, 294-302; Smith, *New Procedure*, n. 102, p. 44.

[30] Schmalzgrueber, *ibid.*, n. 16; Reiffenstuel, *ibid.*, n. 264; Bouix, *ibid.*, p. 301; Smith, *ibid.*, n. 103, p. 44.

[31] Canon 1747, 1°.

[32] Canon 1552, § 1.

[33] Schmalzgrueber, *ibid.*, n. 7. Cf. *quoque* Reiffenstuel, *ibid.*, n. 253: Lega, *ibid.*, n. 119. p. 173; Noval, *ibid.*, n. 444, p. 312; Bouix, *ibid.*, p. 297; Wernz, *Ius Decretalium*, VI, nn. 437, 712; Coronata, *Institutiones*, IV, n. 1645; Heneghan, *The Marriage of Unworthy Catholics*, pp. 64-65.

Codex insuper noster eo ipso quod implicite retinuit hunc processum, videtur reiecisse opinionem illorum iuris veteris auctorum qui, etsi theoretice admiserint existentiam processus e notorio, tamen docuerint in praxi vel magis expedire[34] vel prorsus necessarium esse ut etiam in delictis notoriis notorietate facti iudex procederet ad normam iuris.[35] Nam, si Ecclesia agnoscit processum e notorio, certo certius vult ut ille processus adhibeatur si quandoque illa omnia concurrant adiuncta quae illum expostulant.

B: *Nec omnino certum*

Certitudo ad quam heic refertur certo certius non est illa qua constat delictum posse probari in foro externo, uti censet Beste.[36] Nam, uti supra monstratum est, minime sufficit iure Codicis, ad hoc ut delictum in iudicium deducatur, ut sit probationis in foro externo capax. Id sane exigitur, ast ultra hoc iuris requisitum insuper postulatur ut delictum sit publicum,[37] neve praescriptum.[38]

Aliis verbis, delictum tunc tantum censetur adeo certum ut nullum sit iam opus inquisitione, quando iuxta verba canonis 1939, § 1, iam constat de fundamento quo innititur imputatio, vel quando iuxta 1946, § 2, 3°, "certa vel saltem probabilia et sufficientia ad accusationem instituendam argumenta praesto sunt." His verificatis adiunctis, non iam est cur iudicio praemittatur inquisitio specialis; nam tunc finis ad quem haec dirigitur iam obtentus est.

Canon 1939, § 1, dein pergit animadvertendo in omnibus aliis casibus praeter hosce duos, delicti nempe notorii vel omnino certi, inquisitionem specialem esse praemittendam iudicio criminali, quocumque modo delictum Ordinario innotuerit. Modi quo delictum potest sic Ordinario innotescere in canone dein recensiti, elenchum taxativam etsi non constituentes, uti patet e verbis *"sive alia quavis ratione,"* sunt, tamen, praecipuae occasiones e quibus

[34] Schmalzgrueber, *ibid.*, n. 16; Reiffenstuel, *ibid.*, n. 266; Smith, *New Procedure*, n. 108, p. 45.

[35] Lega, *ibid.*, n. 121, pp. 176-177.

[36] *Introductio*, p. 826 cum pagina 814 collata.

[37] Canon 1933.

[38] Canones 1702, 1705.

sternitur via ad inquisitionem specialem.[39] En oportet nonnulla de singulis dicere.

C: *Si delictum innotuerit . . . sive ex rumore et publica fama.*

Qualis sit differentia inter rumorem et famam clarissime indicatur a Reiffenstuel.[40] Iuxta eum rumor est quaedam famae species.[41] Fama enim est duplex. Altera est *fama hominis,* altera *fama inter homines.*[42] De illa non fit heic sermo quia, utpote mere generalis aliorum de aliquo aestimatio, per sese praescindit a delicto. Haec, tamen, quae est "publica seu communis insinuatio vel proclamatio ex sola suspicione, et certo auctore proveniens," [43] est illa fama de qua tractatur in canone 1939, § 1.[44] Est fama quae respicit aliquem particularem hominem relate ad aliquod particulare factum criminosum orta ex personis fide dignis, gravibus, notis et nullum in causa interesse proprium habentibus, necnon sparsa ad maiorem saltem alicuius viciniae partem.[45] Solummodo fama seu infamia sic specificata ortum praebebat inquisitioni speciali in iure veteri.[46]

Fama cui deficiebat quodlibet ex istis requisitis erat ad summum rumor, nec sufficiens censebatur causa instituendi inquisitionem specialem. Quapropter si fama de aliquo delicto erat sparsa tantummodo ad tertiam, quartam vel dimidiam loci partem, vel si oriebatur ex auctore sive incerto sive certe malevolo, sive etiam de cuius in causa agebatur commodo, persona de qua talis vigebat fama non habebatur sat infamata ad hoc ut contra eam posset inquisitorie procedi.[47]

[39] S. C. Ep. et Reg., instr. 11 iun. 1880, n. 11 — *Fontes,* n. 2005.

[40] *Ius Canonicum Universum,* lib. II, tit. XX, nn. 391-392; cf. quoque Pirhing, *Ius Canonicum,* lib. v, tit. I, sec. 3, n. 57.

[41] Lib. II, tit. XX, n. 390.

[42] Lib. II, tit. XX, nn. 387-388.

[43] Lib. II, tit. XX, n. 388.

[44] Noval, *De Iudiciis,* n. 772.

[45] Lib. II, tit. XX, nn. 391-392.

[46] Lib. V, tit. I, nn. 17 et 191.

[47] Reiffenstuel, *Ius Canonicum Universum,* lib. II, tit. XX. n. 392, et lib. V, tit. I, n. 191.

At ex eo quod iure veteri non permittebatur iudicium per inquisitionem ob solum rumorem inchoari, non est supponendum non fuisse necessarium institui praeviam extra-iudicialem inquisitionem qua constaret utrum vox publica quae de aliquo circumferebatur esset revera rumor annon potius infamia.

Quas notiones Noval, (1861-1938)[48] deficiente iuri novo clariore rei explanatione, merito transfert ad ius Codicis. Iure, igitur, novo sicuti iure veteri sufficit sive rumor sive infamia ad instituendam specialem praeviam inquisitionem ad comperiendum an et quo fundamento imputatio delicti innitatur.

D: *Sive ex inquisitione generali.*

Iure veteri triplex distinguebatur inquisitio iudicio praevia, nempe generalis, mixta et specialis.[49]

Inquisitio *generalis* nil aliud erat nisi assidua vigilantia quam Ordinarii vi officii debebant adhibere ad determinandum num in territorio sibi commisso recta disciplina legumque observantia custodirentur.[50] Cui obligationi diebus nostris etsi Ordinarii plerumque per visitationem satisfaciant,[51] ipsi, tamen, insuper ad vigilantiam quotidianam vitae morumque subiectorum tenentur, quo melius delicta abususve praeveniant eliminentque. Quae in-

[48] *De Iudiciis,* n. 772.

[49] Mirum sane est quam confusa exstiterit terminologia apud auctores ante Codicem scribentes relate ad istam triplicem inquisitionem. Sic pro inquisitionibus iuxta ordinem supra datum reperiuntur nomina: generalis, specialis et specialissima; cf. Coronata, *Institutiones,* III, n. 1462; Lega, *De Iudiciis Ecclesiasticis,* IV, nn. 141 sqq.; Iterum aliquando ponebantur: generalissima, mixta et specialis — cf. Reiffenstuel, *Ius Canonicum Universum,* lib. V, tit. I, n. 151 sqq.; Schmalzgrueber, *Ius Ecclesiasticum Universum,* lib. V, tit. I, n. 174 sqq. At licet diversis uterentur nominibus, auctores omnes substantialiter conveniebant quoad rem.

[50] Canon 336, §§ 1, 2; Reiffenstuel, *Ius Canonicum Universum,* lib. V, tit. I, n. 150; Schmalzgrueber, *Ius Ecclesiasticum Universum,* lib. V, tit. I, n. 177; Noval, *De Iudiciis,* n. 772, p. 509; Coronata, *Institutiones,* III, n. 1461.

[51] Canon 342, § 1; Barbosa, *De Officio et Potestate Episcopi* (Lugduni, 1656), pars III, alleg. 73, n. 1; Coronata, *Institutiones,* III, n. 1461.

quisitio, uti patet ex ipsius vel nomine, est omnimode generalis tum quoad personas quum quoad delicta.[52] et debet fieri, etiamsi nulla exstet causa suspicandi alicubi delicta esse commissa, nec ulla infamia vel denuntiatio criminis patrati praecesserit.[53] De ipsa non agitur in canone 1939, § 1, nisi incidenter quatenus nempe, ea mediante, preveniatur ad magis specificam delictorum notitiam, et tunc versamur in inquisitione sive mixta sive omnino speciali, de quibus nunc est tractandum.

Inquisitio *mixta* erat duplex, videlicet partim generalis et partim specialis.| Erat aut generalis quoad delicta et specialis quoad personas, uti v. g., quando inquirebatur an Osius deliquisset in genere, nullo determinato delicto expresso; aut erat generalis quoad personas et specialis quoad delicta, uti v. g., quando indagabatur quisnam in genere aliquod specificum delictum certe commissum, puta furtum, patrasset.[54]

Ortum habebat e notitia sive in generali inquisitione sive alio quocumque modo collecta. In utroque mixtae inquisitionis casu ulterior investigatio omnino necessaria erat qua elementum adhuc generale deberet reddi specificum. Nam, ex una parte, bonum commune exigebat talem inquisitionem ulteriorem ne ceteri, videntes nil fieri contra reos, allicerentur et ipsi ad impune delinquendum,[55] et, ex altera parte, processus criminalis nequibat institui nisi contra personam determinatam de aeque determinato delicto accusatam.[56]

Aliae et aliae, tamen, erant obligationes tum inquisitoris tum

[52] Schmalzgrueber, *Ius Ecclesiasticum Universum,* lib. V, tit. I, n. 177; Reiffenstuel, *Ius Canonicum Universum,* lib. V, tit. I, n. 161; Coronata, *Institutiones,* III, n. 1461; Wernz, *Ius Decretalium,* V, n. 843.

[53] Reiffenstuel, *Ius Canonicum Universum,* lib. V, tit. I, n. 158; Schmalzgrueber, *Ius Ecclesiasticum Universum,* lib. V, tit. I nn. 191-192.

[54] Schmalzgrueber, *Ius Ecclesiasticum Universum,* lib. V, tit. I, n. 176; Reiffenstuel, *Ius Canonicum Universum,* lib. V, tit. I, n. 166, 167.

[55] Reiffenstuel, *Ius Canonicum Universum,* lib. V, tit. I, n. 165; Pirhing *Ius Canonicum,* lib. V, tit. I, sect. II, n. 54.

[56] Reiffenstuel, *Ius Canonicum Universum,* lib. V, tit. I, nn. 167 et 170; Pirhing, *Ius Canonicum,* lib. V, tit. I, sect. II, n. 54; Ieiner, *De Processu Criminali Ecclesiastico* (2. ed.. Romae: Pustet, 1912), p. 99.

testium pro informatione Curiae interrogandorum, prouti agebatur de inquisitione generali, mixta et speciali.

Sic in inquisitionibus tum generali cum mixta testes prorsus prohibebantur quominus revelarent delicta occulta, de quibus nempe nulla adhuc vigebat publica fama.[57] Ecclesia, enim, semper protegit bonum subditorum nomen, nec vult in eorum delicta, quousque haec sint occulta, investigare. Tunc tantum, quando publica vox de alicuius delicto habetur, possunt testes de re gnari revelare quid sciant, eo fine ut constet an imputatio in inquisitione praevia investiganda sufficiat ad processum iudicialem inchoandum.

Ob similem rationem ipsi inquisitori non permittitur speciales de reo interrogationes facere extra inquisitionem specialem. In reliquis casibus restringitur ad generales interrogationes, num v. g., testes sciant quisnam in genere, nullo expresso nomine, delictum patraverit; vel num de aliquo, iterum in genere, aliqua publica vigeat infamia e delicto patrato exorta. Nonnisi postquam e responsis testium sic generaliter de auctore delicti interrogatorum aliqua gravis suspicio vel indicium probabile contra aliquem determinatum exsurgeret, poterat assumere speciales informationes de reo quales sufficerent ad iudicium incipiendum.[58]

Quaeri nunc potest quaenam inquisitio e tribus modo consideratis designetur in canone 1939, § 1, per verba: "sive ex inquisitione generali ab Ordinario facta," nam munus inquisitoris iure hodierno incipit tantummodo ab inquisitione speciali. Censet huius dissertationis scriptor vocem *generalem* inibi adhibitam complecti tantummodo inquisitionem pure generalem sensu supra descripto, ita ut sub speciali inquisitione nunc comprehendantur et inquisitio *simpliciter specialis* et inquisitio *partim tantum specialis*. Nam eaedem rationes hodie atque olim urgent cur inquiratur, sive in delectum certum ignoti auctoris, sive in delictum incertum noti

[57] Pirhing, *Ius Canonicum*, lib. V, tit. I, sect. II ,n. 54; Reiffenstuel, *Ius Canonicum Universum*, lib. V, tit. I, n. 195.

[58] Pirhing, *Ius Canonicum*, lib. V, tit. I, sect. 55, n. 54; Schmalzgrueber, *Ius Ecclesiasticum Universum*, lib. V, tit. I, nn. 164-166; Reiffenstuel, *Ius Canonicum Universum*, lib. V, tit. I, n. 195.

auctoris. Imo etiam speciales illae cautiones statutae pro inquisitione mixta videntur hodie adhuc urgeri, nam iura delinquentis, quae natae sunt protegere, sunt inalienabilia.

E: *Sive ex denuntiatione.*

Denuntiatio in re praesenti est manifestatio delicti directa superiori facta eo fine ut contra sic denuntiatum instaurentur processus iudiciales criminales. In parte dissertationis historica scriptor conatus est monstrare denuntiationem, etsi in primo titulo Libri Quinti Decretalium ponatur pari gradu cum reliquis criminaliter procedendi modis iure Decretalium agnitis, numquam fuisse aliud ac specialem viam inchoandi processum inquisitorium, nec umquam constituisse in se distinctam proceduram criminalem.

De formalitatibus iure praesenti requisitis ad denuntiationem iudicialem valide faciendam non est cur heic inquiratur. Hoc unum, igitur, sufficiat notasse; denuntiationem rite confectam nec vitio de quo in canone 1942, § 2, infra discutiendo laborantem,[59] iure novo, sicuti iure veteri, recognosci inter modos magis usitatos viam sternendi ad inquisitionem specialem.

F. *Querela damni.*

Querela damni hoc uno differt a denuntiatione quod provenit e persona proprium interesse in causa habente, conanteque per iudicium iura sua, quae censet delicto laesa, resarcire. Iuvat notasse quod ex omni delicto oritur actio civilis ad reparanda damna, si quae cui delictum intulerit.[60] Quae reparatio, etsi ordinarie habeatur una cum actione poenali per iudicium criminale,[61] potest tamen adhuc urgeri quando actio criminalis, sive ob praescriptionem,[62] sive ob aliam rationem, puta ob defectum sufficientis publicitatis

[59] Canon 1942, 2: "Nihili faciendae sunt denuntiationes quae ab inimico manifesto, aut ab homine vili et indigno proveniunt, vel anonymae iis adiunctis iisque aliis elementis carentes, quae accusationem forte probabilem reddant."

[60] Canon 2210, § 1, 2°.

[61] Canon 2210.

[62] Canon 1704.

delictualis ad iudicium criminale ineundum, sublata est; at tunc tantum per actionem pure contentiosam. Insuper causae iniuriarum aut diffamationis nequeunt criminaliter urgeri sine querela ipsius partis laesae, nisi (uti indicatur in canone 1938, § 2) agitur "de iniuria aut diffamatione gravi, clerico vel religioso, praesertim in dignitate constituto, illata, aut quam clericus vel religiosus alii intulerit." In hisce enim adiunctis "actio criminalis institui potest etiam *ex officio.*"[63]

G: *Sive alia quavis ratione.*

Recitatis occasionibus magis ordinariis e quibus specialis inquisitio potest instaurari, legislator statim utitur verbis omnino generalibus "sive alia quavis ratione," quae coniunctim sumpta cum canone 1942,[64] sat clare indicant quodlibet delinquentiae indicium, modo sit iudicio Ordinarii vere probabile, necessarium reddere usum specialis inquisitionis ad hoc ut ad ulteriora procedi liceat.

Perperam, tamen, ni fallitur scriptor, Noval ex hisce verbis "*sive alia quavis ratione*" concludit ius vetus mutatum esse quatenus nunc, aliter ac tunc, non iam requiritur praevia inquisitio diffamationis illius qui inquisitioni speciali sit subiciendus.[65]

Canon 1939, § 1, cum canone 1933 collatus, enim praeviam inquisitionem hodiernam adamussim aequiparat inquisitioni praeviae prouti iure Decretalium vigebat. Nam, aliter ac Noval supponit, infamia minime requirebatur iure antiquo ad instaurandam inquisitionem specialem. Inquisitio enim iuris veteris erat processus *mixtus* ex inquisitione *infamiae* et inquisitione *veritatis* compositus. Nemo utique in iudicium inquisitionis formale poterat sisti quin prius fuisset infamia contra eum probata; at nil prohibebat quominus illa inquisitio infamiae praevia inciperetur absque ulla infamia. Notissima enim est distinctio iure Decre-

[63] Canon 1938, §§ 1 et. 2.

[64] "Prudenti Ordinarii iudicio committitur statuere quandonam ea, quae praesto sunt argumenta, sufficiant ad inquisitionem instituendam."

[65] Noval, *De Iudiciis*, n. 772.

talium vigens inter inquisitionem *ex officio* et inquisitionem *aliquo promovente seu impetrante* [66]

In utroque casu prorsus exigebantur inquisitio et probatio infamiae antequam ad ulteriora liceret procedi, cum hoc, tamen, discrimine quod in priore casu (inquisitione nempe ex officio) infamia ipsa erat occasio inquisitionis, dum in hoc (aliquo promovente inquisitionem) inquisitio suam originem trahebat ex querela seu denuntiatione alicuius particularis personae, et debebat eo fine conduci *ut constaret an* de delicto sic private denuntiato publica *existeret* delinquentis *infamia.*

Quid omnino simile accidit iure moderno, uti constat e citato canone 1939, § 1; nam modi inibi descripti ex ipsa rei natura dividuntur in eos qui inquisitionem *ex officio* (publica fama, rumore, etc.) et eos qui inquisitionem *ad instantiam* alicuius privati (querela damni, denuntiatio, etc.) exigunt.

Imo, attento canone 1933, in quo declaratur sola delicta publica posse in iudicium criminale hodie deferri, constat finem *praecipuum* inquisitionis specialis iudicio praeviae in eo esse ut per eam probetur delictum esse aut iam divulgatum aut certe divulgandum. Ast sane qui probat hoc de aliquo delinquente, eoipso probat eum laborare infamia e delicto sic publicato necessarie oriente, seu aliis verbis probat eius infamiam delictualem.

H: *Prudens iudicium Ordinarii de intimatione delicti sibi aliquo ex supradictis modo facta.*

Dum suum iudicium prudens de sufficientia argumentorum ad inquisitionem specialem permittendam efformat, Ordinarius monetur in canone 1942, § 1, ne plerumque rationem habeat denuntiationum quae accusationem improbabilem reddant. Etsi in illo canone adhibeatur solummodo vox "denuntiationes," principium ibi statutum, uti patet e ure veteri,[67] aequo vigore viget pro

[66] *Gl. Ord.*, c. 24, X, *de accusationibus, inquisitionibus et denuntiationibus,* V, I, in toto; Durandus, *Speculum,* lib. III, p. 35; Reiffenstuel, *Ius Canonicum Universum,* lib. V, tit. I, nn. 176, 177.

[67] C. 24, X, *de accusationibus, denuntiationbus et inquisitionibus,* V, I; C. 31, X, *de simonia et ne aliquid pro spiritualibus exigatur vel promit-*

notitia delicti undequavis habita. Ordinarius, igitur, curabit notitiam ampliorem de indole denuntiantium adipiscendam, etiam, si necesse id censuerit, per litteras testimoniales.

Litteris anonymis accensendae sunt litterae illegibiliter subscriptae.[68] Huiusmodi vero litterae, i. e., anonymae et illegibiliter subscriptae, non sunt illico reiiciendae ac si numquam essent ullius omnino valoris. Persaepe, enim, multa factorum adiuncta continent quae sufficiunt ad incipiendam inquisitionem, uti v. g., si narrant circumstantias determinatas loci, temporis, documentorum, etc.[69]

Ceteroquin potest casui particulari subesse optima ratio cur epistola anonyma mittatur ad curiam, v. g., erubescentia consanguinei in delicto consanguinei denuntiando, etc.

Quibus omnibus perpensis Ordinarii erit decernere utrum necne ea omnia confluant adiuncta e quibus licitus reddatur usus inquisitionis specialis, sive agatur de poena latae sive ferendae sententiae.[70]

Iudicium de sufficientia argumentorum videtur posse committi Vicario Generali; nam licet canon 1942 unici Ordinarii mentionem faciat, Vicarius, tamen, Generalis non videtur excludendus nisi Episcopus hoc sibi munus expressis verbis reservavit. Agitur, enim, de re ad quam ius minime exigit speciale mandatum.[71]

Idem, tamen, non valet de Officiali; nam, etsi inquisitio specialis ad iudicium ordinetur, nihilominus non est iudicium, quum e definitione locum habere debeat ante citationem.[72] Ordinaria potes-

tatur, V, 3; S. C. S. Off., instr. 20 febr. 1866, nn. 6, 10—*Fontes,* n. 990; S. C. S. Off., instr. 6 aug. 1897, n. 1—*Fontes,* n. 1190; S. C. Ep. et Reg., *Ariminen.,* 1 dec. 1579—*Fontes,* n. 1364.

[68] Coronata, *Institutiones,* III, n. 1462.

[69] S. C. Ep et Reg., *Ariminen.,* 1 dec. 1579: ". . . se bene non si deve far fondamento ne dar credenza a lettere senza sittoscrizione, tuttavia quando si può pigliare informazione secreta, e senza scandalo delle cose esposte, col mezzo delle persone prudenti, e di zelo, Nostro Signor sente, che si faccia qualche diligenza. . . ."—*Fontes,* n. 1364.

[70] Canon 1939, § 2.

[71] Canon 368, § 1; Noval, *De Iudiciis,* n. 775.

[72] Canon 1939, § 1.

tas Officialis respicit tantummodo vera iudicia quae in materia poenali non habentur donec promotor iustitiae accusationis libellum confecerit eumque iudici exhibuerit.[73] De mandato, tamen, speciali Ordinarii, uti patet, etiam hoc munus potest committi Officiali, at tunc agit e potestate delegata, sicuti quando mandato speciali munitus ea facit de quibus in canone 1946.

Articulus II: De Necessitate Inquisitionis

Quaeri potest num iure Codicis inquisitio praevia specialis adeo ad iudicium subsequens necessaria censeatur ut, ea omissa, ipsum iudicium sententiaque forte prolata in irritum cedant. Sane omnes, attentis planis canonis 1939, § 1, verbis, coguntur admittere defectum inquisitionis nullomodo posse inficiare actum validitatem si agatur de delicto vel notorio vel omnino certo. Ast in reliquis casibus dubio locus esse quit.

Ad ius vetus quod attinet, praevia infamiae inquisitio poterat dici *condicionaliter necessaria* ad processus insequentis validitatem. Si enim iudex, omissa infamiae investigatione, statim procedebat ad iudicium inquisitorium, processus, etsi illicitus, erat adhuc validus, nisi reus exceptionem non probatae infamiae proponebat. Si iudex, hac exceptione proposita et neglecta, ad ulteriora procedebat, iudicium una cum sententia inde prolata censebatur irremedialiter nullum. Verum, si reus tempore utili tacuit, subsequens iudicium, non obstante infamiae probatae defectu, habebatur validum. Illa enim exceptio dilatoria erat, introducta in favorem rei, qui proin, si ea non utebatur, praesumebatur iuri suo renuntiasse sicque iudicium validasse. Sic iuxta communem sententiam usque ad Codicem vigentem.[74]

[73] Canon 1955 cum canone 1573, § 1, collatus; Noval, *De Iudiciis, n.* 775; Vermeersch-Creusen, *Epitome,* III, n. 266; Coronata, *Institutiones,* n. 1465 in calce.

[74] *Gl. Ord.,* c. 24, X, *de accusationibus, inquisitionibus et denuntiationibus,* V, I, ad verbum *"inquirendum"*; Panormitanus (*Commentaria,* lib. V, tit. I, c. 19, p. 115): ". . . Si vero inquisitus praesens apposuit ut plus inquiratur de fama et appellavit, tunc non valet processus super veritate, quia est legitima causa appellandi."; *Gl. Ord.,* c. 2, X, *de accusationibus,*

Quid sit agendum post Codicem non tam clare constat. Iuxta Augustine[75] inquisitio specialis necessaria est ad proceduram criminalem ut pars eiusdem essentialis. Quem Coronata[76] sequitur, animadvertens inquisitionem esse hoc sensu necessariam "quotiens aliunde probationes necessariae ad actionis criminalis exercitium aliunde non habeantur paratae," seu quando ad normam can. 1939, § 1, delictum nec notorium nec omnino certum sit.

Re quidem vera, scriptoris iudicio, si unus canon 1939, § 1, esset attendendus (uti auctores supradicti videntur supponere), nullum haberetur dubium quin inquisitio *semper* requireretur ad *solam* liceitatem iudicii et sententiae. Id eruitur e canone 1939, § 1, cum canonibus 1680 et praesertim 11 collato.

Obligatio enim inquisitionem iudicio criminali praemittendi statuitur in canone 1939, § 1, per verba *"est praemittenda."* Nil in hoc canone vel hisce verbis reperitur quod indicat inquisitionem esse sive essentialem procedurae criminalis partem sive solemnitatem seu condicionem a sacris canonibus requisitam sub poenae nullitatis subsequentis formalis iudicii.[77] Nec ullibi in canone 1939, § 1, habetur clausula sive expesse sive aequivalenter irritans. Verba enim *"est praemittenda"* meram praescriptionem continent cuius certo certius violatio non secumfert *invaliditatem actus*. Quapropter ex hoc capite-concludendum venit inquisitionem vi canonis 11 numquam esse ad validitatem actuum subsequentium. Legislator, enim, doctrinae iure antiquo communiter admissae optime gnarus, loquitur indiscriminatim in canone citato de omnibus omnino casibus inquisitionis specialis praeter duos ibidem

inquisitionibus et denuntiationibus, V, I ad *casum* " . . . si iudex omissa inquisitione statim procedit ad inquisitionem, inquisito tacente, tunc inquisitus postea nequit opponere exceptiones non inquisitae diffamationis."; Panormitanus (*Commentaria*, lb. V, tit. 1, c. 9, p. 114, nn. 8.9): " . . . quia ista exceptio quod non praecesserit infamia est dilatoria, inducta in favorem inquisiti, et ideo sibi imputandum si in principio non excipit . . . "; Pirhing, *Ius Canonicum*, lib. V, tit. I, sect. II, n. 62; Schmalzgrueber, *Ius Ecclesiasticum Universum*, lib. V, tit. I, n. 198; Reiffenstuel, *Ius Canonicum Universum*, lib. V, tit. I, n. 198.

[75] *A Commentary*, VII, 368.

[76] *Institutiones*, III, p. 389, in prima adnotatione ad imam paginam.

[77] Canon 1680.

expresse exceptos, et adhibet verba mere praescriptiva. Sic hoc *solo* canone 1939, § 1, attento, cogeremur concludere legislatorem intendisse *omnem reditum* ad ius antiquum e medio tollere; in quo iure veteri, uti paucis hinc remotis paginis monstratum est, inquisitio esset semper *condicionaliter* necessaria ad validitatem (nisi, uti patet, iudici iam constabat de iis quae debebat inquisitione discere) subsequentis processus quem omissa *aliquando* irritaret.

Scriptor tamen supra consulto adhibuit verba—"*si unus canon* 1939, § 1, *esset attendendus*," nam, eius iudicio, invaliditas sententiae datae in iudicio criminali cui specialem inquisitionem praemittendam curare omisit Ordinarius, aliunde *saepe* repeti poterit, nempe e canone 1933, § 1,[78] cum canone 1939, § 1, collato.

Ratio huius assertae invaliditatis ex omissa inquisitione *nonnumquam* exortae in eo ponitur quod praeteritio inquisitionis *saepe* huc redit ut oriatur dubium de existentia ipsius iudicii. Quo dubio persistente sententia a *tali* iudice prolata eoipso redditur dubia, et proin, cum versemur in re in qua opinio reo favorabilior debet omnino adhiberi, nulla. Hoc conabitur scriptor nunc probare.

Age vero, canon 1933, § 1, declarat clarissimis verbis *solum* obiectum iudicii criminalis esse *delictum publicum*. Vis huius canonis, ni fallitur scriptor, haec est ut iudicium criminale de delicto occulto sit iudicium absolute nullum. Sane nequit intelligi quomodo haberi possit iudicium criminale ubi deest obiectum talis iudicii iure explicite postulatum. E canone enim 1933, § 1, patenter colligitur delicta occulta simpliciter non esse obiecta iudicii criminalis.

E canone 1939, § 1, insuper edocemur finem inquisitionis generali modo conceptum esse ut constet an et quo fundamento innitatur imputatio delicti alicui facta, seu praecisius ut constet an omnia iuris requisita ad hoc ut delictum possit in tribunal deferri verificentur de hoc particulari delicto hic et nunc investigando.

[78] "Delicta quae cadunt sub criminali iudicio sunt delicta publica."

Haec iuris requisita sunt: capacitas probandi delicti in foro iudiciali, carentia praescriptionis et delicti publicitas. Parum nostra heic interest ad illa duo—praesertim cum eorum probatio aliquomodo pendeat a probatione publicitatis. Inquisitio enim specialis ceteroquin in hunc praesertim finem tendit ut ea liqueat de delicti publicitate, uti plus semel iam dictum est. Non-existentia iudicii cum consequenti sententiae nullitate, quam supra asseruimus saepe oriri e neglecta inquisitione, fere semper inde surgit quod publicitas delicti non habetur probata.

Age vero, attento canone 1939, § 1, inquisitio tunc tantum necessaria est quando delictum investigandum nec notorium est nec omnino certum, seu aliis verbis quando delictum est *dubium* e capite possibilitatis id ad tribunal criminale deferendi. Quod dubium, uti modo monstravimus, plerumque respicit delicti publicitatem.

Ergo cum iudicium criminale nequeat *valide* haberi nisi de delicto *certe publico,* cumque inquisitio specialis in iis tantum rerum adiunctis necessaria sit in quibus de hac publicitate dubitatur, sequitur ut, si in iisdem circumstantiis inquisitio omittitur, *saepe* exinde profluat nullitas ipsius iudicii criminalis exorta e saltem dubio defectu obiecti ad ipsius iudicii validitatem necessarii. Aliis verbis, dubium de existentia obiecti iudicii criminalis huc redit ut, in illis casibus in quibus inquisitio requiritur ad normam iuris, detur dubium de existentia ipsius iudicii. Atqui in poenalibus iudicium *dubium* est iudicium *nullum.*

Ergo omissio inquisitionis saepe hoc efficit ut iudicium criminale sit nullum. Dicitur *saepe* quia, uti patet, in illis casibus in quibus delictum est revera publicum, incuria superioris hoc factum probare neglegentis minime afficit obiectivam rerum conditionem, nec proin detrahit valori sententiae datae a iudice reapse competente in iudicio valido. Nam tunc delictum est revera publicum, nec iudicii validitati in tali casu obstat praeteritio inquisitionis a parte superioris. Ast ubi publictas delicti non est tam apparens, et simul negligitur inquisitio, effectus hic sequitur ut iudicium ipsum sit nullum quia dubium.

Quod verum esse etiam tunc censet scriptor quando reus postea confitetur delictum in iudicio. Nam tunc, cum non habeatur verum iudicium, illa confessio, quantumque appareat esse vera confessio iudicialis, nec est nec potest esse confessio iudicialis ad normam iuris, quippe quia haec debet locum habere in vero iudicio.

Articulus III: De Fine Inquisitionis Specialis

Ex canonibus 1939, § 1 et 1946, § 2, 3°, inter se *confrontatis,* apparet finem specialis inquisitionis generali modo descriptum esse colligendi certa vel saltem probabilia et sufficientia argumenta ad accusationem instituendam. Quapropter ad praecisius determinandum inquisitionis scopum, debet indagari quid ius ad hoc exigat ut delictum in iudicium deferri possit.

Age vero, e capite VII tituli V libri IV (a canone 1701 ad canonem 1705) constat delictum *praescriptum* non posse in iudicium trahi; ex canone 1933, § 1, sequitur delictum occultum in tribunali sisti non posse ad iudicium, et tandem aliquando ex ipsa rerum natura patet delictum, utut publicum et non praescriptum, non posse iudicialiter cognosci nisi sit simul *probationis capax* in foro iudiciali.

Pauca dicemus de prima et ultima hypothesi.

A: *Publicitas delictualis.*

Inquisitoris erit stabilire delictum esse publicum tum materialiter quum formaliter.[79] Nec ex eo quod inquisitori dicitur incumbere onus stabiliendi publicitatem delicti formalem, concludere fas est actum proin esse de praesumptione canonis 2200, § 2. Haec enim praesumptio plenum sibi in iure tributum retinet vigorem relate ad dolum seu imputabilitatem, uti delicti elementum in suo esse constitutivum. Ast, uti in articulo I capitis IV conati sumus probare, haec praesumptio nullomodo respicit imputabilitatem qua *divulgatam* seu qua necessariam ad delictum in suo cognosci *publicum* reddendum.

Praeterea, cum error sive iuris sive facti efficit (cf. articulum III capitis II) ut delictum, etsi certissime patratum et proin vi

[79] Noval, *De Iudiciis,* n. 781; Coronata, *Institutiones,* III, n. 1464.

canonis 2200, § 2 praesumptive imputabile, non sit—iure quo nunc regimur—publicum, inquisitor, si vult munus sibit commissum fideliter exesequi, prorsus tenetur eas colligere divulgationis probationes e quibus positive consideratis elucet illos quibus delictum divulgatum dicatur, esse conscios de indole quoque poenali delicti materialiter sibi patefacti, et e quibus negative sumptis patet nullum in casu dari sive iuris sive facti errorem vi cuius transgressio legis non innotescat ut delictum.

Nisi de hac duplici publicitate liquebit, delictum erit occultum,[80] et proin iudicio criminali impervium.[81]

Recolet, insuper, inquisitor suum esse inquirere de delictis etiam materialiter et formaliter publicis num praesumpta imputabilitas[82] in aliquo casu particulari e medio tollatur ob aliquam in contrarium probationem, qua evincitur delinquentem, etsi publice credatur verum delictum patrasse, sine dolo reapse egisse. Frustra enim traheretur in tribunal tale mere materiale delictum.

B: *Probatio possibilitatis delictum in foro iudiciali probandi.*

E probata delicti publicitate ordinarie sequitur eoipso probata capacitas delictum in iudicio probandi. Ast sane possunt dari casus in quibus habeatur delictum publicum, etiam coram duobus tribusve fide dignis testibus commissum et proin probationis in foro iudiciali per se capax, quod tamen omnino inutiliter traheretur ad iudicium criminale, si nempe illi testes (qui in casu supponuntur esse unicum probationis medium) nulla ratione induci possent ut de eo testimonium in iudicio ferrent. Exempli gratia licet referri ad canonem 2191, § 3, 1°, in quo adiuncta modo descripta cogunt Ordinarium recurrere ad suspensionem ex informata pro inflictione poenae in delictum certe publicum. Idem esset verum si reus minis vel aliis adhibitis mediis processum iudicialem nec instaurandum nec forte instauratum perficiendum curaret, etiamsi ageretur de delicto publico et per se capace probationis in foro

[80] Canon 2197, 4°.
[81] Canon 1933, § 1.
[82] 2202, § 2.

iudiciali.[83] Tandem aliquando adversae leges civiles probationi delicti publici aliunde probationis iudicialis capacis obstare queunt.[84]

Sufficiant hi casus, qui heic adducuntur exempli gratia, ad monendum inquisitorem de eius obligatione videndi in singulis casibus num delicti ceteroquin in tribunal deferri capacis praesto habeantur media probationis iure canonico recognita.

[83] Canon 2191, § 3, 2°.
[84] Canon 2191, § 3, 3°.

Caput Sextum

DE MINISTRIS INQUISITIONIS SPECIALIS

Inter ministros quibus committitur confectio praeliminaris specialis inquisitionis potiorem ceteris locum obtinet ipse inquisitor. Eius functio constabit e responso huic triplici interrogationi dato: nempe, quis possit inquisitoris munere fungi; qualibusnam debeat esse ornatus dotibus; et qualiter opporteat ut munus sibi commissum exsequatur. En ad singula.

A: *Persona inquisitoris.*

Ordinarius, quippe cui vi officii competit totius dioecesis regimen in spiritualibus et temporalibus cum potestate legislativa, iudicaria et coactiva,[1] etsi possit ipse per se inquisitionem peragere, ipso tamen Codice consulitur ut eam ex generali regula alii demandet.[2]

Cuius consilii ratio in promptu est. Praeterquam, enim, quod nimium teritur temporis, quo Episcopus in expediendis aliis negotiis suam personalem curam flagitantibus melius uteretur, haec quoque accedit ratio quod e pertractione rerum criminalium e parte Episcopi pessumdatur ille reverentiae et fiduciae spiritus quem tantopere interest ut subditi erga eum foveant.[3] En consilium in canone 1578 Episcopis praebetur ut causas, praesertimque criminales, iudicandas relinquant tribunali ordinario cui praesit Officialis vel Vice-officialis. Quapropter consultius agit Episcopus qui ad normam canonis 1940 hoc inquirendi munus committit alicui e iudicibus synodalibus, nisi e peculiari ratione alii committendum videatur.[4]

[1] Canon 335, § 1.

[2] Canon 1940.

[3] Noval, *De Iudiciis,* n. 127; Vermeersch-Creusen, *Epitome,* III, n. 264.

[4] S. C. Ep. et Reg., instr. 11 iun. 1880, n. 12—*Fontes,* n. 2005; S. C. S. Off., instr. 6 aug. 1897, n. 5—*Fontes,* n. 1190; S. C. de Prop. Fide, instr. a 1883, n. XII—*Fontes,* n. 4900.

At quaeri potest num Vicario Generali vi officii aequum atque Ordinario competat ius inquisitionem specialem conficiendi. Id sane negant Coronata [5] et Vidal. Hic ad negandum ea adducitur ratione quod specialis inquisitio, cum sit actus iudicialis, ex iuris dispositione, vi nempe canonis 1573, Vicario Generali adimatur.[6]

Ast sane supra monstratum est inquisitionem specialem non esse actum iudicialem nisi sensu valde lato. En corruit obiectio a cl. auctore allata, nec apparet scriptori cur hoc munus potestati ordinariae Vicarii Generalis censeatur subductum nisi—deficiente in iure necessitate mandati specialis ad hoc—plane constat Episcopum ad normam canonis 368, § 1, confectionem inquisitionis sibi reservasse.

Quid simile, mutatis mutandis, videtur de Officiali concludendum. Ipse, vero, cum eius potestas ordinaria vi canonis 1573, § 1, coarctetur ad rem iudicialem, episcopali indiget delegatione ad munus inquisitionis in se suscipiendum. Ceteroquin ad mentem legislatoris in canone sat clare indicatam, suadendum ne ipse constituatur inquisitor, nam sic excluderetur ab saltem licite exercendo iudicis munere in eadem causa.[7]

Sed ne debeamus singulos curiae ministros percurrere, quaeramus negativo modo quisnam ab hoc munere arceatur. Agitur, uti patet, de quaestione iuris, non de quaestione obligationis Ordinario in canone 1940 impositae neminem nisi iudicem synodalem, praeterquam in peculiaribus rerum adiunctis, ad inquisitoris partes eligendi.

Sane huius scriptoris iudicio, videtur hoc munus etiam peritissimo laico, adiunctis omnino extra-ordinariis id exigentibus, posse committi. Quae adiuncta possent verificari si, v. g., Ordinarius, perspecta alicuius casus particularis intricatissima natura cui feliciter obeundo ministros curiae ceterosque, quos adhibere potest ecclesiasticos, ob mere ordinariam eorum rei criminalis peritiam

[5] *Institutiones,* III, n. 1463.

[6] *Ius Canonicum,* VI, n. 721, p. 677.

[7] Wernz-Vidal, *Ius Canonicum,* VI, n. 721, p. 677; Coronata, *Institutiones,* III, n. 1463.

impares praevideret, aliquem laicum praesto exstantem, iurisprudentia criminali insolite versatum, extra-ordinariaque prudentia necnon tenacibus labiis guadentem, deligeret ad processum inquisitorium pro hac vice conficiendum.

Unica enim argumentatio quae posset contra hanc conclusionem adduci, esset e canone 118 repetenda in quo solis clericis vindicatur ius potestatem iurisdictionis ecclesiasticae obtinendae. Ast supra monstratum est in confectione inquisitionis specialis non involvi iurisdictionem. Sicuti enim munus notariorum, deficientibus clericis (qui defectus videtur adesse etiam quando adsunt quidem clerici sed muneri impares), potest committi laicis,[8] ita etiam censemus munus inquisitoris, aeque non iudiciale, dari posse, etsi rarissimo, laico alicui competenti. Quod sane ut vix umquam fiat consulendum est, praesertim in criminalibus clericorum causis in quibus analogice arguentes e canone 373, § 3, credimus illud "*debet*" illius canonis 373, § 3, innuere prohibitionem ne laicus sit notarius in causis criminalibus clericorum—meram prohibitionem, dico, certo certius non temere praetereundam, ast procul dubio in adiunctis solito rarioribus, perspecta impossibilitate sacerdotem habendi muneri idoneum, ab intrinseco cessantem.

B: *Nominatio inquisitoris.*

Quisquis, tamen, ad munus inquisitoris ab Ordinario eligitur, ipse debet non ad universitatem causarum, sed toties quoties et ad unam causam esse delegatus.[9] Quam restrictionem auctores optime desumunt ex ipsius inquisitionis natura. Est enim munus difficillimum aptumque ad multa odia e parte inquirendorum contra inquisitorem parienda. Ceteroquin ipsa processus difficultas suadet ne cuiquam uni soli tale onus invisum exosumque imponatur.[10] Quapropter certe constat hoc munus posse nec licite nec expedienter uni soli demandari.

[8] Canon 373, § 3.

[9] Canon 1941, 1; S. C. S. Off., instr. 6 aug. 1897. n. 6—*Fontes*, n. 1190.

[10] Noval, *De Iudiciis*, n. 774; Coronata, *Institutiones*, III, n. 1463; Vermeersch-Creusen, *Epitome*, III, n. 264.

Ast aliud est non posse licite, nec expedire; aliud omnino non posse valide. Canon 1941, § 1, est lex prohibitiva, non irritans.[11]

En carpendus Augustine qui, nulla conveniente ratione adducta, declarat delegationem ad singulas causas ita necessariam esse, ut delegatio universalis eoipso irritet totam proceduram.[12] Imo, Muniz, e contra,[13] putat convenire ut semper eidem iudici synodali detur haec delegatio quo facilius in hac materia difficillima evadat *"specialista."* Quod idem Wernz-Vidal censent non prohibitum, at consulunt ut ipse iudex synodalis toties quoties delegetur.[14]

Huius dissertationis scriptor, si quid in re opinatur, aestimat consilium ab hisce auctoribus traditum, etsi validitati actuum minime officiat, esse menti legislatoris aperte contrarium et proin spernendum. Legislator, enim, clarius quam ii perspectam habuit utilitatem eumdem semper elegendi, ast ob rationes supra allatas, nihilominus positive ordinavit ut delegatio toties quoties daretur et quidem non semper eidem.[15]

C: *Qualitates inquisitoris iure requisitae.*

Qualibus dotibus inquisitorem praeditum esse oporteat ut munus sibi commissum rite exsequatur, partim patet e S. Sedis instructionibus partimque colligitur ex ipsius inquisitionis indole.

Inquisitor enim describitur in S. Sedis instructionibus uti ecclesiasticus probus, peritus et idoneus.[16]

Harum qualitatum necessitas per se patet. Itaque non est cur diu immoremur in iis considerandis. Attenta enim muneris difficultate, specialis peritia legum tum criminalium quum processua-

[11] Vermeersch-Creusen (*Epitome,* III, n. 264): "Codex prohibet quominus ad universitatem causarum delegetur."

[12] *A Commentary,* VII, 369.

[13] *Procédimientos Ecclesiásticos* (3 voll., Hispali, 1926), I, n. 1.

[14] *Ius Canonicum,* VI, n. 721, p. 677, in notatione octava ad imam paginam posita.

[15] Canon 1941, § 1.

[16] S. C. Ep. et Reg., instr. 11 iun. 1880, n. 12—*Fontes,* n. 2005; S. C. de Prop. Fide, instr. a 1883, n. XII—*Fontes,* n. 4900.

lium exigitur in inquisitore. Quae vero peritia cum probitate vitae, iuris iustitiaeque zelo coniuncta constituit peculiarem idoneitatem quam ius in inquisitoribus requirit. Debet inquisitor ad munus suum procedere procul a se abiectis quibuslibet de inquirendi sive reitate sive innocentia ideis, omnino sibi persuasum habens Ecclesiam nullum delictum velle iudicialiter punire, utut certissime culpabiliterque commissum, nisi simul adprobe verificentur omnia illa adiuncta publicitatis, possibilitatis probationis in foro externo externo, etc., quae ipsa in delicto praerequirit quam illud sinat scrutinio submitti iudiciali.[17]

D: *Obligationes inquisitoris.*

De obligationibus quibus inquisitor in conficienda inquisitione tenetur, cum nil differant ab obligationibus omnibus iudicibus communibus, omittimus tractare, utpote de re ad scopum huius dissertationis non pertinente. En sufficiat perpauca, et quidem obiter, protulisse de nonnullis in quibus Codex, perspecta inquisitionis natura, peculiari ratione insistit.[18] Cum attento canone 1941, § 1, mens Ecclesiae sit ut inquisitor non stabiliter sed toties quoties et ad unam causam eligatur, ipse ad normam canonis 1621, § 1, debebit singulis inquisitionibus a se peragendis iusiurandum de officio rite implendo praemittere. Insuper iusiurandum de secreto servando est omittendum numquam.[19] Tandem aliquando debet inquisitor, occasione inquisitionis agendae, cavere ne ulla munera ab iis accipere qui quolibet modo interesse habeant in causa.[20]

Ecclesia enim abhorret a scandalo, anxiaque invigilat ne boni cuiusquam nomen in discrimen iniuste vocetur. Quae duo incommoda facillime exoriri possunt ex non secrete conducta investigatione criminali.

[17] Wernz-Vidal, *Ius Canonicum*, VI, n. 724, p. 677; Coronata, *Institutiones*, III, n. 1463.

[18] Canon 1941, § 1.

[19] Canones 1941, § 2; 1623, §§ 3.

[20] Canon 1624.

E: *De vi verbi "nequit" in canone* 1941, § 3.

Cum de verbo *"nequit"* in canone 1941, § 3,—"inquisitor nequit in eadem causa iudicem agere"—commentatores acriter disputent utrum irritantem an mere prohibitivam praeseferat vim, scriptor valde utile censet fore, si ius vetus hac in re analysi ante subiiciatur quam controversiam post Codicem exortam dirimere conetur.

Lege vero veteri inspecta, liquet numquam fuisse ad valorem processus mixti requisitum ut alter esset in *"inquisitione infamiae"* inquisitor, alter vero in *"inquisitione veritatis"* illi subsequente. Glossatores ceterique Decretalium commentatores de duplici hac inquisitione ab eodem iudice conficienda ita locuti sunt ac si nulla eis inesse potuisset suspicio de talis procedurae sive liceitate sive validitate.[21] Necessitas vel saltem utilitas diversorum inquisitorum in processu mixto etiam Schmalzgrueber[22] et Reiffenstuel[23] latuit, e quorum scriptis patet eos numquam diversitatem personarum postulasse.

Prima mentio de tali inquisitorum distinctione occurrit in variis instructionibus a S. Sede sub exeunte saeculo undevigesimo editis.[24] Quarum instructionum perlectio prodit in eis commis-

[21] *Gl. Ord.*, c. 2, X, *de accusationibus, inquisitionibus et denuntiationibus,,* V, I, ad *casum*: "Ille inquisitor debet facere duos processus. Primum super infamia . . . et si post inquisitionem reperiat eum non diffamatum, non procedit ad inquirendum de veritate criminis. Si vero reperiat eum diffamatum, tunc procedet ad inquirendum."; *Gl. Ord.*, c. 1, *de accusationibus, inquisitionibus et denuntiationibus,* V, 1, in VI°, s. v. *"observari."*; Panormitanus, *Commentaria*, lib. V, *de accusationibus, inquisitionibus et denuntiationibus,* c. 19, p. 128, n. 2; Durandus, *Speculum*, lib. III, pp. 34-35; Hostiensis, *Commentaria*, lib. V, c. 18 s. v. *"qualiter et quando,"* n. 4.

[22] *Ius Ecclesiasticum Universum* (lib. V, tit. I, n. 180) : Iudex de veritate inquirat, postquam ipsi constat de infamia. . . . Si procedat ad instantiam et petitionem alterius, tunc enim tenetur probationes assumere et fidem facere super infamia. . . ." cf. quoque *ibid.*, nn. 193, 204-205.

[23] *Ius Canonicum Universum* (lib. V, tit. I, n. 193) : ". . . iudex . . . consultius semper praeviae infamiae probationem praemittat . . ."; cf. quoque ibid, nn. 176-177, 192.

[24] S. C. Ep. et Reg., instr. 11 iun. 1880, n. 12—*Fontes,* n. 2205; S. C. de Prop. Fide, instr. a 1883, n. XII—*Fontes,* n. 4900; S. C. S. Off., instr. 6 aug. 1897, nn. 5, 6—*Fontes.* n. 1190.

sionem confectionis processus praevii alii ac iudici subsequentis iudicii formalis fuisse de mere consilio. E verbis enim, *"potest"* [25] et *"advocabit per se vel per alium,"* [26] nil amplius deducere sinimur. En debet agnosci mutatio iuris fuisse hisce instructionibus introducta, ast sine vi irritante. Ad rem audiatur Lega instructionem anni 1880 explicans: "Heic non expresse iubetur sed consulitur constitutio *iudicis instructoris* . . . E contra advertatur, iudicem instructorem conficientem processum, probationes congerere quibus innititur accusatio. Sed valde incongruum est, iudicem *acta* conficere iudicialia de quibus ipse idem reddat sententiam." [27]

Tandem aliquando ad rem pertinet illa regula procedurae rotalis sic sonans: "Ponens aut alius auditor turni iudicantis non potest simul esse causae instructor, sed hoc officium a Decano debet demandari alicui auditori alterius turni." [28]

Quibus de iure veteri praemissis iam armamur ad controversiam post Codicem exortam aggrediendam.

Augustine [29] verbo *nequit* vim invalidantem tribuit. Vermeersch-Creusen quoque credunt verba *nequit* et, in contextu, *non potest* ex illa regula rotali desumpta inhabilitatem significare.[30]

Agi de sola prohibitione censent Coronata,[31] Wernz-Vidal [32] et Noval.[33]

[25] S. C. Ep. et Reg., instr. 11 iun. 1880, n. 12 — *Fontes,* n. 2005; S. C. de Prop. Fode, instr. a 1883, n. XII — *Fontes,* n. 4900.

[26] S. C. S. Off., instr. 6 aug 1897, n. 5 *Fontes,* n. 1190: ". . . ad quem finem vel per se vel per sacredotem specialiter delegatum advocabit duos testes. . . ."

[27] *De Iudiciis Ecclesiastics,* IV, n. 300, p. 369; cf. quoque Heiner, *De Processu Criminali Ecclesiastico,* p. 102.

[28] Regulae servandae in iudiciis apud S. R. Rotae Tribunal, 4 aug. 1910, § 102, — AAS., II (1910), 816.

[29] *A Commentary,* VII, n. 369.

[30] *Epitome,* III, n. 264.

[31] *Institutiones,* III, n. 1463.

[32] *Ius Canonicum,* VI, n. 724.

[33] *De Iudiciis,* n. 774.

Hisce ultimis scriptor adhaeret. Argumentum ad hoc probandum desumit e canone 11. Admittit sane cum Vermeersch-Cruesen[34] contra Noval[35] non dari heic locum invocationi canonis 1680. Dicere, enim, cum Noval prohibitionem canonis 1941, § 3, non fieri sub conditione nullitatis prout requiratur e canone, esset principium petere, cum tota controversia circa hoc precise versetur an nempe verbum *nequit* in canone 1941, § 3, adhibitum indicet quicquam ad valorem actuum requisitum.

Canone potius 11 innitimur, et quidem hoc modo. In illo canone latet praesumptio legem esse mere prohibitivam, nisi constet de vi legis inhabilitante.[36]

In dubio positivo et probabili de alicuius clausulae vigore, standum, igitur, est pro actus sola illiceitate non nullitate.[37]

Ast vero tale dubium in casu nostro habetur prouti constat ex auctoribus supra-citatis hic illicque stantibus. Teste insuper Beste, merito dubitatur iure novo de indole efficaciaque nonnullarum formularum, uti v. g., *non potest* et *nequit*. Clarissimus auctor, cuius unius inter commentatores ad hanc valde salebrosam quaestionem practice dirimendam videtur interesse, animadvertit dubia de harum phrasium valore facile solvi posse, si adverbiis *licite* vel *valide* modificentur. Quod—pro dolor—non occurrit in casu nostro. En commentatoribus obiicimur. Revertamur, igitur, ad Beste—qui pergit suggerendo dubium, deficiente tali addito adverbiali, esse solvendum ex materia legis aliisque circumstantiis. En regula generalis ab eodem statuta: Si leges sunt iuris divini, sunt plerumque mere *prohibitivae;* si sunt iuris pure ecclesiastici, nulla stabiliri potest regula firma, nam leges sunt nunc *prohibitivae* nunc *irritativae,* uti Beste monstrat quam plurimis citatis ad hoc exemplis. Casus quo nos involvimur est casus legis ecclesiasticae quae, utrum sit prohibens an inhabilitans, nec apparet postquam

[34] *Epitome,* III, n. 264.

[35] *De Iudiciis,* n. 774.

[36] Canon 11: "Irritantes aut inhabilitantes eae tantum leges habendae sunt, quibus aut actum esse nullum aut inhabilem esse personam expresse vel aequivalenter statuitur."

[37] Beste, *Introductio,* p. 12.

regulas Beste applicavimus. Ergo dubio persistente, lex censenda est ex canone 11 mere prohibitiva.[38]

Imo e fine legis in canone 1941, § 3, contentae cum canone 1615 collato certum evadit illud *nequit* esse mere prohibitivum. Ratio, enim, cur iudex inquisitor nequeat esse iudex causae ad tribunal delatae post peractam inquisitionem in eo est quod talis iudex merito suspicaretur prae-occupatum animum habere ob probationes sibi in inquisitione speciali collectas et perpensas.[39] At talis de iudice suspicio etsi, attento canone 1615, operam iudicis reddat illicitam, eam tamen minime irritat. Verba enim in canone 1615, "*mutari debent*" [40] sunt procul dubio mere prohibitiva. Ergo, cum eadem ratio urgeat in canone 1941, § 3 atque 1615, nos e certis (canonis 1615) ad incerta arguentes (canonis 1941, § 3) concludimus canonem 1941, 3, eodem praecise modo ac canonem 1615, §1, esse mere prohibitivum.

Accedit quoque ad hanc conclusionem fulciendam argumentum corroborativum e iure veteri extractum. Supra enim vidimus usque ad annum 1910, seu ad tempus promulgationis regularum rotalium, nullam exstitisse legem positive praecipientem ne idem esset iudex in utroque processus mixti stadio.

Imo argumentum ex illa regula 102a. non afficit nostram conclusionem, uti censent Vermeersch-Creusen,[41] sed ad summum reddit ipsum ius vetus dubium. Quod dubium ad ius novum translatum esset adhuc solvendum vi canonis 11 praecise prout diximus. Ceteroquin ius vetus, teste D'Annibale, claritate carebat relate ad modum distinguendi inter leges irritantes et prohibentes.[42]

De aliis inquisitionis ministris; nempe, notario, promotore iustitiae et cursore, sermo infra in proprio loco habebitur. Ast heic

[38] Beste, *Introductio*, p. 12.

[39] Lega, *De Iudiciis Ecclesiasticis*, IV, n. 300, p. 369; Wernz-Vidal, *Ius Canonicum*, VI, n. 724; Coronata, *Institutiones*, III, n. 1463; Noval, *De Iudiciis*, n. 774; cf. quoque canonem 1896 pro re simili.

[40] Canon 1615, § 1. "Si iudex aut aliquis vel etiam omnes iudices qui tribunal collegiale constituunt suspecti declarentur, personae mutari debent, non vero iudicii gradus."

[41] *Epitome*, III, n. 264.

[42] *Summula*, I, 211-212.

nequimus praeterire quaestionem an inquisitor fretus canone 1575 [43] possit sibi adsciscere assessorem. Affirmant Noval [44] et Coronata.[45]

Scriptor tamen putat melius esse his in casibus non adhibere assessorem. Huius enim interventus praeprimis secretae inquisitionis indoli videtur sat repugnare. Debet sane in inquisitione multitudo personarum casui assistentium refrenari.

Codex insuper in canone 1945 clare innuit consilium, si quo opus sit in inquisitione, esse quaerendum ab uno promotore iustitiae. Nam si inquisitori fit facultas consilum exquirendi promotoris iustitiae "toties quoties in aliquam difficultatem inciderit," ei viderentur, attenta indole inquisitionis, exclusi ceteri omnes consultores.

Denique inquisitor, etsi iure praesertim veteri dictus fuerit iudex, revera nec iudex est (qua inquisitor) nec vero iudicio immiscetur. Id clare constat tum e canone 1941, § 3—"Inquisitor nequit in eadem causa iudicem agere"—quum ex iis quae alibi iam dictà sunt. Nondum, enim, inceptum est iudicium quamdiu inquisitor munere suo fungitur. Ast in canone 1575 ius assumendi assessorem conceditur iudici in iudicio occupato. Ergo non competit hoc ius inquisitori, quippe quia nec iudici nec in iudicio agenti.

Inquisitor tamen non ita stricte coarctatur ad consilium exquirendum ab *uno* promotore iustitae ut, si hic careat peritia circa particularem difficultatem in quam inquisitor inciderit, nequeat pro illo casu adhiberi consilium alius iurisperiti. Finis enim legis hoc videtur permittere dummodo promotor sit revera impar difficultati solvendae.

Sane omnino curandum est ut, quando consilium alicuius qui non iam ratione officii tenetur ad secretum servandum exquiritur,

[43] "Unicus iudex in quolibet iudicio duos assessores consulentes sibi adsciscere potest; quos tamen ex synodalibus iudicibus eligere deget."

[44] *De Iudiciis,* n. 779.

[45] *Institutiones,* III, n. 1464.

eidem deferatur iusiurandum de secreto servando. Ergo iurisperitus non est admittendus ad consilium praebendum nisi prius iuraverit se silentium servaturum de iis circa quae eius peritia versatur in hoc particulari causa. Nam etiamsi res de qua consulitur ex ipsius sua natura onus sigilli naturale annexum habeat—quod onus prius afficit rem ipsam et deinde personam; quare res de qua consulitur semper cum eodem onere transit—nihilominus secreta inquisitionis indoles insuper exigit ut hoc secretum munimine etiam canonico per iusiurandum protegatur. Imo iurisperitus, qui praestito secreti iureiurando legem secreti violare vel acta secreta cum aliis quoquo modo communicare praesumpserit, subiacet poenis ad normam canonis 1625, §§ 2 et 3 infligendis.

Caput VII

PROCEDURA ADHIBENDA IN SPECIALI INQUISITIONE

PRAENOTANDA

Procedura ad quam inquisitor in exaranda speciali inquisitione tenetur generali aliquo modo in canonibus 1943, 1944 et 1945 describitur. Recolatur heic supra dictum esse inquisitionem, etsi reapse non sit actus vel processus iudicialis, ita nihilominus esse peragendam ac si esset stricte iudicialis. Procedura, igitur, inquisitoria erit quoad formam haud dissimilis ab aliis procedendi modis iudicialibus, cum hac tamen summi momenti qualificatione, inquisitioni peculariter propria, quod prima omnium procedendi regula est absolutissima secreti observandi necessitas.[1]

Consonanter ad hanc regulam inquisitor debet e suis investigationibus multa eliminare quae, etsi meritum causae respiciant, nequeunt tamen indagari quin eoipso periclitetur secreta inquisitionis natura. Huic principio cetera omnia cedunt et sacrificanda sunt, ita ut inquisitor, persistente dubio an quilibet quem facere intendit actus, periculo violationi secreti esse possit, contra mentem Ecclesiae egerit, a primo tempore quo processus mixti invaluit usus immutabiliter constanterque manifestatam, nisi talem actum omittat. Sive enim de testibus citandis interrogandisve sive de aliud genus probationibus agatur, inquisitor hoc pricipium oculis praefixum habebit: quod non potest secrete fieri, non potest inquisitione fieri.

Quapropter, attento influxu quem hoc principium in inquisitoris investigationes debet habere, scriptor non potest quin nonnulla de secreta indole inquisitionis afferat, antequam ad probationes considerandas transeat.

[1] Canon 1943, "Inquisitio secreta esse debet, et cautissime ducenda ne rumor delicti diffundatur, neve bonum cuiusquam nomen in discrimen vocetur."

Articulus I: De Lege Secreti in Inquisitione

De necessitate secreti secreti servandi ius vetus et novum adeo inter se conveniunt,[2] ut pro probato haberi queat.

Rationes quoque cur indoli inquisitionis secretae adeo insistatur in promptu sunt. Inquisitioni, enim, tunc tantum locus habetur, quando dubitatur an aliquod delictum liceat ad tribunal deferri, seu quando extat dubium praesertim de eius publicitate, Ast in investigatione delicti huiusmodi, Ecclesia, boni filiorum nominis umquam memor,[3] semper curandum praescripsit ne delictum investigandum, semper dubie publicum (nullum esset inquisitione opus si delictum esset certe publicum ad normam canonis 1939, § 1), evadat certe publicum per publice conductam inquisitionem. En "ne rumor delicti diffundatur neve bonum cuiusquam nomen in discrimen vocetur," neve delictum publicum fiat magis publicum, inquisitio "secreta semper esse debet et cautissime ducenda."[4]

Quam stricte auctores post Codicem scribentes obligationem inquisitori per illa verba "*semper secreta*" et "*cautissime ducenda*" impositam interpretentur,[5] scriptori convincit eos substantialiter saltem, si non verbotenus, principio supra enuntiato subscribere: *Quod non potest secrete fieri, non potest fieri.*

Hisce in genere praenotatis, procedamus ad considerationem ipsius inquisitionis proceduraeque in ea adhibendae.

[2] *Gl. Ord.*, C. I, *de accusationibus, inquisitionibus et denuntiationibus*, V, I, in VI°, *ad casum* s. v. *postquams* ". . . priusquam aliquis citetur . . . fit inquisitio et examinatio *sive informatio* secreta . . ."; canon 1943.

[3] C. 21, X, *de accusationibus, inquisitionibus et denuntiationibus*, V, I: ". . . qui [iudex] propter dicta paucorum eum [denuntitaum] reputare infamatum non debet cuius apud bonos et graves laesa opinio non existit . . ."; de quo *Gl. Ord.*, haec habet; "*Praestantius est privilegium bonae quam malae famae.*"

[4] Canon 1943.

[5] Cf. in genere—Noval, *De Iudiciis*, n. 777; Coronata, *Institutiones*, III, n. 1464; Vermeersch-Creusen, *Epitome*, III, n. 265; Wernz-Vidal, *Ius Canonicum*, VI, n. 722.

Articulus II: De Probationibus

Finis quem sibi assequendum inquisitor habet est reperire an et quo fundamento innitatur imputatio.[6] Ipsius, igitur, erit tales in inquisitione colligere probationes e quibus pateat delictum, in suo genere perfectum secundum proprietatem verborum legis,[7] esse revera a determinata persona commissum, publicum sub ratione poenae evasisse, probationis in foro iudiciali capax nec praescriptum. Debebit insuper investigare an delicti, hisce qualitatibus ornati, imputabilitas ad normam canonis 2202, § 2, praesumpta aliqua in contrarium probatione sive directa sive indirecta tollatur.

En inquisitionis obiectum complectitur: 1) *corpus delicti*; 2) delinquentis imputabilitatem et 3) possibilitatem delicti in foro iudiciali probandi. Quapropter in inquisitione conficienda debet omnes suas actiones et investigationes ad hoc triplex obiectum dirigere, quo facilius tutiusque finem muneris sibi commissi assequatur.

Age vero, in ipso Codice fit mentio unius solius probationis medii quo utens inquisitor debet finem inquisitionis assequi. Haec est probatio per testes.[8] Non tamen est supponendum cetera probationis media iure recognita indolique inquisitionis secretae compatibilia, esse eoipso inquisitori adempta. Nullum, enim, probationis genus per se excluditur, dummodo secrete haberi queat. Ratio cur mentio ad testes restringatur haec est quod, attenta rei inquirendae natura, testium depositiones ordinarium probationum fontem constituunt.[9] Ast praeter probationem per testes admittuntur quaelibet alia legitima probationis media inquisitionis indoli congruentia.[10]

[6] Canon 1939, 1.

[7] Canon 2228.

[8] Canon 1941, § 1.

[9] Lega, *De Iudiciis Ecclesiasticis,* IV, n. 303, p. 372; Noval, *De Iudiciis,* n. 777; Coronata, *Institutiones,* III, n. 1464.

[10] S. C. Ep. et Reg., instr. 11 iun. 1880, n. 15—*Fontes,* n. 2005; S. C. de Prop. Fide, instr. a 1883, n. XV—*Fontes,* n. 4900; Lega, *De Iudiciis Ecclesiasticis,* IV, n. 303, p. 372; Noval, *De Iudiciis,* n. 777; Coronata, *Institutiones,* III, n. 1464.

Cum vero plerumque probatio habeatur per solos testes, de eis praeprimis et fusius erit tractandum.

A: *Qui testes esse possunt in speciali inquisitione.*

Quinam testes esse possint in inquisitione speciali, et quinam ab ea sint excludendi, Codex nullibi specialiter statuit. Unica norma relate ad testes quae traditur inquisitori respicit proceduram in ipso eorum examine adhibendam. Ipse enim ad hoc monetur in canone 1944, § 2, ut regulas in canonibus 1770-1781 statutas, in quantum fieri potest et id sinit inquisitionis natura, servet.

En pro iis relate ad quae Codex nulla principia inquisitioni propria statuit, recurrendum erit ad normas in genere propositas pro testibus in quibuslibet causis;[11] quarum, si et in quantum secretae inquisitioni indoli conveniunt, in ipsa conficienda ratio est habenda. Scriptor, vero, in suo commentario, ne dissertatio nimiae molis efficiatur, supponet legislationem de testibus saltem generaliter esse lectori notam, seque proin coarctabit ad indicandum quousque et in quibus recessus a regulis iuris communis sit necessarius in inquisitione.

Quinam, nempe, nequeant esse testes in inquisitione speciali, negativo modo proponitur ut consulatur brevitati tractatus, quatenus ex elencho testium testandi incapacium taxative proposita simul patebit quinam, e contra, testimonium in inquisitione speciali proferre non vetentur.

Venit praeprimis quaerendum de valore testimonii testium non iuratorum. Canon enim 1944, § 1, vult interrogationes testibus fieri sub duplici iureiurando veritatis dicendae et secreti servandi. In hoc canone habentur collectae in unum provisiones canonum 1767, §§ 1, 3 et 1623, § 3.

Affirmari potest utriusvis iurisiurandi recusationem a parte testis interrogandi generatim postulare ipsius exclusionem a testimonio deferendo. Huius asserti ratio est duplex.

[11] Canon 1754.

Prima desumitur e facto quod testis non iuratus se totam et solam veritatem dicturum non probat, nec eidem est credendum.[12] Altera inde trahitur quod, si auditur testis qui se secretum servaturum iurare recusat, facile eoipso sternitur via ad divulgationem notitiae de persona inquisiti deque delicto inquirendo. Plerumque, enim, nulla alia huiusmodi recusationis assignari quit causa nisi quod interrogatus nullum suae loquacitati frenum sinit imponi. Quapropter inquisitor qui talium testimonium indiscriminatim admitteret, haud dici posset obligationi sibi in canone 1943 strictissime impositae (cavendi ne ex inquisitione oriantur delicti rumor bonique inquisiti nominis discrimen) satisfecisse.

Quibus rationibus motus scriptor haec in re concludit:

Testes non iurati, sed ceteroquin non reiiciendi, numquam sunt admittendi nisi haec omnia simul concurrant, scilicet:

1) Desunt alia vel saltem sufficientia media probandi obiectum inquisitionis, cui defectui supplendum est per probationem adminicularem testium non iuratorum, sed aliter idoneorum.

2) Patet recusationem iuramenti de veritate dicenda ortum aliunde trahere quam e desiderio veritatem sive celandi sive reticendi, puta ex falsa superbia qua quis se censet omni exceptione maiorem vel ex odio versus Ecclesiam.

3) Pari liquet certitudine omissionem iurisiurandi de secreto servando non esse tribuendum loquendi voluntati (cf. exceptiones supra allatas.)

Harum conclusionum sola prima explanatione indiget. Age vero, remissio iurisiurandi, etsi id efficiat ut testimonium datum non faciat plenam probationem,[13] non prohibet quominus testimonium, hoc solo vitio remissi iuramenti de veritate dicenda laborans, aliquam probationem adminicularem seu indicialem afferat, prudenti inquisitoris iudicio aestimandam.[14]

[12] Lega, *De Iudiciis Eccleasticis,* IV, n. 232, p. 301; Coronata, *Institutiones,* III, n. 1295; Noval, *De Iudiciis,* n. 484.

[13] Canon 1791, § 2.

[14] Lega, *De Iudiciis Ecclesiasticis,* IV, n. 232, p. 301; Coronata, *Institutiones,* III, n. 1295, 3°.

Quodsi aliunde sufficiens probatio nequit haberi, simulque alia praestat probatio quae, etsi in se sola insufficiens, possit forsan coniunctim sumpta cum adhuc alia aeque insufficiente probatione inquisitori praebere moralem de obiecto inquisitionis certitudinem —tunc omnes hae partiales probationes sunt invicem assuendae ad efficiendam certitudinem composite adaequatam. Versamur, enim, in poenalibus. En agitur de bono publico Ecclesiae cuius magnopere interest delicta et delinquentes compescere.[15]

Quotiescumque iusiurandum alterutrum vel utrumque a teste recusatur, notarius de hoc facto mentionem in actis faciat.[16]

Hactenus locuti sumus de testibus quorum sola inidoneitas reponitur in recusatione iurisiurandi, quorumque, tamen, testimonium non potest ob ullam e rationibus in canone 1757 descriptis infici. Hunc canonem 1757 scriptor censet eumdem praeseferre valorem in inquisitione atque in ceteris causis. De canone connexo, tamen, 1759, putat nonnulla per transennam proferenda.

Testes non idoneos et suspectos de quibus in canone 1757, § 1, et § 2, scriptor credit non esse admittendos ad testimonium nisi simul concurrunt condiciones supra postulatae pro admissione testium non iuratorum. Quando autem hae condiciones verificantur, penes inquisitorem ipsum erit eos admittere vel minus quin teneatur obtinere ad hoc decretum iudicis, prouti exigitur in canone 1758 pro aliis causis. Ast in hisce adiunctis iudicandis, praesertim si sunt solito difficiliora, bene consulet promotorem iustitiae ad normam canonis 1945.

Cumque eorum probationes non sint nisi adminiculares,[17] raro omnino sentietur necessitas eos interrogandi; nec ad eos erit re-

[15] Lega (*De Iudiciis Ecclesiasticis*, IV, n. 232, p. 301): "Quocirca *pro informatione curiae*, caute tamen, dum colliguntur indicia de crimine et auctore criminis nec non *in defensionem* rei, possunt recipi testes *alias inhabiles*." Illud "*inhabiles*" non esse intelligendum ad significandos "*incapaces*" de quibus iure praesenti agitur in canone 1757, § 3, sat constat e *contextu*.

[16] Canon 1779.

[17] Canon 1758: ". . . eorum testimonium valebit tantummodo ut indicium et probationis adminiculum. . . ."

currendum nisi ad supplendas probationes aliunde insufficientes. Natura inquisitionis secreta exigit enim ut tam pauci quam necessitatas admittit audiantur testes.[18]

Quapropter inquisitor eos solos acciet testes quos rationabiliter praesumit de re edoctos et in se capaces ei praebendi omnes probationes necessarias quin debeat recurri ad alios et plures testes cum aucto periculo revelationis secreti.

Ast si inquisitor necessitatem percipit arcessendi testes, iuxta canonem 1757, § 1 et § 2, inidoneos et suspectos, se reget condicionibus supra notatis pro admissione testium non iuratorum, sed aliunde admittendorum.

Num huiusmodi testes inidoneos et suspectos, si eos recipiendos censuerit inquisitor, debeat audire iniuratos iuxta canonis 1758 praescriptum, "et generatim iniurati audiantur," non constat. Putat scriptor in inquisitione contineri exceptionem relate saltem ad iusiurandum secreti servandi quod censet numquam nisi in adiunctis supra descriptis esse praeterundum. Quae exceptio, attenta indole secreta inquisitionis, optime congruit canoni 1758 in quo per usum illius *generatim* sat clare indicatur aliquando huic regulae dari exceptiones.

B: *Examen testium*

Iuxta canonem 1944, § 2, examen testium debet peragi secundum regulas in canonibus a 1770—1781 statutas, quantum fieri potest et natura inquisitionis id patitur. Quapropter in hac discussione examinis cui testes debent subiici sequemur horum canonum ordinem, sat habentes ad singulos eorum notasse si et quatenus indoles inquisitionis eorum sinat applicationem.

Praeprimis quaerendum venit quomodo testes sint ad examen arcessendi. Decretum quo testis accitur non erit citatio, cum haec locum non habeat nisi post praesentationem libelli,[19] quae in causis criminalibus non occurrit nisi post peractam inquisitionem.[20] At

[18] Canon 1762; Wernz-Vidal, *Ius Canonicum*, VI, n. 722.

[19] Canon 1711.

[20] Canones 1954, 1955.

lis est de verbo potiusquam de re. Testes sunt in ius vocandi mediante *decreto ad instar citationis* iuxta canonem 1724 confecto.[21]

Uti patet, defectus illorum elementorum quae ius exigit pro citatione stricte iudiciali ad normam canonis 1715 non parit effectus de quibus in canone 1723 [22]

Ad talia decreta intimanda inquisitor ministerio utetur cursoris, [23] qui suam operam navabit ad normam iuris. Cursor tamen generatim designabitur ab ipso Ordinario in decreto quo iudici synodali aliive committit inquisitionem.[24] Nil vetat quominus indictio testium, adiunctis id suadentibus, fiat etiam per alia media iure recognita.

Exceptio a regula generali de non recipiendo teste ante litis contestationem [25] ex ipsa rei natura competit speciali inquisitioni.[26]

Natura inquisitionis secreta videtur omnino congruere examini testium in ipsa tribunalis sede ad normam canonis 1770, § 1, nisi sane in peculiari casu aliud inquisitori videatur.

Testes seorsim et singuli examinandi sunt,[27] nec eorum examini praeter iudicem notariumque cuiquam licebet adesse.[28]

Confrontatio testium *inter se* vix unquam permitti poterit,[29] quia fere semper periculum gignit revelationis secreti. Ast ubi

21 "Regulae superius statutae pro rei citatione, ceteris quoque iudicii actibus, pro diversa tamen eorum natura, accommodandae et applicandae sunt, ut decretorum vel sententiarum denuntiationi aliisque huiusmodi"; Noval, *De Iudiciis,* n. 778.

22 "Si scheda citatoria non referat quae in can. 1715 praescribuntur aut non fuerit intimata, nullius momenti sunt tum citatio tum actus processus."

23 Canon 1591, § 1.

24 Coronata. *Institutiones,* III, n. 1464, in calce n. 3.

25 Canon 1730.

26 C. 5, X, *ut lite non contestata non procedatur ad testium receptionem vel ad sententiam definitivam,* II, n.

27 Canon 1772; S. C. Ep et Reg. (instr. 11 iun. 1880, n. 17 — *Fontes,* n. 2005): "Personae, quas examinari expediat, semper audiuntur separatim. . ."; S. C. de Prop. Fide, instr. a 1883, n. XVII — *Fontes,* n. 4900.

28 Canon 1771; Lega, *De Iudiciis Ecclesiasticis* IV, n. 306, p. 373.

29 Noval, *De Iudiciis,* n. 777; Vermeersch-Creusen, *Epitome,* III, n. 265.

hoc periculum prudenter censetur deesse, modoque verificentur adiuncta in canone 1772, § 3, pro *confrontatione* requisita, non apparet cur hoc probationis auxilium excludatur.

Idem tamen nequit dici de *confrontatione testium cum inquisito* quae nunquam sinitur. Inquisitio, enim, est conficienda *reo inscio et inaudito.*[30]

Notarius, in rescripto delegationis inquisitori concessae generatim nominandus,[31] in examine testium est adhibendus.[32]

Inquisitor tamen non potest examen testium delegato aut auditori committere, uti permittitur iuxta canone 1773, § 1, in aliis causis. Ipse solus debet interrogationes testibus proponendas conficere, easdemque, nemine alio nisi notario adstante, testi deferre. Munus enim promotoris iustitiae in causa criminali ordinarie non incipit nisi postquam Ordinarius, aut Officialis de eius speciali mandato, acta inquisitionis ei tradunt accusationis libelli ex iis conficiendi causa.[33]

Sola mentio exceptionis ab hac regula de nullo interventu promotoris iustitiae in inquisitione habetur in canone 1945, ubi inquisitori fit facultas consilium promotoris toties exquirendi quoties in aliquam difficultatem inciderit. Sane in casu difficiliori talis difficultas bene potest versari circa modum testes interrogandi. Tunc utique erit licitum inquisitori peritiam promotoris ad hoc precari; at etiam in hac hypothesi adhuc erit inquisitoris ipsius, consilio promotoris adiuti, interrogationes et conficere et testibus deferre, absente semper ab ipso examine promotore iustitiae.

Insuper cum solus inquisitor eiusque notarius testi examini interesse possint, fieri nequit ut interrogationes a promotore iustitiae vel defensore vinculi inquisitori suggerantur quas ipse debet *ex officio* testi deferre, uti accidere potest in aliis causis quibus hi interveniunt.[34]

[30] Noval, *De Iudiciis, n. 777*; Coronata, *Institutiones,* III, n. 1464; Wernz-Vidal, *Ius Canonicum,* VI, n. 722.

[31] Coronata, *Institutiones,* III, n. 1464, in calce n. 3.

[32] Canon 1773, § 1; S. C. Ep. et Reg., instr. 11 iun 1880, n. 12 — *Fontes,* n. 2005; S. C. de Prop. Fide, instr. a 1883, n. XII, *Fontes,* n. 4900.

[33] Canon 1955.

[34] Canon 1773, § 2.

Canones 1774, 1775, 1778, 1779 et 1780, prouti iacent, possunt adamussim applicari inquisitioni speciali. Quoad canones 1776, 1777 et 1781 nonnulla sunt advertenda.

Si concurrunt adiuncta ob quae iuxta 1776, § 2, permittitur praemonitio testium de iis quae testificanda sunt, omnino oportet ut iusiurandum de secreto servando praemonitioni anteiiciatur et ut praemonitio fiat temporis spatio quo breviore fieri potest ad examen manente ne testi suppetat occasio vel conferendi cum aliis,[35] vel fabricandi falsitates.

Imo, si aliquando contingit ut responsa testis ad normam 1777 scribenda sint, provide cavendum est ut scriptum vel calculum, responsis in actis iam insertis, tradatur inquisitori comburendum, nec ullo sub praetextu licebit interrogato ea sibi retinere.

C: *Ipse modus testes examinandi.*

Iam perventum est ad inquisitionis partem reliquis omnibus difficiliorem. Agitur nempe de modo quo inquisitor debet suas interrogationes conficere quo efficacius faciliusque assequatur finem inquisitionis. In hoc munere inquisitor numquam debet oculos deflectere ab obiecto inquisitionis. Ipsius, enim, est inquirere:

1) externam legis poenalis violationem;

2) publicam huius facti divulgationem;

3) praesumptionem canonis 2200, § 2, num nempe eam tollat aliqua in contrarium probatio; et

4) possibilitatem delictum in foro iudiciali probandi.

Insequens, igitur, tractatio divisionem sortietur iuxta hoc quadruplex inquisitionis obiectum.

Huic tamen discussioni utile censemus fore nonnullas observationes generales praemittere.

Specialissima cura inquisitori adhibenda est ne interrogationes cuiquam praebeat ansam instituendi causam vel actionem civilem contra inquisitorem vel alios. Inquisitores, enim, cavere debent "ne quid in investigatione fiat quod aut ipsos [inquisitores] aut

[35] Noval, *De Iudiciis,* n. 495.

alios periculo damni aut gravaminis exponat, praesertim ne locus actioni libelli famosi vel alii alicui processui coram tribunali civili." [36]

Quo tutius secretum servari queat, oportet testes interrogatos esse paucos.[37] Quapropter inquisitor conabitur solos eos ad se arcessere testes quorum singulos prudenter iudicat de omnibus quae discere debet edoctos ut sic testium multitudo, quatenus fieri potest, refrenetur.

1: Interrogationes quae respiciunt externam legis violationem seu, quod aiunt, *corpus delicti*.

Quod Reiffenstuel suo dixit tempore de necessitate probandi corpus delicti et de tempore quo haec probatio facienda est, etiam hodie, attenta inquisitionis natura, urget. Ipse, enim, animadvertit corpus delicti esse hoc sensu totius processus fundamentum quod, iuxta unanimem doctorum sententiam, non licebat de auctore delicti inquiri nisi prius constitisset delictum esse revera commissum. En prima inquisitoris informatio versabatur circa ipsam legis violationem ita ut si, hac non probata, ad ulteriora procederetur, totius insequentis processus validitas eoipso inficeretur, etiamsi reus delictum postea confiteretur in processu.[38]

En merito credendum est Noval asserenti iure etiam novo duo et quidem ordine immutabili debere probari in inquisitione: *primo* factum delictuale et *dein* reitatem delinquentis.[39]

Alter et alter erit modus probandi corpus delicti pro diversa delicti specie. Delicta, enim, naturalem divisionem in delicta *facti permanentis* et delicta *facti transeuntis* sibi vindicant. Illa sunt delicta quae suiipsius vestigia relinquunt, puta delicta homicidii,

[36] S. C. de Prop. Fide, instr. 20 iun, 1878, n, 5—*ASS*, XII (1878), 91,

[37] Canon 1762; Wernz-Vidal, *Ius Canonicum*, VI, n. 722, p. 677.

[38] Reiffenstuel, *Ius Canonicum Universum*, lib. V, tit. I, nn. 201-202; cf. quoque Schmalzgrueber, *Ius Ecclesiasticum Universum*, lib. V, tit. I, n. 212.

[39] Noval, *De Iudiciis*, n. 777.

incendii, vulnerationis; hisce, e contra, nullum superstat indicium.[40]

Laesiones in disciplinam ecclesiasticam ut plurimum constituunt delictum facti transeuntis.[41]

In probatione externae legis violationis in casu delicti facti permanentis, praecipuas partes obtinet id genus probatio quae olim *inspectio corporalis,*[42] nunc autem *accessus* seu *recognitio iudicialis* appellatur.[43] Ad hanc probationem, quam pro hisce casibus *fortiorem de mundo* Coronata,[44] *reginam probationum* Noval dicit,[45] inquisitor tenetur in delictis facti permanentis nisi, uti patet, aliunde quam ex recognitione iudiciali notitia legitima et sufficiens iam habeatur.[46]

Quando talis notitia aliunde deficit, proinque est recurrendum ad accessum iudicialem, (quod, ni fallitur scriptor, raro occurret cum inquisitor sat facile moralem certitudinem de corpore delicti aliunde possit obtinere), inquisitor praeprimis recolet eum consonanter ad inquisitionis indolem esse *secretissime* conducendum. En certe excluduntur ab acessu inquisitorio testes olim requisiti pro causa etiam criminali,[47] et etiam nunc pro causis contentiosis ad normam canonis 1810 recogniti. Inquisitor tamen non videtur stricto iure prohiberi quin in accessu perficiendo notarii opera utatur; ast consultius aget, canone 1811 non obstante, si delicti vestigia ipse per se inspicit solus, suas exinde sumptas impressiones notario in actis inserendas postea dictaturus.

[40] Reiffenstuel, *Ius Canonicum Universum,* lib. V, tit. I, n. 202; Schmalzgrueber, *Ius Ecclesiasticum Universum,* lib. V, tit. I, n. 215; Lega *Iudiciis Ecclesiasticis,* IV, n. 303. p. 371; Noval, *De Iudiciis,* n. 777.

[41] Lega, *De Iudiciis Ecclesiasticis,* IV, n. 303, p. 371; Noval, *De Iudiciis,* n. 777.

[42] Reiffenstuel, *Ius Canonicum Universum,* lib. V, tit. I, n. 203.

[43] Canones 1806-1811; Noval, *De Iudiciis,* n. 532; Coronata, *Institutiones,* III, n. 1335.

[44] *Institutiones,* III, n. 1335.

[45] *De Iudiciis,* n. 533.

[46] Reiffenstuel, *Ius Canonicum Universum,* lib. V, tit. I, nn. 201, 206.

[47] Reiffenstuel, *Ius Canonicum Universum,* lib. V, tit. I, n. 203.

Insuper recognitio debet restringi ad contestationem delicti. Numquam enim permittitur personalis inquisiti recognitio seu inspectio, si testis quidem inquisitum cognoscit, non distincte in personam, sed tantum per generales personales notas.[48]

In delictis facti transeuntis, deficientibus vestigiis inspici recognoscive capacibus, nec necessaria nec possibilis est inspectio ocularis. Tunc inquisitor non tenetur duas inquisitiones distinctas facere, nempe primam de corpore delicti et dein, hoc constituto, alteram de actus delictuosi imputabilitate, sed sat est ei ut ita suas capiat informationes ut unico interrogatorio investigetur utrumque. At etiam tunc debet inquisitor ita se gerere ut ex interrogationibus prius de corpore delicti quam de delinquente constet. Quodsi testis praecipitanter respondens hunc ordinem evertit, et delinquentem nominet antequam probetur delictum patratum esse, id censetur factum per accidens, nec processui validitatem inficiens.[49]

2: Interrogationes quae respiciunt delicti publicitatem

Probata iam externa legis violatione, inquisitoris nunc est determinare an publica notitia de delicto extet, seu aliis verbis an delictum sit publicum. Sola enim, delicta publica obnoxia sunt iudicio criminali.[50] Cum vero delictum iure quo nunc regimur non censeatur publicum nisi simul divulgantur et delictum materiale et delinquentis reitas, seu, quod idem est, delictum formale,[51] et quidem non solum moralis imputabilitas sed etiam et precise imputabilitas *delictualis*, iuxta ea quae supra scripsimus,[52] inquisitor ex hoc capite ita suas formare interrogationes debet ut ex iis possit constare de publicitate utraque, nempe materiali et formali.

Iam vero, uti liquet e canone 2197, 1°, delictum publicum est delictum aut iam divulgatum aut certe divulgandum.

Ad probandam publicitatem e capite actualis divulgationis ortam alia pro aliis iuris veteris periodis requirebantur; eo severiora quo proprius ad tempus editae Constitutionis *"Qualiter et quando"* regredimur. Iuvat recolere, ad iudicia criminalia quod attinebat,

[48] Noval, *De Iudiciis,* n. 774.

[49] Reiffenstuel. *Ius Canonicum Universum,* lib. V, tit. I, n. 205.

[50] Canon 1933, § 1.

[51] Canon 2197, 4°.

[52] Cf. supra. pp. 65-66.

non viguisse discrimen, nunc admissum, inter delicta publica qua iam divulgata et qua divulgabilia. Unice attendebatur ad infamiam actualem seu, quod idem est, divulgationem actu iam habitam.

Age vero, in iure veteri unanimitas dabatur relate ad haec: nempe quod ad probandam infamiam seu publicitatem sufficiebant duo tresve testes spectatae fidei atque integrae opinionis, qui deponebant de facto infamiae delictualis ortae apud providos et discretos et ad maiorem viciniae partem sparsae.[53]

Auctores, vero, antiquiores insuper insistebant ut testes infamiae nominarent eos a quibus infamia ortum suum traxisset, ut iudices possent determinare an reapse essent providi et honesti.[54] Progrediente tamen tempore, alii iuris veteris commentatores, animadvertentes vix umquam fieri posse ut quis loqui potuisset cum maiore communitatis parte, has conclusiones aliquantulum mitigarunt ita ut deinceps testibus sufficeret dixisse se publice audivisse talem esse de tali delicto infamatum quin amplius tenerentur proferre undenam precise hoc scivissent.[55]

Nunc quaeri potest an etiam novo iure sit procedendum uti in iure veteri quando agitur de delicti iam divulgati publicitate probanda. Actualis divulgatio delicti potest dupliciter contingere. Delictum, enim, censetur divulgatum, 1) vel quia commissum est coram hominum numero eoipso sufficiente ad delictum publicum reddendum quin requiratur ut delictum coram se patratum aliis revelent; 2) vel quia delictum, paucis imo forsan solo aliquo sed loquaci adstantibus, peractum postea ab hisce delicti commissi testibus vel teste propalatum est aliis. Quam alteram (secundam) hypothesim, cum ad eius cognoscibilitatem et publicitatis probationem quod attinet, nil differatur a delicto facile divulgabili, possumus pro nunc praeterire. Heic nos restringimus ad pro-

[53] Hostiensis, *Commentaria,* ad c. 19, *de accusationibus, inquisitionibus et denuntiationibus,* V, I; Panormitanus, *Commentaria,* ad c. V, I, s. v. *"quaesivisti";* Durandus, *Speculum,* lib. III, p. 34; Reiffenstuel, *Ius Canonicum Universum,* lib. II, tit. XX, n. 394.

[54] Hostiensis, *loc. cit.;* Panormitanus, *loc. cit.;* Durandus, *loc. cit.*

[55] Del Bene, *De Officio S. Inquisitionis,* I, dub. C. LXXXIV, petit. 5, n, 5. Scaccia; *De Iudiciis,* I, cap. LXJXIV, nn. 29-31.

bationem delicti coram multis commissi qui certe praevidentur notitiam aliis *minime* patefacturi. Qualisnam probatio inservire potest inquisitori ad huiusodi delicti publicitatem detegendam?

Bono fato tales causae erunt valde rarae, nam iure praesenti aeque ac veteri prorsus deficit medium probationis, nec ulla effulget spes ut mox habeatur. Sane quomodo quit probari existere quicquam quod quid sit nescitur? Aliquid huiusmodi occurrit in hypothesi nobis consideranda. Criterium diiudicandi publicitatem talis delicti debet esse, uti supra [56] conati sumus probare, quid mathematicum, quantumvis in re canonica sit plerumque abhorrendum a formulis numericis. Inutile est asserere iudicium de hac re relinqui aestimationi prudentis, nisi is, cuius est rem decidere in aliquo dato casu particulari, saltem hoc scit, nempe, quot homines, prudenter praevisi delictum sibi solis notum aliis non communicaturi, sufficiant ad delictum publicum efficiendum e solo capite actualis divulgationis, ita ut delictum paucioribus apertum debeat censeri adhuc occultum? Nemo sane potest efformare prudens hac de re iudicium donec huic dubio responsum iustum, aequum et menti Ecclesiae consonum praestitum fuerit. Scriptor enim non potest sibi persuasum habere talem umquam fuisse Ecclesiae mentem ut velit delictum illud censere publicum quod, etsi sit, sex, decem, quindecim, viginti vel etiam pluribus hominibus notum, in nullo periculo amplioris divulgationis versatur.

Quapropter inquisitor, si eidem committitur examen publicitatis delicti huiusmodi, debebit, quatenus fieri potest, exhaurire elenchum omnium testium coram quibus delictum noscitur esse patratum. Haec obligatio eo vel strictius urgebit, quo plures fuerint testes delicti, nam pro crescente eorum numero minuitur possibilitas secreti intra eorum coetum retenti. En a testibus quos de re scit edoctos, quaeret praeter cetera ad meritum inquisitionis pertinentia etiam nomina aliorum qui delictum fieri viderunt. Ordinarie tunc accidet ut in elencho sic obtenta percurrenda reperiat duos tresve personas *loquaces,* et tunc poterit uti criterio pro ceterorum delictorum publicitate metienda, quia talibus testi-

[56] Cf. supra, pp. 61-62.

bus repertis, eoipso versamur extra hypothesim supra traditam, iuxta quam omnes essent silentio dediti.

Quodsi in aliquo casu prorsus extra-ordinario constabit omnes delicti testes esse tenacium linguarum, dubium que adhuc supererit an tot sint quot sufficiant ad delicti publicitatem, quid in defectu certi criterii pro huiusmodi casibus sit inquistori consulendum scriptor nescit, nec putat huic difficultati responsum aliunde haberi posse quam ex authentica S. Sedis declaratione penes quam unam credit decisionem de hac implicita re restare.

Uti ex hucusque datis liquet, modus probandi delictualem publicitatem iure veteri usitatus ne tangit quidem quaestionem modo agitatem. Unica, igitur, consolatio quae in praesenti materia potest offerri inquisitoribus futuris hoc est quod casus supradicti nonnisi rarissime occurrent.

Quando agitur de probatione publicitatis delictorum, sive facile divulgabilium, sive iam divulgatorum sed ex relatione paucorum delicti patrationi adstantium, habetur res probationis longe facilioris. Nam tunc non tractatur de probanda actuali divulgatione, re nullibi in Codice determinata, sed potius de probando divulgationis periculo, re ex adiunctis in quibus delictum commissum fuit, vel nunc versatur, aestimanda. Est res utique facilis prae casu supra considerato, ast res in suo proprio iure aerumnis et difficultatibus adhuc plenissima, resque magnam prudentiam et peritiam in inquisitore sane exigens. Ipsius, enim, erit incipientis a testibus quos melius de re edoctos censet, eaque casus adiuncta a quibus pro sua prudentia credit publicitatem veresimilius exorituram indagantis, in sua investigatione persistere donec prudenter iudicari possit et debeat delictum facile divulgatum iri. Inutile est in hac materia conari aliquas concretas regulas statuere. Totius inquisitionis successus plerumque pendebit a peritia inquisitoris casum sibi commissum bene perpendentis tum in se quum in adiunctis in quibus patratum est. In hisce publicitatis investigationibus conficiendis testes a quibus inquisitor pendebit, erunt, uti patet, plerumque testes de fama seu de rumore inter populum existente de quibus optime animadvertit Augustine vocem populi non esse semper iuxta adagium vocem Dei, sed aliquandó fieri *faecem populi.*[57] Magna, igitur, est adhibenda cautio in perpendendo testimonio a talibus testibus orto.

Supra [58] iam demonstratum est delictum, ad hoc ut dici possit publicum, debere divulgari non solum qua factum materiale sed etiam qua factum delictuosum. En non habetur publica delicti notitia, qualis sufficit ad iudicium criminale inchoandum, si eius qui certe deliquerit delictum cognoscitur sub sola ratone peccati. Hoc factum consequentias valde practicas habet et simul magnam pro inquisitore difficultatem facessit.

Nam ex una parte negari nequit populum Chritsi-fidelem leges poenales, quicquid sit de praesumptione lege statuta,[59] fere totaliter ignorare, si excipias eas paucas de quibus solent esse edocti, v. g., de abortu, matrimonio coram ministello acatholico ineundo, etc. Hoc assertum nequit, uti patet, aliquo iuris textu probari, sed experientia quotidiana adeo constat ut nullus prorsus de eo detur ambigendi locus. Poena, enim, legibus etiam naturalibus adnexa, est semper quid omnino contingens, a sola positiva legislatoris mente pendens. Unde fit ut multae legis violationes, quibus credatur ob earum gravititem poenam certe debere adnecti, nulla muniantur poena, dum aliae saltem apparenter leviores legis infractiones dura cohibeantur sanctione poenali. Aliis verbis connectio inter legem et poenam, ubi datur, nequit per sola rectae rationis principia detegi, sed, ut eam sciamus, oportet ut de ea edoceamur. Ast quaero—in quot nostris catholicis collegiis, in quot nostris scholis primariis et secundariis habentur lectiones de specificis delictis? Imo nonne potius admittendum est etiam in seminariis illam Codicis partem quae extenditur per canones 2314—2414 aliquando vel in totalitate omitti, vel cursorie tantum tractari ut, uti dicunt, "tempus rebus magis practicis devoveatur."

Praesumptio ergo de non-ignorantia poenalis legum indolis fundatur non in *ordinarie contingentibus* sed in *ordinarie contingere debentibus.* Nisi enim sic praesumeret Ecclesia, ad in-

[57] Augustine, *A Commentary,* VII, 228.
[58] Cf. pp. 65-66.
[59] Canon, 16, § 2.

numeros abusus aditus panderetur. En ipsa merito conicit fideles leges poenales scire, salvis, uti patet, exceptionibus supra notatis.[60]

Quae sane praesumptio nedum ipsum delinquentem, imo et omnes de delinquentia edoctos afficit quatenus in priore casu ipse delinquens praesumitur non ignorasse poenalem suae actionis indolem, et hi characterem criminosum delicti sive a se sive per alios percepti non ignorasse creduntur donec (et hoc valet pro utroque casu) contrarium monstretur.

At si fideles naturam facti poenalem, quam scire praesumuntur, de facto plerumque ignorant, ex altera tamen parte propter rerum poenalium qua versari solent ignorantiam usu venit ut credant omnes graves legis ecclesiasticae transgressiones, praesertim a clericis commissas, posse poena ad discretionem Episcopi affici. Non, enim, iniuste tractatum censent illum peccati atrocis reum quem Episcopus, nescimus quo iure, etiam severe punit. Quae vulgaris mentalitas, etsi aliquando et quidem per accidens menti Ecclesiae congruat—quando nempe adiuncta canonis 2222, § 1, verificantur—manet nihilominus plerumque erronea, si attendimus ad principia iurisprudentiae poenalis in Libro quinto Codicis statuta.

Hae considerationes eo fine heic scriptae sunt ut inquisitor in suo iudicio de publicitate delictuali efformando iis regatur. Supra, enim,[61] scriptor calculum adiecit opinionibus illorum auctorum qui teneant ad publicitatem delicti requiri publicam notitiam etiam de poenali legis indoli. Sufficitne ad hoc illa vaga et haud definita notitia poenalis qualem credimus populum ut plurimum habere, an est insistendum pro scientia magis specifica?

Putat scriptor omnino necessarium esse heic distinctione inter ignorantiam *solius poenae* quatenus sufficientem ad delictum committendum, et quatenus sufficientem ad publicam delicti notitiam constituendam. Relate ad ignorantiam solius poenae sub priore aspectu consideratam consulatur Swoboda qui disserte demonstrat rationem ignorantiae solius poenae semper habendam esse

[60] Cf. pp. 102-104.
[61] Cf. pp. 65-66.

in diiundicanda subiectiva delinquentis reitate, sive de poenis vindicativis sive, et praesertim, de censuris agatur. Claris, enim, verbis indicat quomodo et quousque huiusmodi ignorantia possit tollere delictum.[62]

Ast etsi scientia poenae, et quidem aliquando *specificae* poenae, possit requiri in delinquente ut delinquat, opinatur scriptor illam indefinitam scientiam poenae sufficere ad publicitatem delicti. Secus, enim, omnium criminalium processuum laberetur fundamentum.

Nam si in vulgo clarior legem poenalium conceptus requireretur, inquisitor adigeretur ad investigandum de hac mentalitate apud tot homines quot sufficerent ad delictum publicum reddendum—munus sane arduum, ne dicam impossible. Quam necessitatem Codex non tantum non postulat, sed imo videtur implicite excludere in canone 2197, 1°. Ibi, enim, ad publicitatem delicti quod attinet, nil aliud exigit nisi prudens iudicium, ex adiunctis delicti commissi vel versantis efformandum, de possibilitate et certitudine divulgationis *postea secuturae.* Qualia sint hiusmodi adiuncta alibi descripsimus. Age vero, verificatis hisce adiunctis, nedum potest imo et debet delictum iudicari publicum evasurum esse, et quidem in sensu iuris seu quatenus sufficiens ad iudicium criminale inchoandum. Atqui delictum non censetur publicum sensu iuris nisi cognoscatur qua factum et qua delictum.

Nec supponendum est eoipso noceri iuribus imputati quasi ipse ius habeat ne iudicetur donec certe constet de notitia eius delicti qua delicti inter vulgus sparsa. Hoc eiusdem ius, theoretice adhuc retentum, cedit potiori Ecclesiae iuri exigentis ne delinquentibus sub praetextu defectus notitiae publicae via sternatur ad bene meritas poenas declinandas.

Quapropter, attenta practica impossibilitate probandi hanc publicam delicti notitiam, Ecclesia merito praesumit in canone 16, § 2, ignorantiam poenae publicam non deesse. Ast hoc ipso quod sic praesumit, manet theoretice verum publicam poenae qua talis

[62] Swoboda, *Ignorance,* pro poenis vindicativis, cf. pp. 200-206; pro censuris videas pp. 214-229.

notitiam requiri ad delictum publicum habendum. Si hoc non esset verum, cur praesumeretur?

Est valde difficile ut in aliquo casu particulari inveniatur probatio sive directa sive indiercta contra hanc iuris praesumptionem. At possunt dari adiuncta in quibus poterit probari hanc delicti publicam notitiam actu desiderari, et proin delictum manere occultum, puta si quis catolicus in regione praedominanter pagana vel protestantica et accessui aliorum impervia, sepulchra mortuorum ad furtum violaverit, et eius delictum publicum dein evaserit sub ratione gravis peccati apud illos sive paganos sive protestantes legum poenalium etiam existentiae ignaros. Haberetur tunc delictum publicum qua factum, sed occultum qua delictum. Tale delictum nequit constitui obiectum iudicii criminalis quia non est publicum.

3: Interrogationes quae respiciunt praesumptionem canone 2200, § 2, statutam

Postquam probaverit delictum esse publicum et non praescriptum, inquisitor debet inquirere a testibus ea e quibus iudicari potest an praesumptio doli delinquentis eoipso exorta quod contra aliquem probata est externa legis violatio,[63] aliqua in contrarium probatione tollatur. Ad hoc consulatur pro vi et metu McCoy,[64] et pro ignorantia Swoboda.[65]

4: Interrogationes quae respiciunt possibilitatem delictum in foro iudiciali probandi

Probata publicitate delicti et persistente doli praesumptione, manet investigandum an delicti probationes dentur reum de delicto in iudicio convincendi capaces. Nam sat inutile esset tale delictum, utut publice imputabile, scrutinio iudiciali sententiae edendae causa submittere, si praevideretur e defectu probationum minime probatum iri. Quod sane accidere potest, puta si delictum ab unico teste haud qualificato committi visum est, vel si plures testes delicti

[63] Canon 2200, § 2.

[64] *Force and Fear*, pp. 105-108.

patrati, omnes omni exceptione maiores, recusant de delicto in iudicio deponere. Quibus in casibus, supposita saltem praesumpta delinquentis reitate, Ordinarius nil potest facere nisi ad normam canonum 2306—2311 remedia poenalia, si eis locus est, vel in casu clerici, sed cautissime omnino, suspensionem ex informata ad normam canonis 2191, 3, nn. 1°, 2° et 3° applicare.

D: *Alia probationum genera in speciali inquisitione admissa.*

Hactenus locuti sumus unice de probationibus per testes, quippe quia hi constituunt ordinarium probationum fontem in inquisitione speciali. Imo tuto affirmari quit vix umquam fore casus in quibus delicti publicitas aliter possit monstrari, etsi aliquando, v. g., per notitias publicis ephermeridibus insertas id fieri possit. Nunc perpauca de aliis probationis mediis manent dicenda.

Nullum probationum genus, quod secretae inquisitionis indoli componi queat, per sese excluditur.

Nullum potest consistere dubium quin iusiurandum decisorium[66] nequeat valide adhiberi in inquisitione praevia. Praeter rationes infra dandas pro exclusione iurisiurandi suppletorii, decisorium explicitis verbis in causis criminalibus reiicitur.[67]

An idem dicendum sit de iureiurando suppletorio[68] *in ipso iudicio* i.e., inquisitione iam peracta, non pertinet ad huius dissertationis scopum. Sane, non possumus quin notemus per transennam id licitum fuisse iure antiquo,[69] et si quid hac de re in iure novo volumus dicere, credimus illud *"abstineat"* canonis 1830, 2,[70] prohibitionem potius quam invaliditatem importare.

Quicquid tamen est de usu iurisiurandi suppletorii in ipso iudicio formali, nulla ambigi potest ratione quin ab inquisitione

[65] *Ignorance,* pp. 183-191.

[66] Canones 1834-1836.

[67] Canon 1835, 1, cum canone 1927, 1, collatus.

[68] Canones, 1829-1830.

[69] Reiffenstuel *Ius Canonicum Universum,* lib. II, tit. XXIV, nn. 189, 212-214.

[70] ". . . sed ab eodem [suppletorio] abstineat iudex in causis criminalibus. . . ."

praevia prorsus sit excludendum. Nam inquisitio debet peragi reo inscio et inaudito, quod impossibile est cum delatione iurisiurandi suppletorii cui intervenire necesse est ipsam partem.

In inquisitione speciali praeter testes inserviumt aliquando documenta sive publica sive privata e quibus nonumquam eae delicti probationes possunt colligi quibus innixus iudex in subsequenti processu formali uti potest in reo convincendo. Huc, v. g., spectant litterae privatae confessiones extra-iudiciales continentes, vel peritiam rei praesumpti ad delictum committendum demonstrantes, etc.

Articulus III: Interventus Promotoris Iustitiae in Processu

Canon 1945 inquisitori permittit ut, quoties in aliquam difficultatem inciderit, possit exquirere consilium promotoris iustitiae, et ad hoc eidem acta inquisitionis communicare. Ad hoc, igitur, datur dispensatio a lege secreti.[71]

Huius ordinationis sapientia neminem effugit. Inquisitor toties quoties et ad unam causam delegandus, facillime potest incidere in aliquam e multis difficultatibus quibus inquisitio, attenta eius natura, abundat. Merito praevidebatur inquisitori saltem aliquando defore illam rei criminalis theoreticam scientiam et practicam dexteritatem quas munus ipsi commissum exigit. Ad hanc imperitiam sublevandam potest invocari promotor iustitiae, qui vi officii praesumitur peculiari harum rerum peritia gaudere.[72]

Interventus promotoris potest insuper usui esse ne inquisitor sensim sine sensu afficiatur studio partium. Ipse, enim, debet conficere *processum sui generis,* nam inquisitio peragitur ignaro imputato. En necessario sequitur ut probationes in ea collectae, reo inaudito et proin sui defensionem proferre prohibito, sint aliquomodo natae ad praeiudicium menti inquisitoris ingerendum. Ne, igitur, inquisitor, quin id advertat, praeoccupatum de reo animum foveat, iuvat in casibus *praesertim difficilioribus* promotorem in-

[71] Coronata, *Institutiones,* III, n. 1465; Noval, *De Iudiciis,* n. 780.
[72] Noval, *De Iudiciis,* n. 780; Glynn, *Promoter of Justice,* p. 109.

vocare.[73] Inquisitio enim minime in id tendit ut accusetur reus, sed ut reperiatur veritas, sive haec inquisiti detegat innocentiam, sive reitatem.[74]

Solius inquisitoris est decernere an et quando interventus promotoris iustitiae sit necessarius. Promotor ad interveniendum invitatus tenetur ratione officii inquisitori obtemperare,[75] nec potest limites sibi ab inquisitore statutos excedere in consilio praebendo.[76]

Ast sane ipsa inquisitionis secreta natura exigit ne promotor acciatur nisi agatur de *speciali* aliqua difficultate.[77] Nec debet promotoris interventus talis tantusque esse ut ipse loco inquisitoris videatur vix non totum processum conficere.[78] Inquisitori, enim, *auxiliatur, minime substituitur* promotor.

Sancta Mater Ecclesia sapientissime enim, ordinavit ut processui mixto criminali interveniant tres iustitiae ministri ab invicem tum quoad munus quum quoad personam distincti: nempe, promotor iustitiae penes quem sunt formalis accusatio et iuris iustitiaeque custodia, inquisitor cuius est obiectivam imputationis veritatem perscrutari, et tandem ipse iudex seu causae definitor.[79] Hae personae earumque munera in processu mixto sunt sedulo separanda, nec unius in alius munere interventio permittenda nisi adamussim ad normam iuris.

Inutile, imo impossible, esset conari taxative recensere omnes casus in quibus permittitur hic promotoris interventus. Utilius, igitur, censemus fore si nonullas opiniones Muniz hac de re crisi subiiciamus.

[73] Glynn, *Promotor of Justice*, p. 112.

[74] Lega, *De Iudiciis Ecclesiasticis*, IV, n. 300; Noval, *De Iudiciis*, n. 780.

[75] Wernz-Vidal, *Ius Canonicum*, VI, n. 678.

[76] Glynn, *Promoter of Justice*, p. 109.

[77] Noval, *De Iudiciis*, n. 780; Coronata, *Institutiones*, III, n. 1464; Vermeersch-Creusen, *Epitome*, III, n. 266; Glynn, *Promoter of Justice*, p. 110.

[78] Noval, *De Iudiciis*, n. 780; Glynn, *Promoter of Justice*, p. 110.

[79] Lega, *De Iudiciis Ecclesiasticis*, IV, n. 114; Noval, *De Iudiciis*, n. 780; Glynn, *Promoter of Justice*, p. 110; Vermeersch-Creusen, *Epitome*, III, n. 119.

Ipse[80] praeprimis asserit nil obstare quominus promotor iustitiae examini testium pro informatione curiae receptorum intersit, si id, attenta alicuius casus praevisa difficultate, expedire censuerit inquisitor. Hanc opinionem parum consonam menti Ecclesiae putat scriptor, prouti eam e canone 1945 intelligit. Ibi, enim, videtur inquisitori dari facultas promotoris consilium adhibendi pro difficultatibus *iam exortis,* minime vero pro *exorituris.* Hoc eruitur ex ipsa canonis structura grammaticali quatenus Codex in citato canone 1945 utitur verbis "in aliquam difficultatem *inciderit.*" *Quod verbum "inciderit"* relate ad phrasim *"potest . . . consilium exquirere"* in alia eiusdem sententiae clausula usurpatam, sat clare respicit tempus praeteritum. Difficultas ergo ob quam invocatur promotor debet aliquo saltem modo praecedere ipsi invitationi interveniendi, sive quia agitur de difficultate iam exorta, sive de difficultate quae ex adiunctis casus iam actu tractatis praevidetur certe oritura, quaeque proin saltem hoc sensu est hic et nunc inquisitori obvia.

Quapropter scriptor credit ad summum permitti posse inquisitori ut, si, ex factis causae iam evolutis, se testium examini imparem fore praevidet, consilium promotoris ad hoc antea exquirat, et dein tali consilio munitus interrogatorium efformet testi postea proponendum, adstante tamen solo notario. Permittere promotori ipsi per se examini adesse ut difficultatibus prout exsurgent subveniat, esset exaggerare partes promotoris, et esset nimia a secreto dispensatio. Sane, inquisitor, etsi non tanta ac promotor calleat rerum poenalium peritia, supponendus est saltem posse consilium ab alio datum sequi quin ipse tertius debeat interesse consilii a se dati exsecutioni.

Ob similes rationes pariter reiicienda videtur alia eiusdem Muniz opinio,[81] qua docet inquisitorem consulto agere si, antequam inquirere incipiat, a promotore edoceatur quomodo in genere debeat pro hoc particulari casu feliciter conducendo procedere; qualesnam, v. g., possit expectare et exquirere probationes, etc. Codex enim minime permittit inquisitori ut *semper* invocet promo-

[80] *Procédimientos Eclesiásticos,* III, 482, n. 1.

[81] *Procédimientos Eclesiásticos,* III, n. 566, 482.

torem, sed tantummodo *quoties* in aliquam difficultatem inciderit. Promotoris, enim, est inquisitori *auxiliari minime substitui,* uti vix dici potest non accidere in hypothesi a cl. Muniz prolata. Si enim deberemus opinionem a Muniz heic propositam canoni 1945 conari reconciliare, cogeremur concludere nullum umquam fore casum criminalem qui speciali difficultate careret.

Quando, tamen, aliqua difficultas revera surgit cui solvendae inquisitor se imparem credit, ipse canone 1945 consulitur ut exquirat consilium promotoris. Cum, vero, promotor nequeat prudens praebere consilium, nisi saltem ea causae adiuncta quae difficultatem de qua consulitur respiciunt bene perspecta habeat, acta inquisitionis hactenus collecta sunt ei communicanda.[82] Aliis verbis, illud *et* interpositum verbis "consilium exquirere" et "cum eo (promotore) acta communicare" [83] sensu potius coniunctivo quam disiunctivo videtur ex ipsa rei natura esse sumendum.

82 Canon 1945.
83 Canon 1945.

APPENDIX

DE EXITU INQUISITIONIS SPECIALIS

PRAENOTANDA

"Quum collecta fuerit quicquid opus sit ad factum et accusati responsabilitatem constituendam," [1] inquisitor debet omnia inquisitionis acta, addito suffragio suo, ad Ordinarium referre ut hic illis instructus possit decernere an sit procedendum ad ulteriora.[2]

Aliis verbis, quando inquisitor—cuius prudentiae committitur hac de re iudicium—censuerit, vel omnia probationis media esse iam perpensa, vel causam, nonnullis foran adhuc non indagatis, esse nihilominus sufficienter instructam, tunc debet inquisitionem claudere (nulla sane formalitas specialis ad hoc exquiritur) mandando omnia inquisitionis acta, unacum suffragio seu voto suo meritum causae respiciente, ad Ordinarium. Quo facto, eius functio pro hac vice cessat et ipse, uti aiunt, moritur, qua huius causae inquisitor.

Age vero, cum Ordinarius pendeat ab inquisitoris suffragio ut quid sit faciendum sciat (ad hoc, enim, praemissa fuit inquisitio ut de merito causae Ordinarius edoceretur), inquisitor debet in eodem suffragio tales probationes et argumenta tum in facto quum in iure congerere ut Ordinarius eis fretus prudenter agere queat. En consulendum ut suffragium *ad instar sententiae iudicialis* detur, i. e., ut inquisitor, praemissa brevi facti specie dein recenset, castigatis quidem verbis, omnes illas probationes quibus innitebatur in sua efformanda conclusione. Quae conclusio ex ipsa rei natura coarctabitur ad unam ex istis tribus in canone 1946 consideratis de quibus mox fusior sermo.

Canon 1946 *novam* continet legislationem. In iure veteri cum uni eidemque iudici et inquisitio praevia et subsequens formale

[1] S. C. Ep. et Reg., instr. 11 iun. 1180, n. 21—*Fontes*, n. 2005; S. C. de Prop. Fide, instr. a 1883, n. XXI—*Fontes*, n. 4900; Canon 1946, § 2, 3°.

[2] Canon 1946, § 2, 3°.

iudicium committerentur, non erat cur inquisitor referret ad Ordinarium ea omnia de quibus in canone 1946. |Sat erat ut iudex inquisitor sibi persuasum haberet ex investigationibus *a se factis* agi de causa vel minus quam ipse posset formaliter iudicare quin teneretur exitum inquisitionis cuiquam tertio narrare, cuius esset determinare utrum liceret ad ulteriora procedere necne. Quapropter nulla erat necessitas scripti inquisitoris suffragii, cum inquisitor ipse per se esset competens ad iudicandum an posset ulterius procedi. Iure praesenti, e contra, cum hoc iudicium non iam pertineat ad inquisitorem sed unice ad Ordinarium,[3] inquisitor tenetur hunc de exitu inquisitionis certiorem facere ut ipse Ordinarius quid sit faciendum in ordine ad iudicium determinet. En ut Ordinarius prudenter agere possit de re sibi ignota, debet de factis in inquisitione repertis edoceri per scriptam inquisitoris relationem ad normam huius novi canonis 1946 confectam.

Ordinarius sua vice, etsi minime teneatur ad amplectendam inquisitoris conclusionem in suffragio relatam, non potest tamen quin ab eodem voto, si vult prudenter agere, pendeat. Nam aliunde quam ex hoc voto nil, vel fere nil, sciet de causa. Non tamen videtur Ordinario prohibitum ut, quo tutius agere valeat, votum quoque promotoris iustitiae exquirat relate ad valorem conclusionis inquisitoris et argumentorum in eadem contentorum.[4]

Age vero, uti innuitur in canone 1946, ex bene conducta inquisitione habebitur una e tribus hypothesibus nunc considerandis.

I: Denuntiatio Delicti Apparebit Solido Fundamento Destituta.[5]

Verbum *denuntiatio,* prouti hoc loco usurpatur, generali modo sumitur ad significandam imputationem quovis modo factam, i. e., sive rumore, publica fama, querela damni, etc.[6] Quam plurimi fingi possunt rationes cur denuntiatio delicti de aliquo facta debeat censeri omnino inadaequata ad iudicium criminale inchoandum.

[3] Canon 1946.

[4] Noval, *De Iudiciis,* n. 781.

[5] Canon 1946, § 1.

[6] Noval, *De Iudiciis,* n. 781; Coronata, *Institutiones,* III, n. 1465.

Sane hae omnes possunt reduci ad defectum probationum sive corporis delicti, sive delinquentis reitatis. Quando, enim, de hisce duobus constat, iam extra praesentem casum versamur.

Unde si peracta inquisitione desiderantur solidae probationes de existentia ipsius facti delictualis in suo genere perfecti iuxta proprietatem verborum legis; vel habitis de facto delictuali probationibus ignoratur auctor delicti; vel, si cognito auctore et probato facto delictuali, imputabilitas ad normam 2200, § 2, praesumpta evidentibus in contrarium probationibus tollitur,[7] inquisitor de hisce omnibus certiorem faciet Ordinarium in suo voto in quo declarabit, suo iudicio, non esse procedendum ad ulteriora.

II: Existunt Quaedam Indicia Delicti Sed Nondum Sufficientia Ad Accusationem Instituendam.[8]

Sufficentia de qua heic agitur non debet intelligi relate ad ipsius delicti existentiam, uti in priore hypothesi, sed relate ad possibilitatem delicti veri ad iudicium criminale trahendi. Nam qui probavit delictum certe commissum esse secundum litteram legis ab auctore noto cum plena delictuali imputabilitate, saltem praesumpta, nondum probavit tale delictum posse in iudicio sisti. Debet insuper constare delictum esse publicum,[9] non praescriptum,[10] et capax probationis in foro externo. Donec haec omnia adiuncta probentur, non sat probatur ius instituendi actionem accusatoriam. Si ergo agitur de vero delicto cui tamen deficit quaelibet e condicionibus modo enumeratis, tunc habentur utique indicia delicti sed nondum sufficientia ad inchoandum formale iudicium criminale.

In utraque hypothesi hactenus considerata acta inquisitionis sunt servanda in secreto curiae archivo, e quo si iterum contra eumdem imputatum renovata erit denuntiatio, poterunt extrahi ad noviter exortae inquisitioni inserviendum. Imo in secundo casu, quando nempe habentur delicti indicia, etsi insufficientia ad hoc

[7] Coronata, *Institutiones,* III, n. 1465.

[8] Canon 1946, § 2.

[9] Canon 1933, § 1.

[10] Canon 1703.

ut instauretur iudicium criminale, Ordinarius poterit invigilare moribus imputati, eumque pro prudenti suo iudicio super re audire, et si casus ferat, ad normam canonis 2307 monere.[11]

III: Habentur Certa Vel Saltem Probabilia Et Sufficientia Argumenta Ad Accusationem Instituendam.[12]

Heic agitur de casu in quo inquisitor tales potuit probationes congerere ut iam constet de iure procedendi ad ulteriora.[13] Qui casus non verificatur nisi certe constat de delicto tum materiali quum formali, qua publico, non praescripto et probationis in foro externo capace.

Ast de hisce adiunctis qualemnam certitudinem debet habere inquisitor ut possit in suffragio suo consulere Ordinarium ut procedat ad ulteriora? Quomodo debet intelligi illud *"saltem probabilia et sufficientia . . . argumenta"* canonis 1946, § 2, 3°?

Nonnulli auctores solent distinguere inter argumenta sufficientia ad aliquem *accusandum* et argumenta sufficientia ad aliquem *convincendum.* Ad hoc exigunt eius generis argumenta quae producant *moralem certitudinem latam* seu *imperfectam.* quae nempe non tollat omnem, sed prudentem dumtaxat, dubitationem seu gravem erroris formidinem.[14]

Ad accusationem instituendam minime requirunt certitudinem moralem, qualem modo consideravimus, sed credunt suffcere opinionem solide probabilem, opinionem vere quacum consistere possit prudens contrarii suspicio seu dubitatio. Sic Noval.[15]

Quae distinctio, sic generatim proposita, nedum nocet iuribus imputati, sed, ni fallitur scriptor, vim facit toti theoriae procedurae criminalis. Quod ostendere conabitur scriptor.

[11] Canon 1946, § 2, 1° et 2°.

[12] Canon 1946, § 2, 3°.

[13] Canon 1946, § 2, 3°.

[14] Lega, *De Iudiciis Ecclesiasticis,* IV, n. 312; Noval, *De Iudiciis,* nn. 621, 781.

[15] *De Iudiciis,* n. 781.

Praesumptio doli iuxta canonem 2200, § 2, non exsurgit nisi duo procul omni dubio constant:

1) Quod lex reapse violata est et,

2) Quod aliquis determinatus est huius violationis causa. Quae facta numquam sunt praesumenda, sed adprobe demonstranda.[16] En requiritur certitudo moralis de hisce duobus circumstantiis ad hoc ut quis praesumatur reus.

Age vero, in aliquo casu particulari inquisitorem de his adiunctis supponamus—hypothesis gratia—nullam veram moralem certitudinem obtinuisse. Imputatus, sane, iuxta ea quae modo dicta sunt, non tunc praesumeretur reus. Si dein talis persona in ius criminale vocaretur, ecce haberetur sus deque versus totus processus criminalis. Nam iudicium criminale ita confectum est ut procedat ex suppositione praesumptae imputati reitatis. Si, enim, reus non evertit hanc praesumptionem contra se ex illis duobus probatis factis exsurgentem, condemnatur; sique illam evertit, liber declaratur.

Nec obiici potest licere imputatum, contra quem non sint haec duo adiuncta probata, ad iudicium deferri sub spe ut inibi collegi queant ea argumenta quae sufficiant ad hanc praesumptionem creandam. Nam praeterquam quod hic modus agendi iuribus imputati, forsan innocentissimi, nocet eius bonum nomen in discrimen iniuste vocando—cui bono erit talis procedendi ratio? Si, enim, in inquisitione ipsa haberi nequibat horum adiunctorum certitudo, qualisnam potest effulgere spes ut habeatur in iudicio? Inquisitio, enim, non censetur completa donec inquisitor omnia *necessaria* probationis media, praeter inquisiti examen, exhauserit. Hic (inquisitus) nullomodo tenetur admittere suam culpabilitatem, si quae est, sed in iudicio nil aliud debet facere nisi pro viribus conari evertere praesumptionem contra se constitutam.

Accedit quoque hoc contra opinionem Noval. Supponamus aliquem citatum esse pro iudicio criminali quin habeatur certitudo

[16] Canon 223 3, 1; S. R. R., *Diffamationis,* 30 iulii 1924, dec. XXXIV, n. 9 — *S. R. Rotae Decisiones,* XVI (1924), 301.

moralis de illis duobus adiunctis. Supponamus, insuper, hanc certitudinem nec progrediente processu detectam esse. Possetne tunc iudex, reo innocentiam non probante, sententiam infligere? Audiatur ipse Codex responsum dans in canone 2233: "Nulla poena infligi potest, nisi certo constet delictum commissum fuisse, etc." Ast non constat de delicto commisso nisi de illis duobus multum discussis adiunctis similiter constat.

Quapropter scriptor censet illam opinionem Noval esse reiiciendam; iureque novo requiri moralem certitudinem saltem de illis duobus factis. · En dissertationem clausurus scriptor concludit illud "*probabilia*" canonis 1946, § 2, 3°, debere sumi coniunctive cum verbo "*sufficientia.*" [17] eiusdem clausulae ad significandam *moralem certitudinem* lato sensu intellectam, non vero meram et solam *probabilitatem.*

[17] ". . . vel saltem probabilia et sufficientia ad accusationem instituendam argumenta. . . ."

CONCLUSIONES

1) Publicitas delictualis est metienda unice ad normam canonis 2197, 1°.

2) In delictis notoriis nullum est opus formali iudicio criminali, sed potius est adhibendus sic dictus processus *e notorio*.

3) Delictum notorium, ut sit, debet committi coram multitudine personarum eius inexcusabilitatem et incelabilitatem percipientium, ita ut delictum, utut inexcusabile, coram paucis patratum et ab hisce aliis patefactum, possit effici publicum, minime tamen notorium.

4) Solum notorium facti permanentis excusat a iudicio criminali; reliquae notorietatis factualis species (notoria facti transeuntis et interpolati) debent probari ad normam iuris.

5) Non datur imputabilitas delictualis sine responsabilitate delictuali.

6) Delicta perfecte dolosa sunt semper aut occulta aut notoria, numquam autem simpliciter publica. Ergo, attento canone 1933, 1, non sunt obiectum iudicii criminalis.

7) Praesumptio canonis 2200, § 2, non exsurgit in casu delictorum sive notoriorum notorietate facti sive perfecte dolosorum.

8) Inquisitio specialis non est iudicialis.

9) Praeteritio inquisitionis specialis, in iis rerum adiunctis quae eiusdem usum exigunt ad normam iuris, *saepe* efficit ut subsequens iudicium sit nullum.

10) Finis inquisitionis specialis est triplex: determinare, nempe, an delictum hic et nunc investigandum sit publicum ad normam canonis 2197, 1°; an sit capax probationis in foro externo; et an sit praescriptum.

11) Inquisitionis confectio potest valide semper, et aliquando etiam licite, laico committi.

12) Inquisitor potest valide, etsi illicite, eligi ad universitatem causarum.

13) Prohibitio quominus inquisitio sit iudex in eadem causa (canon 1941, § 3) constituit legem mere prohibitivam non irritantem.

14) Inquisitor tenetur ad omnia consilia exquirenda ab uno promotore iustitiae, nisi hic in aliquo casu particulari prudenter praevideatur difficultati in quam inquisitor inciderit solvendae fore impar.

15) Inquisitio debet confici, *inscio inquisito.*

16) Antequam possit procedere ad ulteriora, Ordinarius debet ex inquisitione percta esse moraliter certus delictum investigatum posse, attentis omnibus iuris ad hoc requisitis, ad tribunal criminale adduci.

INDEX BIBLIOGRAPHICUS

Fontes

Acta Apostolicae Sedis, Commentarium-Officiale, Romae, 1909—.
Acta Sanctae Sedis, 41 voll., Romae, 1865-1908.

Bullarum Diplomatum et Privilegiorum S. R. Pontificum Taurinensis Editio, 25 voll., Augustae Taurinorum, 1875-1872.

Canones et Decreta Sacrosancti Oecumenici Concilii Tridentini, Romae: Bernhardi Tauchnitz, 1863.
Codicis Iuris Canonici Fontes cura Emi. Petri Card. Gasparri editi, 9 voll., Romae (postea in Civitate Vaticana), Typis Polyglottis Vaticanis, 1923-1939. (Voll. VII-IX, ed. cura et studio Emi. Iustiniani Card. Serédi).
Corpus Iuris Canonici, ed. Lipsiensis secunda, post Aemilii Ludovici Richteri curas instruxit Aemilius Friedberg, 2 voll., Lipsiae: Ex Officina Bernhardi Tauchnitz, 1879-1881. Editio anastatice repetita, Lipsiae, 1922.
Corpus Iuris Civilis, 3 voll., ed. Kreuger—Mommsen—Schoell—Kroll, Berolini, 1928-1929.

Decretales D. Gregorii Papae IX, una cum glossis restitutae, Romae, 1582.
Decretum Gratiani Emendatum et Notationibus illustratum una cum glossis, Romae, 1582.
Decretum Gratiani Emendatum et Notationibus illustratum una cum glossis, Venetiis, 1605.

Jaffé, Philippus, *Regesta Pontificum Romanorum ab condita Ecclesia ad annum post Christum natum MCXCVIII,* ed. 2a., cura Wattenbach, Löwenfeld, Kaltenbrunner, Ewald, 2 voll. in 1, Lipsiae, 1885-1888.

Liber Sextus Decretalium D. Bonafacii Papae VIII, una cum Clementinis et Extravagantibus tum D. Ioannis XXII tum Communibus, una cum earum glossis, Romae, 1582.

Mansi, I. D., *Sacrorum Conciliorum Nova et Amplissima Collectio,* 53 voll. in 60, Paris—Arnhem—Leipsig, 1901-1927.

Quinque Compilationes Antiquae, ed. Aemilius Friedberg, Lipsiae, 1881.

Potthast, A., *Regesta Pontificum Romanorum inde ab anno post Christum natum MCXCVIII ad annum MCCCIV,* 2 voll., Berolini, 1874-1875.

S. Romanae Rotae Decisiones seu Sententiae (ab anno 1909), Romae, 1912—.

Auctores

Alphonsus M. de Liguori, Sanctus, *Theologia Moralis,* ed. Guadé, 4 voll., Romae, 1905-1912.

Ayrinhac, H. A.—Lydon, P. J., *Penal Legislation in the New Code of Canon Law,* revised edition, New York: Benziger Bros., 1936.

(Bachofen), Charles Augustine, *A Commentary on the New Code of Canon Law,* 8 vols., Vol. VII, 2. ed., St. Louis: Herder & Co., 1923.

Barbosa, Augustinus, *De Officio et Potestate Episcopi,* Lugduni, 1656.

...................., *Collectanea Doctorum tum Veterum quum Recentiorum in Ius Pontificium Universum,* 6 voll. in 3, Lugduni, 1716.

Berutti, Christophorus, *Institutiones Iuris Canonici,* Vol. VI, *De Delictis et Poenis,* Taurini—Romae: Marietti, 1938 .

Beste, Udalricus, *Introductio in Codicem,* Collegeville, Minn.: St. John's Abbey Press, 1938.

Blat, *Commentarium Textus Codicis Iuris Canonici,* 5 voll. in 7, Romae: Collegio "Angelico", 1921-1928. Vol. IV, *De Processibus,* 1927. Vol. V, *De Delictis et Poenis,* 1924.

Boenninghausen, F. E. von, *Tractatus Iuridico—Canonicus de Irregularitatibus,* 3 fasc., Typis et Sumptibus Theissingianis, 1863-1866.

Bouix, D., *Tractatus de Iudiciis Ecclesiasticis,* 2 voll. in 1, Parisiis, 1855.

Cance, Adrien, *Le Code de Droit Canonique,* 5. ed., Paris: Libraire Lecoffre, 1930.

Cappello, Felix M., *De Censuris iuxta Codicem Iuris Canonici,* 3. ed., Taurinorum Augustae: Marietti, 1933.

Cerato, Prosdocimus, *Censurae Vigentes Ipso Facto a Codice Iuris Canonici Excerptae, Commentarium,* 2. ed., Patavii: Typis Seminarii, 1921.

Chelodi, Ioannes, *Ius Poenale et Ordo Procedendi in Iudiciis Criminalibus iuxta Codicem Iuris Canonici,* 4. ed. recognita et aucta a V. Dalpiaz, Tridentini: Libreria Moderna Editrice A. Ardesi, 1935.

Claeys Bouuaert, F.—Simenon, G., *Manuale Iuris Canonici,* 3 voll., Voll. I et III, 3. ed., Gandae et Leodii, 1930.

Cocchi, Guidus, *Commentarium in Codicem Iuris Canonici,* 5 voll., in 8, Taurinorum Augustae: Marietti, Vol. V, 4. ed., 1938.

Coronata, Matthaeus Conte a, *Institutiones Iuris Canonici,* 5 voll., Taurini (Italia): Marietti, 1933-1939. Vol. III, *De Processibus,* 1933. Vol. IV, *De Delictis et Poenis,* 1935.

D'Annibale, Iosephus Card., *Summula Theologiae Moralis,* 5. ed., 3 voll., Romae, 1908.

Del Bene, Thomas, *De Officio S. Inquisitionis circa Haeresim,* 2 voll., Lugduni, sumptibus Ioannis Antonii Huguetan, 1666.

De Meester, Alphonsus, *Iuris Canonici et Iuris Canonico—Civilis Compendium,* 3 voll. in 4, Brugis, 1921-1928.

Durandus [Durantis]., G. *Speculum Iuris,* Venetiis, 1577.

Fagnanus, Prosper, *Commentaria in Quinque Libros Decretalium,* 4 voll., *Variorum Quaestionum et Communium Opinionum Criminalium Liber Sextus, Fragmentorum Pars Secunda,* Romae, 1421.

Gasparri, Petrus, *Tractatus de Sacra Ordinatione,* 2 voll., Parisiis, 1893-1894.

Glynn, John C., *The Promoter of Justice,* The Catholic University of America Canon Law Studies, n. 101. Washington, D. C.: The Catholic University of America, 1936.

Heiner, Franciscus, *De Porcessu Criminali Ecclesiastico,* 2. ed., Romae: Pustet, 1912.

Heneghan, John J., *The Marriage of Unworthy Catholics,* The Catholic University of America Canon Law Studies, n. 188, Washington, D. C.: The Catholic University of America Press, 1944.

Hollweck, Iosephus, *Die kirchlichen Strafgesetze,* Mainz, 1899.

Hostiensis Cardinalis (Henricus de Segusia), *Commentaria in Quinque Libros Decretalium,* 5 voll. in 3, Venetiis, 1581.

Kerin, Charles A., *The Privation of Christian Burial,* The Catholic University of America Canon Law Studies, n. 136, Washington, D. C.: The Catholic University of America Press, 1941.

Lega, Michael, *Praelectiones in Textum Iuris Canonici,* Vol. IV, *De Iudiciis Ecclesiasticis Criminalibus,* Romae: Typis Vaticanis, 1901, 2. ed., Voll. III et IV in 1, 1910.

Lessius, Leornardus, *De Iustitia et Iure Ceterisque Virtutibus Cardinalibus Libri Quattour,* 4. ed., Antverpiae, 1679.

Leurenius, Petrus, *Forum Ecclesiasticum in qui Ius Canonicum Universum Explanatur,* 5 voll. in 3, Venetiis, 1729.

Maroto, Phillipus, *Institutiones Iuris Canonici,* 2 voll., 1919, Vol. I, 3. ed., 1931.

McCoy, A., *Force and Fear in Relation to Delictual Imputability and Penal Responsability,* The Catholic University of America Canon Law Studies, n. 200, Washington, D. C.: The Catholic University of America Press, 1945.

Menochius, *De Praesumptionibus, Coniecturis, Signis et Indiciis Commentaria,* 2 voll., Coloniae Allobrogum, 1686.

Michiels, Gommarus, *Normae Generales Iuris Canonici,* Lublin: Universitas Catholica, 1929.

....................*De Delictis et Poenis,* 2 voll., Lublin—Polonia, 1934.

Moersdorf, Klaus, *Die Rechtssprache des Codex Iuris Canonici,* Paderborn: Schöningh, 1937.

Muniz, T., *Procedimiéntos Eclesiaśticos,* 3 voll., Hispali, 1926.

Noval, Ios., *Commementarium Codicis Iuris Canonici,* Liber IV, *De Processibus,* Pars I, *De Iudiciis,* Augustae Taurinorum, Romae, 1920.

Ojetti, B., *Commentarium in Codicem Iuris Canonici,* 4 voll., Romae, 1927-1931.

Panormitanus, Abbas (Nicolaus de Tudeschis), *Commentaria in Quinque Decretalium Libros,* 8 voll., Venetiis, 1588.

Pirhing, Ernicus, *Ius Canonicum in Quinque Libris Decretalium,* 5 voll. in 4. Dilingae, 1667.

Prummer, Dominicus M., *Manuale Iuris Canonici,* 3. ed., Friburgi Brisgoviae, Herder & Co., 1922.

Reiffenstuel, Anacletus, *Ius Canonicum Universum,* 5 voll. in 4, Venetiis, 1735.

Roberti, F., *De Delictis et Poenis,* 2. ed., Romae, Pontificium Institutum Utriusque Iuris, 1938.

Salmanticenses, *Cursus Theologiae Moralis,* 6 voll. in 4, Venetiis, 1714-1728.

Scaccia, S., *Tractatus de Iudiciis,* 2 voll., Coloniae Agrippinae, sumptibus Viduae Wihl. Metternich et Filii, 1737.

Schmalzgrueber, F., *Ius Ecclesiasticum Universum,* 5 voll. in 12, Romae, 1843-1945.

Smith, S. B., *The New Procedure in Criminal and Disciplinary Causes of Ecclesiastics in the United States,* 2. ed., Pustet & Co., New York and Cincinnati, 1888.

Sole, Jacobus, *De Delictis et Poenis,—Praelectiones in Lib. V. Codicis Iuris Canonici,* Romae: Pustet, 1920.

Suarez, Franciscus, *Disputationes de Censuris in Communi, Excommunicatione, Suspensione et Interdicto, Itemque de Irregularitate,* Venetiis, 1606.

Swoboda, Innocent, *Ignorance in Relation to the Imputability of Delicts,* The Catholic University of America Canon Law Studies, n. 143, Washington, D. C.: The Catholic University of America Press, 1941.

Thesaurus, Carolus, *De Poenis Ecclesiastics seu Canonicis,* 2. ed., Romae: Geraldi. 1760.

Tuschus, Cardinalis, *Practicae Conclusiones,* 3. ed., Lugduni, 1634.

Van Hove, *Commentarium Lovaniense in Codicem Iuris Canonici,* Vol. I, Tom. II, *De Legibus Ecclesiasticis,* Melchliniae: H. Dessain, 1930.

Vermeersch—Creusen, *Epitome Iuris Canonici,* 3 voll., Bruxellis: H. Dessain. Vol. I, 6. ed., 1937; Vol. II, 5. ed., 1934; Vol. III, 5. ed., 1938.

Vlaming, *Praelectiones Iuris Matrimonii,* 3. ed., 2 voll., Bussum in Hollandia, 1919-1921.

Wernz, F., *Ius Decretalium,* 6 voll., 2. ed., Romae et Prati, 1906-1913.

Wernz, F.—Vidal, P., *Ius Canonicum*, 7 voll., in 9, Romae: Apud Aedes Universitatis Gregorianae, 1927-1938, Vol. VI, *De Processibus*, 1928, Vol. VII, *De Delictis et Poenis*, 1937.

Woywod, C., *A Practical Commentary on the Code of Canon Law*, 2 voll., 5. ed., New York, Wagner, 1939.

Periodica

Jus Pontificium, Romae, 1921—.

Monitore Ecclesiastico, II, Romae, 1876—.

Articuli

Anon. "Come vada inteso il termine "delicta publica" nel can. 1933 in correlazione con can. 2197, 1, 2, 3."—*Monitore Ecclesiastico*, 4a. series, tomus 6 (1924), 276-278.

Kuttner, S., "'Ecclesia non iudicat de occultis' apud decretistas et decretalistas."—*Jus Pontificium*, XVII (1937), 13-28

Pistocchi, M., "Il dolo"—*Monitore Ecclesiastico*, XLVI (1934), 39-46.

Abbreviationes

AAS—*Acta Apostolicae Sedis.*

ASS—*Acta Sanctae Sedis.*

Fontes—Codicis Iuris Canonici Fontes cura . . . cura Gasparri editi.

Monit. Eccl.—Il Monitore Ecclesiastico.

S.C.C.—Sacra Congregatio Concilii.

S.C. de Prop. Fide—Sacra Congregatio de Propaganda Fide.

S.C. Ep. et Reg. Sacra Congregatio Episcoporum et Regularium.

S.C.S. Off.—Suprema Congregatio Sancti Officii.

S.R.R.—Sacra Romana Rota.

S.R.R. *Dec.—Sacrae Romanae Rotae Decisiones seu Sententiae,*

Ioannes Whelan Iosephus Dougherty natus est Lansford in Pennsylvania, die 16 aprilis, 1916. Scholas elementares paroeciales ibi frequentavit donec mense septembris 1932 admissus est alumnus in Seminarium Dioecesanum Philadelphiense, Overbrook situm. Post sexennium, gradu A. B. interim auctus, Romam ab Ordinario ad Pontificium Seminarium Romanum missus est Lauream in S. Theologia in Pontificio Athenaeo Lateranensi adepturus Biennio tamen elapso, S.T.B. renuntiatus, patriam petere coactus est ob bellum mundanum denuo exortum. Cursu theologico Romae incepto et in Universitate Catholica Washingtonensi absoluto, mense maii a. 1942 licentiatum in S. Theologia ibidem assecutus est. Ordinatus est sacerdos die 30 maii 1942 et octobri insequenti alumnus adscriptus est, gratia Ordinarii, Scholae Iuris Canonici Catholicae Universitatis Americae, a qua mense maii 1943 gradum I.C.B., et mense maii anni insequentis gradum I.C.L. est adeptus.

INDEX RERUM ALPHABETICUS

CANON LAW STUDIES

1. Freriks, Rev. Celestine A., C.PP.S., J.C.D., Religious Congregations in Their External Relations, 121 pp., 1916.
2. Galliher, Rev. Daniel M., O.P., J.C.D., Canonical Elections, 117 pp., 1917.
3. Borkowski, Rev. Aurelius L., O.F.M., J.C.D., De Confraternitatibus Ecclesiasticis, 136 pp., 1918.
4. Castillo, Rev. Cayo, J.C.D., Disertacion Historico-Canonica sobre la Potestad del Cabildo en Sede Vacante o Impedida del Vicario Capitular, 99 pp., 1919 (1918).
5. Kubelbeck, Rev. William J., S.T.B., J.C.D., The Sacred Pentitentiaria and Its Relations to Faculties of Ordinaries and Priests, 129 pp., 1918.
6. Petrovits, Rev. Joseph J.C., S.T.D., J.C.D., The New Church Law On Matrimony, X-461 pp., 1919.
7. Hickey, Rev. John J., S.T.B., J.C.D., Irregularities and Simple Impediments in the New Code of Canon Law, 100 pp., 1920.
8. Klekotka, Rev. Peter J., S.T.B., J.C.D., Diocesan Consultors, 179 pp., 1920.
9. Wanenmacher, Rev. Francis, J.C.D., The Evidence in Ecclesiastical Procedure Affecting the Marriage Bond, 1920 (Printed 1935).
10. Golden, Rev. Henry Francis, J.C.D.. Parochial Benefices in the New Code, IV-119 pp., 1921 (Printed 1925).
11. Koudelka, Rev. Charles J., J.C.D., Pastors, Their Rights and Duties According to the New Code of Canon Law, 211 pp., 1921.
12. Melo, Rev. Antonius, O.F.M., J.C.D., De Exemptione Regularium, X-188 pp., 1921.
13. Schaaf, Rev. Valentine Theodore, O.F.M., S.T.B., J.C.D., The Cloister. X-180 pp., 1921.
14. Burke, Rev. Thomas Joseph, S.T.D.. J.C.D., Competence in Ecclesiastical Tribunals, IV-117 pp., 1922.
15. Leech, Rev. George Leo, J.C.D., A Comparative Study of the Constitution, "Apostolicae Sedis" and the "Codex Juris Canonici," 179 pp., 1922.
16. Motry, Rev. Hubert Louis, S.T.D.. J.C.D., Diocesan Faculties According to the Code of Canon Law, II-167 pp., 1922.
17. Murphy, Rev. George Lawrence, J.C.D.. Delinquencies and Penalties in the Administration and Reception of the Sacraments, IV-121 pp., 1923.

*** Below n. 100 only the following numbers are still available: Nos. 25, 57 and 75. Beginning with n. 100 only the following numbers are unavailable: Nos. 100-111 inclusive, 113 and 115-117 inclusive.**

18. O'Reilly, Rev. John Anthony, S.T.B., J.C.D., Ecclesiastical Sepulture in the New Code of Canon Law, II-129 pp., 1923.
19. Michalicka, Rev. Wenceslas Cyrill, O.S.B., J.C.D., Judicial Procedure in Dismissal of Clerical Exempt Religious, 107 pp., 1923.
20. Dargin, Rev. Edward Vincent, S.T.B., J.C.D., Reserved Cases According to the Code of Canon Law, IV-103, pp., 1924.
21. Godfrey, Rev. John A., S.T.B., J.C.D., The Right of Patronage According to the Code of Canon Law, 153 pp., 1924.
22. Hagedorn, Rev. Francis Edward, J.C.D., General Legislation on Indulgences, II-154 pp., 1924.
23. King, Rev. James Ignatius, J.C.D., The Administration of the Sacraments to Dying Non-Catholics, V-141 pp., 1924.
24. Winslow, Rev. Francis Joseph, A.F.M., J.C.D., Vicars and Prefects Apostolic, IV-149 pp., 1924.
25. Correa, Rev. Jose Servelion, S.T.L., J.C.D., La Potestad Legislativa de la Iglesia Catolica, IV-127 pp., 1925.
26. Dugan, Rev. Henry Francis, A.M., J.C.D., The Judiciary Department of the Diocesan Curia, 87 pp., 1925.
27. Keller, Rev. Charles Frederick, S.T.B., J.C.D., Mass Stipends, 167 pp., 1925.
28. Paschang, Rev. John Linus, J.C.D., The Sacramentals According to the Code of Canon Law, 129 pp., 1925.
29. Piontek, Rev. Cyrillus, O.F.M., S.T.B., J.C.D., De Indulto Exclaustrationis necnon Saecularizationis, XIII-289 pp., 1925.
30. Kearney, Rev. Richard Joseph, S.T.B., J.C.D., Sponsors at Baptism According to the Code of Canon Law, IV-127 pp., 1925.
31. Bartlett, Rev. Chester Joseph, A.M., LL.B., J.C.D., The Tenure of Parochial Property in the United States of America, V-108 pp., 1926.
32. Kilker, Rev. Adrian Jerome, J.C.D., Extreme Unction, V-425 pp., 1926.
33. McCormick, Rev. Robert Emmett, J.C.D., Confessors of Religious, VIII-266 pp., 1926.
34. Miller, Rev. Newton Thomas, J.C.D., Founded Masses According to the Code of Canon Law, VII-93 pp., 1926.
35. Roelker, Rev. Edward G., S.T.D., J.C.D., Principles of Privilege According to the Code of Canon Law, XI-166 pp., 1926.
36. Bakalarczyk, Rev. Richardus, M.I.C., J.U.D., De Novitiatu, VIII-208 pp., 1927.
37. Pizzuti, Rev. Lawrence, O.F.M., J.U.L., De Parochis Religiosis, 1927. (Not printed).
38. Bliley, Rev. Nicholas Martin, O.S.B., J.C.D., Altars According to the Code of Canon Law, XIX-132 pp., 1927.

39. Brown, Mr. Brendan Francis, A.B. LL.M., J.U.D., The Canonical Juristic Personality with Special Reference to Its Status in the United States of America, V-212 pp., 1927.
40. Cavanaugh, Rev. William Thomas, C.P., J.U.D., The Reservation of the Blessed Sacrament, VIII-101 pp., 1927.
41. Doheny, Rev. William J., C.S.C., A.B., J.U.D., Church Property: Modes of Acquisition, X-118 pp., 1927.
42. Feldhaus, Rev. Aloysius H., C.PP.S., J.C.D., Oratories, IX-141 pp., 1927.
43. Kelly, Rev. James Patrick, A.B., J.C.D., The Jurisdiction of the Simple Confessor, X-208 pp., 1927.
44. Neuberger, Rev. Nicholas J., J.C.D., Canon 6 or the Relation of the Codex Juris Canonici to the Preceding Legislation, V-95 pp., 1927.
45. O'Keefe, Rev. Gerald Michael, J.C.D., Matrimonial Dispensations, Powers of Bishops, Priests and Confessors, VIII-232 pp., 1927.
46. Quigley, Rev. Joseph A.M., A.B., J.C.B., Condemned Societies, 139 pp., 1927.
47. Zaplotnik, Rev. Johannes Leo, J.C.D., De Vicariis Foraneis, X-142 pp., 1927.
48. Duskie, Rev. John Aloysius, A.B., J.C.D., The Canonical Status of the Orientals in the United States, VIII-196 pp., 1928.
49. Hyland, Rev. Francis Edward, J.C.D., Excommunication, Its Nature, Historical Development and Effects, VIII-181 pp., 1928.
50. Reinmann, Rev. Gerald Joseph, O.M.C., J.C.D., The Third Order Secular of Saint Francis, 201 pp., 1928.
51. Schenk, Rev. Francis J., J.C.D., The Matrimonial Impediments of Mixed Religion and Disparity of Cult, XVI-318 pp., 1929.
52. Coady, Rev. John Joseph, S.T.D., J.U.D., A.M., The Appointment of Pastors, VIII-150 pp., 1929.
53. Kay, Rev. Thomas Henry, J.C.D., Competence in Matrimonial Procedure, VIII-164 pp., 1929.
54. Turner, Rev. Sidney Joseph, C.P., J.U.D., The Vow of Poverty, XLIX-217 pp., 1929.
55. Kearney, Rev. Raymond, A., A.B., S.T.D., J.C.D., The Principles of Delegation, VII-149 pp., 1929.
56. Conran, Rev. Edward James, A.B., J.C.D., The Interdict, V-163 pp., 1930.
57. O'Neil, Rev. William H., J.C.D., Papal Rescripts of Favor, VII-218 pp., 1930.
58. Bastnagel, Rev. Clement Vincent, J.U.D., The Appointment of Parochial Adjutants and Assistants, XV-257 pp., 1930.
59. Ferry, Rev. William A., A.B., J.C.D., Stole Fees. V-135 pp., 1930.
60. Costello, Rev. John Michael, A.B., J.C.D., Domicile and Quasi-domicile, VII-201 pp., 1930.

61. Kremer, Rev. Michael Nicholas, A.B., S.T.B., J.C.D., Church Support in the United States, VI-1930.
62. Angulo, Rev. Luis, C.M., J.C.D., Legislation de la Iglesia sobre la intencion en la application de la Santa Misa, VII-104 pp., 1931.
63. Frey, Rev. Wolfgang Norbert, O.S.B., A.B., J.C.D., The Act of Religious Profession, VIII-174 pp., 1931.
64. Roberts, Rev. James Brendan, A.B., J.C.D., The Banns of Marriage, XIV-140 pp., 1931.
65. Ryder, Rev. Raymond Aloysius, A.B., J.C.D., Simony, IX-151 pp., 1931.
66. Campagna, Rev. Angelo, Ph.D., J.U.D., Il Vicario Generale del Vescovo, VII-205 pp., 1931.
67. Cox, Rev. Joseph Godfrey, A.B., J.C.D., The Administration ot Seminaries, VI-124 pp., 1931.
68. Gregory, Rev. Donald J., J.U.D., The Pauline Privilege, XV-165 pp., 1931.
69. Donohue, Rev. John F., J.C.D., The Impediment of Crime, VII-110 pp., 1931.
70. Dooley, Rev. Eugene A., O.M.I., J.C.D., Church Law On Sacred Relics, IX-143 pp., 1931.
71. Orth, Rev. Raymond Clement, O.M.C., J.C.D., The Approbation of Religious Institutes, 171 pp., 1931.
72. Pernicone, Rev. Joseph M., A.B., J.C.D., The Ecclesiastical Prohibition of Books, XII-267 pp., 1932.
73. Clinton, Rev. Connell, A.B., J.C.D., The Paschal Precept, IX-108 pp., 1932.
74. Donnelly, Rev. Francis B., A.M., S.T.L., J.C.D., The Diocesan Synod, VIII-125 pp., 1932.
75. Torrente, Rev. Camilo, C.M.F., J.C.D., Las Processiones Sagradas, V-145 pp., 1932.
76. Murphy, Rev. Edwin J., C.PP.S., J.C.D., Suspension Ex Informata Conscientia, XI-122, pp., 1932.
77. Mackenzie, Rev. Eric F., A.M., S.T.L., J.C.D., The Delict of Heresy in its Commission, Penalization, Absolution, VII-124 pp., 1932.
78. Lyons Rev. Avitus E., S.T.B., J.C.D., The Collegiate Tribunal of First Instance, XI-147 pp., 1932.
79. Connolly, Rev. Thomas A., J.C.D., Appeals, XI-195 pp., 1932.
80. Sangmeister, Rev. Joseph V., A.B., J.C.D., Force and Fear as Precluding Matrimonial Consent, V-211 pp., 1932.
81. Jaeger, Rev. Leo A., A.B., J.C.D., The Administration of Vacant and Quasi-vacant Episcopal Sees in the United States, IX-229 pp., 1932.
82. Rimlinger, Rev. Herbert T., J.C.D., Error Invalidating Matrimonial Consent, VII-79 pp., 1932.

83. Barrett, Rev. John D.M., S.S., J.C.D., A Comparative Study of the Third Plenary Council of Baltimore and the Code, IX-221 pp., 1932.
84. Carberry, Rev. John J., Ph.D., S.T.D., J.C.D., The Juridical Form of Marriage, X-177 pp., 1934.
85. Dolan, Rev. John L., A.B., J.C.D., The Defensor Vinculi, XII-157 pp., 1934.
86. Hannan, Rev. Jerome D., A.M., S.T.D., LL.B., J.C.D., The Canon Law of Wills, IX-517 pp., 1934.
87. Lemieux, Rev. Delisle A., A.M., J.C.D., The Sentence in Ecclesiastical Procedure, IX-131 pp., 1934.
88. O'Rourke, Rev. James J., A.B., J.C.D., Parish Registers, VII-109 pp., 1934.
89. Timlin, Rev. Bartholomew, O.F.M., A.M., J.C.D., Conditional Matrimonial Consent, X-381 pp., 1934.
90. Wahl, Rev. Francis X., A.B., J.C.D., The Matrimonial Impediments of Consanguinity and Affinity, VI-125 pp., 1934.
91. White, Rev. Robert J., A.B., LL.B., S.T.B., J.C.D., Canonical Ante-Nuptial Promises and the Civil Law, VI-152 pp., 1934.
92. Herrera, Rev. Antonio Parra, O.C.D., J.C.D., Legislation Ecclesiastica sobra el Ayuno y la Abstinencia, XI-191 pp., 1935.
93. Kennedy, Rev. Edwin J., J.C.D., The Special Matrimonial Process in Cases of Evident Nullity, X-165 pp., 1935.
94. Manning, Rev. John J., A.B., J.C.D., Presumption of Law in Matrimonial Procedure, XI-111 pp., 1935.
95. Moeder, Rev. John M., J.C.D., The Proper Bishop for Ordination and Dismissorial Letters, VII-135 pp., 1935.
96. O'Mara, Rev. William A., A.B., J.C.D., Canonical Causes For Matrimonial Dispensations, IX-155 pp., 1935.
97. Reilly, Rev. Peter, J.C.D., Residence of Pastors, IX-81 pp., 1935.
98. Smith, Rev. Mariner T., O.P., S.T.L., J.C.D., The Penal Law For Religious, VII-169 pp., 1935.
99. Whalen, Rev. Donald W., A.M., J.C.D., The Value of Testimonial Evidence in Matrimonial Procedure, XIII-297 pp., 1935.
100. Cleary, Rev. Joseph F., J.C.D., Canonical Limitations on the Alienation of Church Property, VIII-141 pp., 1936.
101. Glynn, Rev. John C., J.C.D., The Promoter of Justice, XX-337 pp., 1936.
102. Brennan, Rev. James H., S.S., A.M., S.T.B., J.C.D., The Simple Convalidation of Marriage, VI-135 pp, 1937.
103. Brunini, Rev. Joseph Bernard, J.C.D., The Clerical Obligations of Canons, 139 and 142, X-121 pp., 1937.
104. Connor, Rev. Maurice, A.B., J.C.D., The Administrative Removal of Pastors, VIII-159 pp., 1937.
105. Guilfoyle, Rev. Merlin Joseph, J.C.D., Custom, XI-144 pp., 1937.

106. Hughes, Rev. James Austin, A.B., A.M., J.C.D., Witnesses in Criminal Trials of Clerics, IX-140 pp., 1937.
107. Jansen, Rev. Raymond J., A.B., S.T.L., J.C.D., Canonical Provisions for Catechetical Instruction, VII-153 pp., 1937.
108. Kealy, Rev. John James, A.B., J.C.D,, The Introductory Libellus in Church Court Procedure, XI-121 pp., 1937.
109. McManus, Rev. James Edward, C.SS.R., J.C.D., The Administration of Temporal Goods in Religious Institutes, XVI-196 pp., 1937.
110. Moriarty, Rev. Eugene James, J.C.D., Oaths in Ecclesiastical Courts, X-115 pp., 1937.
111. Rainer, Rev. Eligius George, C.SS.R., J.C.D., Suspension of Clerics, XVII-249 pp., 1937.
112. Reilly, Rev. Thomas F., C.SS.R., J.C.D., Visitation of Religious, VI-195 pp., 1938.
113. Moriarty, Rev. Francis E., C.SS.R., J.C.D., The Extraordinary Absolution from Censures, XV-334 pp., 1938.
114. Connolly, Rev. Nicholas P., J.C.D., The Canonical Erection of Parishes, X-132 pp., 1938.
115. Donovan, Rev. James Joseph, J.C.D., The Pastor's Obligation in Prenuptial Investigation, VII-322 pp., 1938.
116. Harrigan, Rev. Robert J., M.A., S.T.B., J.C.D., The Radical Sanation of Invalid Marriages, VIII-208 pp., 1938.
117. Boffa, Rev. Conrad Humbert, J.C.D., Canonical Provisions for Catholic Schools, VII-211 pp., 1939.
118. Parsons, Rev. Anscar John, O.M. Cap., J.C.D., Canonical Elections, XII-236 pp., 1939.
119. Reilly, Rev. Edward Michael, A.B., J.C.D., The General Norms of Dispensation, X-156 pp., 1939.
120. Ryan, Rev. Gerald Aloysius, A.B., J.C.D., Principles of Episcopal Jurisdiction, XII-172 pp., 1939.
121. Burton, Rev. Francis James, C.S.C., A.B., J.C.D., A Commentary on Canon 1125, X-222 pp., 1940.
122. Miaskiewicz, Rev. Francis Sigismund, J.C.D., Supplied Jurisdiction according to Canon 209, XII-340 pp., 1940.
123. Rice, Rev. Patrick William, A.B., J.C.D., Proof of Death in Prenuptial Investigation, VIII-156 pp., 1940.
124. Anglin, Rev. Thomas Francis, M.S., J.C.D., The Eucharistic Fast, VIII-183 pp., 1941.
125. Coleman, Rev. John Jerome, J.C.D., The Minister of Confirmation, VI-153 pp., 1941.
126. Downs, Rev. John Emmanuel, A.B., J.C.D., The Concept of Clerical Immunity, XI-163 pp., 1941.

127. Esswein, Rev. Anthony Albert, J.C.D., Extrajudicial Penal Powers of Ecclesiastical Superiors, X-144 pp., 1941.
128. Farrell, Rev. Benjamin Francis, M.A., S.T.L., J.C.D., The Rights and Duties of the Local Ordinary Regarding Congregations of Women Religious of Pontifical Approval, V-195 pp., 1941.
129. Feeney, Rev. Thomas John, A.B., S.T.L., J.C.D., Restitution in Integrum, VI-169 pp., 1941.
130. Findlay, Rev. Stephen William, O.S.B., A.B., J.C.D., Canonical Norms Governing the Deposition and Degradation of Clerics, XVII-279 pp., 1941.
131. Goodwine, Rev. John, A.B., S.T.L., J.C.D., The Right of the Church to Acquire Property, VIII-119 pp., 1941.
132. Heston, Rev. Edward Louis, C.S.C., PhD., S.T.D., J.C.D., The Alienation of Church Property in the United States, XII-222 pp., 1941.
133. Hogan, Rev. James John, S.T.L., J.C.D., Judicial Advocates and Procurators, VIII-200 pp., 1941.
134. Kealy, Rev. Thomas M. A.B., Litt.B., J.C.D., Dowry of Women Religious, IX-152 pp., 1941.
135. Keene, Rev. Michael James, O.S.B., J.C.D., Religious Ordinaries and Canon 198, V-164 pp., 1942.
136. Kerin, Rev. Charles A., S.S., M.A., S.T.B., J.C.D., The Privation of Christian Burial, XVI-279 pp., 1941.
137. Louis, Rev. William Francis, M.A., J.C.D., Diocesan Archives, X-101 pp., 1941.
138. McDevitt, Rev. Gilbert Joseph, A.B., J.C.D., Legitimacy and Legitimation, X-247 pp., 1941.
139. McDonough, Rev. Thomas Joseph, A.B., J.C.D., Apostolic Administrators, X-217 pp., 1941.
140. Meier, Rev. Carl Anthony, A.B., J.C.D., Penal Administrative Procedure Against Negligent Pastors, XI-240 pp., 1941.
141. Schmidt, Rev. John Rogg, A.B., J.C.D., The Principles of Authentic Interpretation in Canon 17 of the Code of Canon Law, XII-331 pp., 1941.
142. Slafkosky, Rev. Andrew Leonard, A.B., J.C.D., The Canonical Episcopal Visitation of the Diocese, X-197 pp., 1941.
143. Swoboda, Rev. Innocent Robert, O.F.M., J.C.D., Ignorance in Relation to the Imputability of Delicts, IX-271 pp., 1941.
144. Dubé, Rev. Arthur Joseph, A.B., J.C.D., The General Principles for the Reckoning of Time in Canon Law. VIII-299 pp., 1941.
145. McBride, Rev. James T., A.B., J.C.D., Incardination and Excardination of Seculars., XX-585 pp., 1941.
146. Król, Rev. John J., J.C.L., The Defendant in Contentious Trials, IX-207 pp., 1942.

147. Comyns, Rev. Joseph J., C.SS.R., J.C.L., The Papal and Episcopal Administration of Church Property, XIV-155 pp., 1942.
148. Barry, Rev. Garrett Francis, O.M.I., J.C.L., Violation of the Cloister, XII-260 pp., 1942.
149. Bolduc, Rev. Gatien, C.S.V., A.B., S.T.L., J.C.L., Les études dans les religions cléricales, VIII-155 pp., 1942.
150. Boyle, Rev. David John, M.A., J.C.L., The Juridic Effects of Moral Certitude on Pre-Nuptial Guarantees, XII-188 pp., 1942.
151. Canavan, Rev. Walter Joseph, M.A., Litt.D., J.C.L., Profession of Faith, XII-143 pp., 1942.
152. Desrochers, Rev. Bruno, A.B., Ph.L., S.T.B., J.C.L., Le Premier Concile Plénier de Québec et le Code de Droit Canonique, XIV-186 pp., 1942.
153. Dillon, Rev. Robert Edward, A.B., J.C.L., Common Law Marriage, X-148 pp., 1942.
154. Dodwell, Rev. Edward John, Ph.D., S.T.B., J.C.L., The Time and Place for the Celebration of Marriage, X-156 pp., 1942.
155. Donnellan, Rev. Thomas Andrew, A.B., J.C.L., The Obligation of the Missa pro Populo, VII-131 pp., 1942.
156. Eltz, Rev. Rev. Louis Anthony, A.B., J.C.D., Cooperation in Crime. XII-208 pp., 1942.
157. Gass, Rev. Sylvester Francis, M.A., J.C.L., Ecclesiastical Pensions, XI-206 pp., 1942.
158. Guiniven, Rev. John Joseph, C.SS.R., J.C.L., The Precept of Hearing Mass on Sundays and Holy Days of Obligation, X-126 pp., 1942.
159. Gulczynski, Rev. John Theophilus, J.C.L., The Desecration and Violation of Churches, X-126 pp., 1942.
160. Hammill, Rev. John Leo, M.A., J.C.L., The Obligations of the Traveler according to Canon 14, VIII-204 pp., 1942.
161. Haydt, Rev. John Joseph, A.B., J.C.L., Reserved Benefices, XI-148 pp., 1942.
162. Huser, Rev. Roger John, O.F.M., A.B., J.C.L., The Crime of Abortion in Canon Law, XII-187 pp., 1942.
163. Kearney, Rev. Francis Patrick, A.B., S.T.L., J.C.L., The Principles of Canon 1127.
164. Linahen, Rev. Leo James, S.T.L., J.C.L., De Absolutione Complicis in Peccato Turpi, 114 pp., 1942.
165. McCloskey, Rev. Joseph Aloysius, A.B., J.C.L., The Subject of Ecclesiastical Law according to Canon 12, XVII-216 pp., 1942.
166. O'Neill, Rev. Francis Joseph, C.SS.R., J.C.L., The Dismissal of Religious in Temporary Vows, XIII-220 pp., 1942.
167. Prince, Rev. John Edward, A.B., S.T.B., J.C.L., The Diocesan Chancellor, X-136 pp., 1942.

168. Riesner, Rev. Albert Joseph, C.SS.R., J.C.L., Apostates and Fugitives from Religious Institutes, IX-168 pp., 1942.
169. Stenger, Rev. Joseph Bernard, J.C.L., The Mortgaging of Church Property, 186 pp., 1942.
170. Waldron, Rev. Joseph Francis, A.B., J.C.L. The Minister of Baptism, XII-197 pp., 1942.
171. Willett, Rev. Robert Albert, J.C.L., The Probative Value of Documents in Ecclesiastical Trials, X-124 pp., 1942.
172. Woeber, Rev. Edward Martin, M.A., J.C.L., The Interpellations, XII-161 pp., 1942.
173. Benko, Rev. Matthew Aloysius, O.S.B., M.A., J.C.D., The Abbot *Nullius*, XVI-148 pp., 1943.
174. Christ, Rev. Joseph James, M.A., S.T.L., J.C.D., Dispensation from Vindictive Penalties, XIV-285 pp. 1943.
175. Clancy, Rev. Patrick, M. J., O.P., A.B., S.T.Lr., J.C.D., The Local Religious Superior, X-229 pp., 1943.
176. Clarke, Rev. Thomas James, J.C.D., Parish Societies, XII-147 pp., 1943.
177. Connolly, Rev. John Patrick, S.T.L., J.C.D., Synodal Examiners and Parish Priest Consultors, X-223 pp., 1943.
178. Drumm, Rev. William Martin, A.B., J.C.D., Hospital Chaplains, XII-175 pp., 1943.
179. Flanagan, Rev. Bernard Joseph, A.B., S.T.L., J.C.D., The Canonical Erection of Religious Houses, X-147 pp., 1943.
180. Kelleher, Rev. Stephen Joseph, A.B., S.T.B., J.C.D., Discussions with non-Catholics: Canonical Legislation, X-93 pp., 1943.
181. Lewis, Rev. Gordian, C.P., J.C.D., Chapters in Religious Institutes, XII-169 pp., 1943.
182. Marx, Rev. Adolph, J.C.D., The Declaration of Nullity of Marriages Contracted Outside the Church, X-151 pp., 1943.
183. Matulenas, Rev. Raymond Anthony, O.S.B., A.B., J.C.D., Communication, a Source of Privileges, XII-225 pp., 1943.
184. O'Leary, Rev. Charles Gerard, C.SS.R., J.C.D., Religious Dismissed After Perpetual Profession, X-213 pp., 1943.
185. Power, Rev. Cornelius Michael, J.C.D., The Blessing of Cemeteries, XII-213 pp., 1943.
186. Shuhler, Rev. Ralph Vincent, O.S.A., J.C.D., Privileges of Regulars Absolve and Dispense, XII-195 pp., 1943.
187. Ziolkowski, Rev. Thaddeus Stanislaus, A.B., J.C.D., The Consecration and Blessing of Churches, XII-151 pp., 1943.
188. Heneghan, Rev. John Joseph, S.T.D., J.C.D., The Marriages of Unworthy Catholics: Canons 1065 and 1066, XVI-213 pp., 1944.

189. Carroll, Rev. Coleman Francis, M.A., S.T.L., J.C.L., Charitable Institutions.
190. Ciesluk, Rev. Joseph Edward, Ph.B., S.T.L., J.C.L., National Parishes in the United States.
191. Coburn, Rev., Vincent Paul, A.B., J.C.D., Marriages of Conscience, XII-172 pp., 1944.
192. Connors, Rev. Charles Paul, C.S.Sp., A.B., J.C.D., Extra-Judicial Procurators in the Code of Canon Law, X-94 pp., 1944.
193. Coyle, Rev. Paul Raymond, A.B., J.C.L., Judicial Exceptions.
194. Fair, Rev. Bartholomew Francis, A.B., S.T.L., J.C.L., The Impediment of Abduction.
195. Gallagher, Rev. Thomas Raphael, O.P., A.B., S.T.Lr., J.C.D., The Examination of the Qualities of the Ordinand, X-166 pp., 1944.
196. Gannon, Rev. John Mark, S.T.L., J.C.D., The Interstices Required for the Promotion to Orders, XII-100 pp., 1944.
197. Goldsmith, Rev. J. William, B.C.S., S.T.L., J.C.D., The Competence of Church and State over Marriage—Disputed Points, X-128 pp., 1944.
198. Goodwine, Rev. Joseph Gerard, A.B., S.T.B., J.C.D., The Reception of Converts, XIV-326 pp., 1944.
199. Kowalski, Rev. Romuald Eugene, O.F.M., A.B., J.C.D., Sustenance of Religious Houses of Regulars, X-174 pp., 1944.
200. McCoy, Rev. Alan Edward, O.F.M., J.C.D., Force and Fear in Relation to Delictual Imputability and Penal Responsibility, XII-160 pp., 1944.
201. McDevitt, Rev. Vincent John, Ph.B., S.T.L., J.C.L., Perjury.
202 Martin, Rev. Thomas Owen, Ph.D., S.T.D., J.C.D., Adverse Possession, Prescription and Limitation of Actions: The Canonical "Praescriptio." XX-208 pp., 1944.
203. Miklosovic, Rev. Paul John, A.B., J.C.L., Attempted Marriages and Their Consequent Juridic Effects.
204. Mundy, Rev. Thomas Maurice, A.B., S.T.L., J.C.L., The Union of Parishes.
205. O'Dea, Rev. John Coyle, A.B., J.C.D., The Matrimonial Impediment of Nonage, VIII-126 pp., 1944.
206. Olalia, Aev. Alexander Ayson, S.T.L., J.C.D., A Comparative Study of the Christian Constitution of States and the Constitution of the Philippine Commonwealth, XII-136 pp., 1944.
207. Poisson, Rev. Pierre-Marie, C.S.C., A.B., Ph.L., Th.L., J.C.L., Droits Patrimoniaux des Maisons et des Églises Religieuses.
208. Stadalnikas, Rev. Casmir Joseph, M.I.C., J.C.D., Reservation of Censures, X-141 pp., 1944.

209. Sullivan, Rev. Eugene Henry, S.T.L., J.C.L., Proof of the Reception of the Sacraments.
210. Vaughan, Rev. William Edward, J.C.D., Constitutions for Diocesan Courts, X-210 pp., 1944.
211. Paro, Rev. Gino, S.T.D., J.C.L., The Right of Apostolic Delegation.
212. Balzer, Rev. Ralph Francis, C.P., J.C.L., The Computation of Time in a Canonical Novitiate.
213. Dougherty, Rev. John Whelan, A.B., S.T.L., J.C.L., De Inquisitone Speciali.
214. Dziob, Rev. Michael Walter, J.C.L., The Sacred Congregation for the Oriental Church.
215. Eidenschink, Rev. John Albert, O.S.B., B.A., J.C.L., The Election of Bishops in The Letters of Pope Gregory the Great.
216. Gill, Rev. Nicholas, C.P., J.C.L., The Spiritual Prefect in Clerical Religious Houses of Study.
217. Hynes, Rev. Harry Gerard, S.T.L., J.C.L., The Privileges of Cardinals.
218. McDevitt, Rev. Gerald Vincent, S.T.L., J.C.L., The Renunciation of an Ecclesiastical Office.
219. Manning, Rev. Joseph Leroy, J.C.L., The Free Conferral of Offices.
220. Meyer, Rev. Louis G., O.S.B., A.B., S.T.B., J.C.L., Alms-gathering by Religious.
221. O'Donnell, Rev. Cletus Francis, M.A., J.C.L., The Marriages of Minors.
222. Prunskis, Rev. Joseph, J.C.L., Comparative Law, Ecclesiastical and Civil, in Lithuanian Concordat.
223. Sweeney, Rev. Francis Patrick, C.Ss.R., J.C.L., The Reduction of Clerics to the Lay State.
224. Vogelpohl, Rev. Henry John, J.C.L., The Simple Impediments to Holy Orders.